女たちが立ち上がった

関東大震災と東京連合婦人会

折井美耶子・女性の歴史研究会 編著

ドメス出版

大型テントの前に
干された洗濯物
(加藤益五郎氏撮影)

ミルクステーション (加藤益五郎氏撮影)

自由学園
女学生による
ミルク配り

上野の西郷隆盛像
に貼られた
「尋ね人」のビラ

救援衣料の分類・整理（桜楓会）

寛永寺の庭で布団
の製作（桜楓会）

品川付近の
バラック群

まえがき

　私たち「女性の歴史研究会」は「サークル女性史」として10年間の学習活動を経て、1995（H.7）年1月「女性の歴史研究会」として新たな出発をし、女性史の研究を続けてきました。その成果として2006年5月に『新婦人協会の研究』を、09年11月に『新婦人協会の人びと』（共にドメス出版）を上梓しました。これらの研究に一区切りのついた10年4月、関東大震災によって一面の焦土と化した東京市に女性活動団体として誕生し、先行研究のほとんどない東京連合婦人会を次の研究課題に決定しました。

　国や東京市が発行した関東大震災関連の報告書には、女性の活動についての記録は少なく、唯一まとめられているのは東京市役所発行の『東京震災録　別輯』（1927.3）だけです。献身的に活動する女性たちの姿を明らかにしたいと、墨田区横網町の慰霊堂を訪ね、新聞資料を読み、市川房枝記念会女性と政治センターの図書室に保存されていた関連資料や、機関誌『連合婦人』の一部を手がかりに研究を始めました。『連合婦人』の復刻版（不二出版、2012年12月〜13年11月）が出版され、それも参考にしました。

　東京連合婦人会発足のきっかけは、東京市社会局からミルク配りのために「100人ほどの人手を借りたい」という話を聞いた日本基督教婦人矯風会の久布白落実の協力依頼で、1923（T.12）年9月28日に12団体34人が東京婦人ホームに集まり、ミルク配りを手伝うことになりました。「東京連合婦人救済会」の名のもとに毎週土曜日に集まることとなり、これは「東京連合婦人会ぢやありませんか」という一言で、東京連合婦人会は結成されました。

　10月27日の発会式には42団体が参加し、宗教系の女性団体、各学校の同窓会、教育者、社会事業家、社会運動家、婦人団体、女性職業団体など、立場の異なる女性たちのまさに大同団結といわれるものでした。そして多くの女学生たちがともに救援活動や調査活動に参加し、女性の

視点での幅広い活動は、災害弱者といわれる人たちへも目が向けられていました。

本書では1926年2月の組織改編までと、救援活動の中心的な存在であった団体と女性たちに焦点をあてています。その一人林ふくはあまり知られていませんが、内務省社会局の嘱託として力を発揮しました。

念願だった機関誌『連合婦人』第1号が28年5月1日に発刊され、委員長の吉岡弥生は「会報発行に際して」として男性中心の社会を批判し、女性も活躍する社会をめざそうと述べています。発刊後しばらくは婦人参政権運動や、廃娼運動など女性の社会的地位向上に関する記事もありました。大日本連合婦人会の発会に対しては官製婦人団体として批判もしていますが、次第に国策に協力していく様子が見られるようになりました。38年国家総動員法が施行されると、国策委員として東京連合婦人会の会員もその任務に就くようになり、会としての性格は変化していきました。42年12月8日、東京連合婦人会は解散し、大東亜生活協会に改組改名しました。

私たちがこの研究を始めた翌年の2011年3月11日、東日本大震災が発生し、東京電力福島第1原発でメルトダウンが発生するという未曾有の大災害がもたらされました。また16年4月14日には熊本地震、10月21日の鳥取県中部地震、そして各地で発生する豪雨による水害など多くの天災に見舞われています。これらの災害の救援活動には女性の視点が欠かせないと指摘されています。東日本大震災から6年近くたった今もボランティアで被災された方々を支え続けている多くの女性たちがいます。

東京連合婦人会の活動は、まさにボランティア精神と女性の立場からの救援活動といえるのではないでしょうか。本書が女性の活動の貴重な記録として残せたらと願っています。不十分な点など多々ありますが、ご意見ご批判をいただければ幸いです。

 2017年1月

織田　宏子

女たちが立ち上がった
―関東大震災と東京連合婦人会
●
もくじ

まえがき　1　　　　　　　　　　　　　　　　　　織田　宏子
凡　例　8

I　総論　関東大震災と東京連合婦人会
　　　　――女たちの大同団結　　　　　折井美耶子
　はじめに　10
　1　関東大震災　12
　　（1）被害の実相――猛火に焼かれて　12
　　（2）女性たちの証言　16
　　（3）地震に対する国・東京府・東京市の対応と救援活動　21
　　（4）民間団体による救援活動　25
　　（5）復興事業　26
　　（6）大震災下のテロ　27
　2　東京連合婦人会の誕生　30
　　（1）実行から始まる　30
　　（2）女たちの大同団結　34
　3　組織改編から終焉まで　36
　　おわりに　43

II　東京連合婦人会　活動記録（年表）　　永原　紀子
　1　関東大震災以前の一般情勢（1917.5 - 1923.8）　48
　2　東京連合婦人会の結成と活動（1923.9.1 - 1926.2.13）　49
　3　東京連合婦人会の組織改編から解散まで
　　　（1926.2.14 - 1942.12.8）　68

III　東京連合婦人会の初期の活動
　1　始まりはミルク配りから　　　　　　　矢次　素子
　　はじめに　96
　　（1）ミルクがほしい！　97
　　（2）初めてのミルク配り　98

（3）　ミルク配りの報告会　　100
　　　おわりに　101
　2　布団、衣類づくりと配給活動　　　　　　　　　　　織田　宏子
　　　（1）　「二重救済」を目的として　　103
　　　（2）　布団！布団！の叫び　　104
　　　（3）　団体の布団、衣類づくりと配給活動　　105
　3　罹災者カード調査　　　　　　　　　　　　　　　　永原　紀子
　　　はじめに　108
　　　（1）　「社会」へのまなざしと社会調査　　109
　　　（2）　震災時の各種調査　　111
　　　（3）　東京連合婦人会の罹災者カード調査　　114
　　　おわりに　119
　　　［付］大正期の社会調査──罹災者カード調査の背景　　123

Ⅳ　東京連合婦人会の部活動

　　　はじめに　132　　　　　　　　　　　　　　　　　織田　宏子
　1　社会事業部　　　　　　　　　　　　　　　　　　永原　紀子
　　　（1）　ミルク配りと布団収集　　135
　　　（2）　児童相談所　　137
　　　（3）　救援物資の調査　　138
　　　（4）　組織成立後──街頭募金も行って　　138
　2　授産部　　　　　　　　　　　　　　　　　　　　織田　宏子
　　　（1）　授産部主催家庭文化展覧会　　140
　　　（2）　授産場の開設と内職　　141
　3　労働部　　　　　　　　　　　　　　　　　　　　織田　宏子
　　　（1）　意識改革のための啓蒙活動　　143
　　　（2）　女性の労働運動指導者養成講座（チュウトリアルクラス）
　　　　　　開設　　145
　　　（3）　労働クラブ（月曜クラブ）を設ける　　146
　　　（4）　労働婦人協会成立　　147

4　政治部　　　　　　　　　　　　　　　　　矢次　素子
　　（1）　女性の声を復興に反映　150
　　（2）　公娼制度の廃止を
　　　　　――「全国公娼廃止期成同盟会」の発足　153
　　（3）　普選とともに婦選も
　　　　　――「婦人参政権獲得期成同盟会」の発足　156
 5　教育部　　　　　　　　　　　　　　　　　永原　紀子
　　はじめに　161
　　（1）　罹災児童愛護デー　162
　　（2）　女性の問題に関する連続講演会　162
　　（3）「母姉の授業参観」と男子中学校の入学難問題　162

V　主な活動団体と活躍した人びと

　　はじめに　166　　　　　　　　　　　　　　　永原　紀子
 1　主な活動団体　168
　　日本基督教婦人矯風会　　日本基督教女子青年会（日本YWCA）
　　桜楓会　　自由学園　　桜蔭会　　作楽会　　有隣園

 2　活躍した人びと　185
　　井上　秀　　　小沢　豊子　　金子しげり　　上村　露子
　　亀井　孝子　　河井　道　　　川崎　正子　　久布白落実
　　坂本　真琴　　斯波　安　　　田村　松枝　　徳永　恕
　　新妻伊都子　　羽仁もと子　　林　ふく　　　三宅やす子
　　村岡　花子　　村上　秀子　　守屋　東　　　安井　てつ
　　山川　菊栄　　山田やす子　　吉岡　弥生
　　チャールズ・A・ビーアド　　メリー・R・ビーアド

　　人物寸描　〈女性〉　223
　　市川　房枝　　石本静枝（加藤シヅエ）　　植田（宮城）タマヨ
　　大江　スミ　　奥　むめお　　加藤　タカ　　河崎　なつ
　　木内キヤウ　　河本　亀子　　ガントレット恒子
　　小口みち子　　正田　淑子　　竹内　茂代　　田中　芳子

| 塚本　ハマ | 永島　暢子 | 西川（松岡）文子 | 宮川　静枝 |
| 山田　わか | 山内　輝子 | | |

人物寸描　〈男性〉　232
赤松　克麿	梅山　一郎	賀川　豊彦	斯波　貞吉
末弘厳太郎	平林　広人	福田　徳三	穂積　重遠
山室　軍平			

VI　資料編
〈1〉　罹災者救援の呼びかけ文　240
〈2〉　東京連合婦人会規則　241
〈3〉　東京連合婦人会　役員の変遷　248
〈4〉　罹災者カード調査　250
〈5〉　全国公娼廃止期成同盟会の宣言文　252
〈6〉　婦人参政権獲得期成同盟会の宣言書、決議、規約　253
〈7〉　東京連合婦人会の組織（第1回大会時）　255
〈8〉　東京連合婦人会「会歌」　256

主な参考文献　257
あとがき　259
索引（事項・人名）　262

凡　例

- 会および機関誌の名称について
  東京聯合婦人会は東京連合婦人会、『聯合婦人』は『連合婦人』とした。
- 引用文は、旧漢字は新漢字に改め、仮名遣いは原文に従った。
- 人名についても新漢字を用いた。例　小澤　→　小沢　など
- 団体などの名称は、初出で正式名称を記し、以後は通称・略称を用いた場合もある。
  例　日本基督教婦人矯風会　→　矯風会　など
- 年号の記述は西暦を用い。適宜（　）内に元号を入れた。
- 本文中の人名は、敬称を省略した。
- 今日の人権意識にてらして適切でない用語や国名などもあるが、歴史的用語として用いた場合もある。
- 「罹災」は当時一般的であり、被災者についても「罹災者」とした
- 坂本真琴について
  いくつかの人名事典（辞典）では、生年月日が1899年7月1日となっているが、私たちが新婦人協会を研究調査した際、ご遺族の証言により1889年5月7日が正しいと判明したため、これを採用した。

総 論

関東大震災と
東京連合婦人会

関東大震災と東京連合婦人会
——女たちの大同団結

折井　美耶子

はじめに

　2011（H.23）年3月11日の東日本大震災は、近年の大災害として「3・11以後」という言葉さえ生んだが、この被災は単なる自然災害としての地震・津波だけでなく、東京電力福島第一原発の事故による人災としての側面が大きく、それは今後いつまで続くか計り知れない長く深く広い放射能汚染をもたらした。
　さらに2016年4月14日、16日の熊本地震、それに続く2,000回にもおよんだ余震は九州地方の人びとに今なお癒えぬ傷跡を残している。
　日本は火山列島として成り立っているために、豊富な温泉に恵まれており、それは人びとを癒してもきたが、一方、古くから地震やそれに伴う津波、また火山の爆発などの災害にたびたび襲われてもきた。こうした災害はつねに多くの人命を奪い生活の犠牲を伴って人びとの嘆きを誘った。しかし、そのなかで人びとは互いに助け合い、やがて立ち上がって暮らしの再建に乗り出し新しい生活を築いていった。こうした過程で女性たちはどのように力を発揮したのだろうか。「命と暮らし」を根底で支えてきた女性たちの奮闘は、あまり記録に残されていないのが実情ではないかと思われる。
　本書は、関東大震災での被災の実情とその救援活動を、主として女性の側面から追ったものである。私たち「女性の歴史研究会」は在野の研究者グループだが、大正期に初めての市民的女性運動団体として、治安警察法第5条の改正による女性の政治的権利獲得や、花柳病男子の結婚制限法による性道徳のダブルスタンダードの是正を求める運動を起こした新婦人協会についての研究を行ってきた（『新婦人協会の研究』、『新婦人協会の人びと』ドメス出版）。
　この研究に一区切りをつけたのち、これに続く女性運動団体として関東大震

災とそれをきっかけに誕生した東京連合婦人会の活動について研究を始めたのは、2010年4月であった。関東大震災の記録書などを読み、婦選会館に保存されていた機関誌『連合婦人』(『連合婦人』はのち復刻された)などを調べ始めた翌年3月、東日本大震災が起こった。地震とそれに伴う津波の被害の大きさ、それは関東大震災の地震のあとの火災の被害と重なって見えた。そしてその際の女性たちの救援活動は、ともに目覚しいものがあったが、それらの活動は『東京百年史』(第4巻)をはじめとして公的な記録にはあまり残されていない。災害時における女性たちの細やかな活動が、救済・復興にいかに実効をもたらしたかを明らかにすることは、社会的意義が大きいのではと考える。

　2015年10月、津波被害の大きかった岩手で「第12回全国女性史研究交流のつどい in 岩手」(遠野・大槌・宮古)が開催された。そこでは被害と復興の実情とともに、女性たちのきめ細やかな救援の様子が報告された。内陸で津波の被害を直接受けなかった遠野では、女性団体が力を合わせて被災地のために14万個ものおにぎりを作ったとか、博物館の被災資料などの修復・保存のための文化財レスキューや図書館などへの献本活動などが語られた。仙台の重度障害児者の施設では、崩壊した建物から職員が力を合わせて児童たちを救助し、その後の復興には全国のつながりのある数多くの人びとに支えられた話。大槌では3度の津波と戦災をくぐり抜けた90歳前後の女性たちの、苦難をはねのけて生きてきた実体験を聴いた。福島の場合は単なる自然災害のみならず、東電福島第一原発のメルトダウンによる放射能汚染という先の見えない被災と避難生活。それを支えるため女性たちの全国組織のつながりを生かした活動などが報告された。しかし被災5年後の現在も、仮設住宅に住まざるを得ない人びとと、避難生活を余儀なくされる人びとが数多くいる現状、熊本地震のその後も同様である。いずれも人びとの細やかな努力とともに、国の大きな政治の力が必要であることはいうまでもない。

　私たちは、関東大震災に際して女性の眼で見た被害の実態とともに、女性たちの救援の状況、そして救援の協力のなかから生まれた女性たちの大同団結による女性団体——東京連合婦人会が、廃娼運動(全国公娼廃止期成同盟会)と婦選運動(婦人参政権獲得期成同盟会)という全国組織を生み出す原動力になった経過などを明らかにしたいと考えている。女性の視点は、今後の災害救済・

復興にとっても必要不可欠であり、東京連合婦人会の経験は現代の災害にも通ずる貴重な経験であると思われる。

なお、関東大震災に関する研究は数多くあるが、それと関連して東京連合婦人会や女性たちの救援活動を扱った論考は、楊善英「関東大震災と廃娼運動——日本キリスト教婦人矯風会の活動を中心に」(『国立女性教育会館研究紀要』2005)、嶺山敦子「久布白落実と関東大震災——女性たちの震災救援活動をめぐって」(『福祉文化研究』2012) などを散見するのみである。

1 関東大震災

(1) 被害の実相——猛火に焼かれて

1923 (T.12) 年9月1日土曜日、その日は前日の嵐は去ったが朝のうちは雨が残り、やがて快晴となった。当時は官庁などの仕事は午前のみ、小学校も2学期の始業式で早めに帰り、家々では昼食の準備をしていた。午前11時58分44秒、ゴーという不気味な音とともに突然大地が大きく揺れ、家の天井や壁は曲がったり落ちたり、道路の電柱は斜めに揺れてかしいだ。相模トラフと呼ばれる相模湾北西部を震源とするマグニチュード7.9と想定される巨大地震だった。続いて12時1分には東京湾北西部を震源とするM.7.2、さらに12時3分には山梨県東部を震源とするM.7.3、12時48分にも、翌2日の11時46分、18時27分にもM.7以上の強い余震があった。

この地震の被害は、東京、神奈川、千葉、埼玉、静岡、山梨、茨城、長野、栃木、群馬の1府9県におよび、死者・行方不明者は105,385人、焼失、全壊、半壊、流出・埋没などによる住居の損壊は372,659棟におよんだ。東京、横浜での死者の大部分は焼死で、火災による被害がもっとも大きかった。東京市では死者・行方不明者68,660人、住居の被害168,902棟、横浜市では死者・行方不明者26,623人、住居の被害35,036棟。火災は地震発生直後から各所で起こり、東京では3日10時まで約46時間続き、当時の市内15区のうち約43.6％が焼失した。ほかに神奈川県、静岡県を中心に津波で200〜300人の犠牲者が出たと

関東大震災による火災地域状況

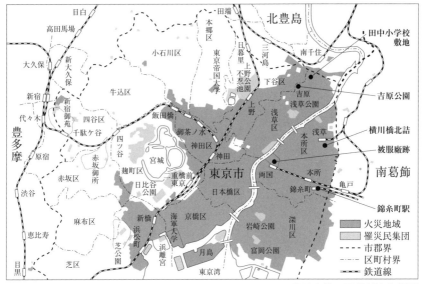

●印は多数の死者が出た場所

出典:『日録 20世紀 関東大震災-1923年 大正12年』講談社、1997年9月9日

推定されている。電話線は切断され、通じるのは無線のみ、もちろん当時はラジオもなかった。

　東京では、鉄筋のビルも崩れ落ちて大勢の人が圧死し、浅草の凌雲閣（12階建て）は半ばから折れ、火災が発生して下町は「阿鼻叫喚の巷」となった。とくに地盤が軟弱だった本所、深川地域の被害は大きく、なかでも本所横網町の陸軍被服廠跡地に避難した周辺住民のうち、38,015人が火災の犠牲となった。前日の台風の影響で強い風が吹いていたため、火災はまたたく間に広まり、人びとは慌てて子どもを背負い、年寄りの手を引き、家財を持ち広場を求めて走った。下町では「被服廠跡へ」という声が広がり、人びとは雪崩のように被服廠跡地へ詰めかけた。24,000坪の広い空き地も、避難者が持ち込んだ家財道具で身動きもできないようになっていた。人びとが一安心したのもつかの間、炎はたちまち家財道具に燃え移り、ぎっしり詰めかけた人びとは煙と焔と火の旋風に襲われて逃げることもままならず、箪笥や自転車の間に重なり合って黒焦げに

なったのだった。折り重なった大人の下で、子どもたちは焼死というより、むしろ圧死が多かったという。そして女性の着物は走り逃げるのに不便であるばかりか、後ろの結び帯が燃え出してもすぐ気がつかないということもあったらしい。また日本髪に用いられたびんつけ油に火の粉が降りかかって燃え出したという例も少なくなかったようである。

　「焦土の中に残存した唯一の学校」として知られた神田区の佐久間小学校の例を、『創立60周年記念誌　佐久間小学校』に掲載された当時の川添校長の記録「震災始末記抄」より見る。当日は始業式を終えて児童は各自帰宅し職員のみ残っていたが、「大地震動して本館の屋根瓦は土煙を捲き大音響を起こして、大半墜落し階上の黒板大戸棚の転倒」したため、一同校庭に避難した。「午後三時頃には各方面の火、猛威を逞うし……危険は刻々に迫」った。大屋根に梯子(はしご)を架け、多数のバケツに水を満たして階上に運び火の粉を防いだ。突風とともに火が誘われ燃えはじめたが、近所の住民の急報で、職員、住民が全力を挙げて消火に尽くしたため「一坪余を焼きたるのみにて」消火したという。やがてこの小学校は近隣住民の避難所として大活躍する。

　本所区、深川区のほかに浅草、下谷区の被害も大きかった。現在でもそれらの地域では、いたるところで震災の慰霊碑を見ることができる。なかでも女性たちが集団で被災した例を述べておきたい。

　一つは吉原遊廓の娼妓たちである。1657（明暦3）年の明暦大火で焼失したあと、日本橋にあった吉原遊廓は、浅草寺の裏に移転した。「おはぐろどぶ」をめぐらせて大門を唯一の出入り口とし城郭のようだというので廓(くるわ)と呼ばれており、大小さまざまな店がびっしりと軒を並べ、娼妓たちは2,000～3,000人も働いていたといわれる。その日地震によって倒壊した店や火災を逃れて多くの女性たちが逃げ込んだのは、大門の反対に位置した吉原公園だった。公園の真ん中に大きな弁天池があり、火事の炎の熱さに耐えかねた女性たちが次々と池に飛び込んだが、池の水も湯になるほど熱く溺死する人が多かった。もちろん廓の外に逃れて助かった人もいたが、吉原での震災の犠牲者は490人とされている。1カ月後の10月1日、日本基督教婦人矯風会の人びとによって、焼け跡で焼死芸娼妓の追悼会が行われている。いま池の跡地には多くの慰霊碑が建っているし、吉原の投込寺といわれる浄閑寺の「新吉原総霊塔」には震災で亡く

なった人びとの遺骨も埋葬されている。

　もう一つは、紡績などの女工たちである。深川・本所地域には紡績工場が多く、地方農村出身の女工たちが寄宿舎に住み、昼夜二交代制で働いていた。かの有名な細井和喜蔵の『女工哀史』によると、罹災した主な工場は（職工数千人以上のもののみとある）、富士紡、日清紡、鐘紡など15工場である（横浜、川崎などを含む）。これら「多数工場の死傷者は災後未だ日浅き今日、その数を知ることが出来ない。しかし圧死者および焼死を遂げた者、負傷した者がどんなにすくなく見積もっても五千を下ることはなかろう」としている。また「富士紡小山工場のごときはいったん逃げ出した女工を『お前の体は金を出して買ってあるのだから自由な行動はとらせない』とて、厳重な監視づきで倒壊工場の炎々と燃えあがる工場脇の空地へ拘禁しておき」ついに焼死させてしまったという。どこの工場でも300～500人もが働く工場で1～2カ所の非常口しか設けず、その非常口さえも頑丈に錠をかけていたという。東京紡績西新井工場では、女工43名が即死、27名が負傷し、東武伊勢崎線西新井駅近くの真言宗満願寺に、「関東大震災横死者群霊供養碑」があったようだが、1972（S.47）年五十回忌を営んだのち撤去されたという。

　『都新聞』では、竹久夢二による「東京災難画信」と題する連載が9月14日から10月3日まで20回行われている。

　　「9月14日　大自然の意図を誰が知つてゐたらう。自然は文化を一朝一揺りにして、一瞬にして太古を取返した。路行く人は裸体の上に、僅に一枚の布を纏つてゐるに過ぎない。……黙々として、たゞ左側をそろそろと歩いてゆく。命だけ持つた人、破れた鍋をさげた女、子供を負つた母、老婆を車にのせた子、何処から何処へゆくのか知らない。」

　　「9月16日　市役所の施しの自動車が、何か合図をしたのか、時刻を知つて待つてゐたのか、永楽町のある四辻へ自動車がとまると、その辺の塀の蔭から、社宅の裏門から、ぞろぞろ皿を持つた男や女が、一斉に走つて出た。」

　　「9月19日　自警団遊び／『萬ちやん、君の顔はどうも日本人ぢやあないよ』豆腐屋の萬ちやんを摑へて、一人の子供がさう言ふ。郊外の子供達は自警団遊びをはじめた。」

「9月20日　被服廠跡／災害の翌日に見た被服廠は実に死体の海だつた。……つひさつきまで生活してゐた者が、何の為めでもなく、死ぬ謂はれもなく死んでゆくのだ。死にたくない。どうかして生きたいと、もがき苦しんだ形がそのまゝに、苦言の波が、ひしめき重なつているのだ。」

「9月21日　骨拾ひ／黒い雨雲が低く垂れ死体を焼く灰色の煙が被服廠の空地をなめるやうに這つてゐる。人間の命の果敢なさを感じるには、まだ私達はあんまり狂暴な惨害の渦中にいるのだが……近親や遺族の人達であらう、骨の中から骨を拾つてゐる。さすがに女は、箸を投げ出し、袖に顔を被ふて泣きくづれる人もあつた。」

（2）女性たちの証言

関東大震災については、多数の証言が残されている。ここでは女性たちの体験した地震について述べる。

① 高群逸枝（『火の国の女の日記』）

「昼のご飯を食べていると、急にめりめりと音がしはじめた。……いつもの地震だとたかをくくっていたが、そうでなく、驚くべき強震で、逃げ出すのさえあぶないほどの揺れかたであった。（みんなで）竹藪に逃げ込んだ。……私たちは大きな孟宗竹につかまって、しばらくのあいだはぼんやりしていた。」（中略）

「朝から東京へ野菜をもって行って、夕方帰ってきた金ちゃん（男衆）の知らせは、せんりつすべきものであった。新宿から神田、浅草の方は一面に火の海だということであった。」

「座敷の東の縁側に出てみると、あたりはまるで真っ赤。空には雲が火のようになってはしゃぎかえっている。……こんな光景ははじめてみた。──なんといって形容したらいいか。すばらしいみごとな火事である。」

「人びとは行き合うごとに近親の人にでもあったような親しみをもって驚異（ママ）を語った。……誰も彼も仕事も手につかず、ただもう戦々競々としていた。なぜなら、今夜がまだ危い。えらい余震がきそうだという警告が伝

わったから。……ほとんど眠られなかった。」
　高群の住まいは現在の世田谷区経堂で、当時はまったくの郊外であり、周辺には畑や竹藪があるのどかな地域で、地震による被害は小さかった。しかし２日の夜になると。
　　「夕方、警告が廻ってきた。横浜を焼け出された数万の朝鮮人が暴徒化し、こちらへも約二百名のものが襲来しつつあると（もちろんデマ）。火の手はまだ止みそうにない。」
　　「村の若い衆や亭主たちは朝鮮人のことで神経を極度に尖らせている。」
　（中略）
　　「それにしてもこの朝鮮人一件はじつにひどいことだ。たとえ二百名の者がかたまってこようとも、それに同情するという態度は日本人にはないものか。」
　２日の夜から「朝鮮人暴動」のデマが流されだしたことがわかる。

② 平塚らいてう（『自伝　元始、女性は太陽であった③』）
　　「関東大震災は、千駄ヶ谷の露地裏の借家で遭遇しました。……ちょうど昼食の支度に台所に立って、シチューをこしらえようと……していたときのことです。……まっすぐ立っていられないほどの大揺れで、見る間に本棚の上の置時計や写真立てがころげ落ち、本棚が倒れて、本が飛び散りました。襖も障子も外れて、壁土が舞い落ち、一瞬にして家のなかは滅茶々々になりました。……外に出てからも、余震は何回となくつづき、なにかの支えなしには立っていることもできません。」（中略）「やがて、それから二、三時間後、市内の勤め先からようやくのおもいで逃げ帰ってきた近所の人から耳にする、市内の惨状は恐るべきものでした。ぺしゃんこに潰れた家、血まみれの負傷者、燃えひろがる火の手……。そんな話の間にも、南の新宿の方角の空には、赤黒い煙が大きく広がってゆき、火勢の烈しさを物語るようでした。」（中略）
　　「大震災の文字どおり驚天動地の混乱のなかで、恐ろしい惨劇が相次いで起こりました。九月四日に、社会主義者が内乱をくわだてているという名目のもとに、亀戸署に連行された南葛労働会の川合義虎や平沢計七など十

名の人びとが、軍隊の手で殺害されました。」……「またさらに九月十六日夜、世人を驚倒させるような事件が起こったのです。東京憲兵隊に出頭を命じられた大杉栄と伊藤野枝、大杉栄の甥の橘宗一という六歳の子供の三人が、甘粕大尉ら憲兵隊員によって扼殺されるという惨劇が伝えられました。」

らいてうにとって伊藤野枝は、九州から『青鞜』に参加してきた若い友人で、大杉栄と結婚し社会主義運動に傾倒していったが、いつも心にかけていた存在だった。

らいてうは、9月24日、中條（宮本）百合子、金子しげり、三宅やす子ら9人で結成された「災害救済婦人団」（後述）に参加した。

③ 山川菊栄（『おんな二代の記』）

「（子供と）二人で札の辻まで来るとお昼近いので小さなレストランにはいって子供の好物のチキンライスを注文し、子供が一さじ口へ近づけた瞬間、突然卓上のコップが地上になげだされ、棚のビン類は滝のように床の上に流れおちました。私は子供をかかえて道路にとびだすと、町も、家も、一面きいろい煙幕をかぶったよう。大波小波がうちよせるように、荒くこまかく、大地がゆりあげ、ゆりおろす毎に、もののくずれる音、倒れる響き、そして人々の泣き叫ぶ声々が一つになり、潮のようなどよめきになって町を満たしました。（中略）最後のものだったらしいバスにのってやっと品川へたどりつきました。線路は飴のように曲って電車は不通、回復の見こみがたたないというので品川から、これも最後だったらしいお百姓の馬力にのせて貰いました……均（夫）はぶじでしたが家はペシャンコ、瓦屋根が一面地をおおっている中に、一部分口をあいているのはその下に埋まっていた手伝いのあきさんを掘り出すためでした。」

山川は当時大森に住んでいた。「六日にやっと横浜―品川間を単線の汽車が通じ」たので、潰れた家から新見附にあった実家まで、品川からは三里の道を歩いてたどりついた。その後山川は東京連合婦人会初期の活動に参加し、11月には兵庫県の垂水に転居した。

④ 久布白落実（『廃娼ひとすじ』）
「私はいつものごとく赤坂の矯風会本部の事務所へでて、自席につき……十一時五十八分、烈しい物音と大震動で、さしもの会館も大揺れに揺れた。と思うまもなく大音響で、私の後ろに落下してきたものがある。それは先生（矢島楫子）の胸像であった。同時に二階が案じられた。『先生は！』私はカバンをひっさげて、戸を明けた。玄関の大階段が壁から寸余はなれているではないか！　上れるか？　ままよと、飛ぶように上ってみれば、守屋さんは大広間へでて、先生を我が身でかばっている。私は言った。『これは、必ず火事になる、逃げねばならない、どこへゆくか』。……私たちは身仕舞いし、手拭いで髪を包み、ごく大事なものだけをもって……一同で先生をかこみ、黒田邸に向かった。まもなく我が家の数軒先から火がでた。……その日は夕刻まで、黒田邸の山手のところで過ごした。……なにか食料はないかと調べたが、なにもない。ただ一軒うどんやがまだあいていたので、そこへ入って、ありったけのうどんを買い、汁を一升徳利に入れたのを下げて、山へ戻った。これで一時のしのぎをつけて、さてあたりをうかがうと、火は全市に移りつつある。これではならぬ、今のうちに立ちのこうと、当時まだ郊外と思われていた大久保に向かうことにした。」

矢島楫子を長椅子に乗せ、赤坂から火をさけながら歩き、ようやく夜明け近くに大久保へたどりついた。以来、矯風会の本部は今にいたるまでここにおかれている。

「この時矯風会本部がここに入ったことは、天の導きとも思われた。当時なんとしても東京市内の婦人の団結というものができなかったが、この機会にはじめてそれが恵まれた。事のおこりは至って簡単であった」とのちに東京連合婦人会の結成を振り返っている。

キリスト教界はあげて震災の救援にあたった。久布白は東京市庁舎に出向き、そこで「ミルクの配給」を依頼された。これが東京連合婦人会の発端となった。

⑤ 川島つゆ（『大震災直面記』）
川島つゆは、戸籍名沼田以志（1892～1972）、国文学の研究者で1951（S.26）年から別府女子大学教授となった。生まれは埼玉県行田市だが、幼い頃本所区

横網町１丁目に転居。震災当時は31歳で、母と病床にある兄とその付添い看護婦とともにそこに住まっていた。あの最悪の被災地となった被服廠跡地は、そこから堀一つ隔てた北側の横網町２丁目だった。

上記①から④を含めて、震災当時の状況を書き残している女性は山手住まいが多く、もっとも被害の大きかった下町の様子を直接述べている川島の『大震災直面記』は貴重である。

震災当日、つゆは二階で机に向かい原稿用紙を広げていた。

「突然！　眼の前の原稿紙にドサッと砂土が降りかかって来た。ハッとして、地震！　と直感したのは次の瞬間であった。……やや揺が鎮った時、私はふと天井板の隙間から陽の射して居るのを認めて当惑した。……階下から母親の呼ぶ声が聞え……降りようとすると、階子段がねぢ曲って居た。」

（やがて）「火事が起りましたナ。」という人びとの声。しかし「斯んなところまで滅多に焼けて来ようなどとは考へられなかった」だが「午後三時頃……最早落着いて居られる気分ではなかった。……戸外に一歩踏出た刹那。打切られるやうな突風と共に、俄然、眼の前は真ッ暗になって、家根板やうのものがくるくると渦巻き舞うた。」兄は看護婦に負われて逃げ、母と裏の三人姉弟とともに、手荷物を荷車に積んで逃げ出した。その夜は安田邸前の朝顔公園に寝た。「西瓜も葡萄も、焼落ちた両国駅構内の積荷の中から持出したもの」を食べた。しかし持ち出した荷車に人々の視線が集まり「こんなにあるんだから一枚位分けたっていいだらう」などと荷物から勝手に羽織やゴム足袋を引き出していった。「オー財あることの悩しさ！」とつゆは書いている。

一夜明けて「明るくなって見ると、其処にも此処にも死骸がころがって居た。」その日奇跡的に一棟焼け残った電燈会社の倉庫に、会社の青年の好意で入ることができた。

被服廠跡の光景「巡査合宿所の前には、少年ばかりの黒焦げの群像が山を成して居た」「西寄りは……焼死よりも寧ろ窒死らしく、どの顔を見ても末期の苦悩に惨しく」「中部は最も酸鼻の状を極め……はらわたは裂けこぼれ、黒髪は膏血にちぬられて」「南寄りは……木の葉の如く……天風のために吹き寄せられ吹き均された無数の人間が、白骨の見えるまでに焼け焦されて、黒々とした一面の屍土を成して居る」

「九月三日には、型ばかりながら救護班が出張して居た」「小さな掲示に依って、山本内閣の出現したことを知った」

「死屍が人々を興奮させた。炎が、焦土が人々を興奮させた。興奮し切った人々の中に、次から次へと流言が生まれて行った。」「『○人と見れば打殺してよろしい』それを巡査が触れて歩いた。それが事実であるから致し方ない。壮年の男、若しくは壮年の女の手に手に、それ相応の得物が握られてあった。棍棒、焼け残った垣根の竹、焦土を漁って獲た鉄器、解体した電車の鉄棒等々。人間は、否群集は、実に一寸したネヂの掛け方一つで、忽ち掠奪者となり最も残忍なる殺人団となり得る可能性を具備して居る。向鉢巻に勢ひ立った親父達が『今日は六人ヤッつけてやった』とか『俺が第一番に手を下してヤッつけたのだ』とか云ふことを得々と物語って」いた。

「最も残虐を極めたのは三日四日に亘ってであったかと思ふ」

川島つゆの『大震災直面記』には、９月１日の震災当日から、埼玉県の本家から迎えのトラックがきて東京を離れる６日までの、地獄のような日々が書き残されている。遺稿となっていた原稿は、女性史研究者の古庄ゆき子氏の手によって、つゆの三周忌に私家版として出版されて世に出た。

（３）地震に対する国・東京府・東京市の対応と救援活動

① 国・東京府・東京市の対応

1923（T.12）年８月24日、時の総理大臣加藤友三郎が病気のため死去、外務大臣内田康哉が総理臨時代理を務めており、９月１日、地震当日は組閣の工作中で、ある意味内閣不在の状態であった。翌２日、この内田総理臨時代理のもとで、震災に対する政府の基本姿勢となる三つの勅令（大日本帝国憲法下、議会を経ずに天皇の大権により発せられる）が公布された。

非常徴発令（勅令396号）は、必要な物資を一般から強制的に提出させることを規定。

臨時震災救護事務局官制（勅令397号）は、臨時震災救護事務局設置に関する規定。

戒厳令（勅令398号）とその適用範囲を定める法律（勅令399号）は、暴動

を予見する治安対策として発令され、その後の社会主義者や朝鮮人虐殺などへの問題を孕むものであった。戒厳令は2日には東京市と府下5郡（南葛飾郡、荏原郡、豊多摩郡、北豊島郡、南足立郡）、3日には東京府全域と神奈川県、4日には埼玉県と千葉県に拡大され、この戒厳令が解除されたのは11月15日であった。

　2日午後、内田総理臨時代理のもと臨時震災救護事務局が開かれ、各省庁代表、警視総監、東京府知事、東京市長が集合し、救護に対する具体策を検討した。神奈川県知事、横浜市長は9月17日以降参加している。2日午後7時に公報である『震災彙報』第1号が発行され、「総務、食糧、諸材料、運輸交通、飲料水、通信運輸、衛生医療、警備、情報、会計経理」の10部が置かれることが示された。さらに9月7日には「義捐金」部が追加された。この『震災彙報』発行と同時刻の2日午後7時、山本権兵衛内閣が成立し、後藤新平が内務大臣に就任した。後藤は1920年に東京市長に就いたとき大規模な「東京改造計画」を立てたことで「大風呂敷」と呼ばれた人であった。

　東京府では、非常災害が発生した場合に備え、1918年5月に「非常災害事務取扱規定」を制定しており、これに基づいて、9月1日臨時救護事務所を有楽町府庁舎前（現　千代田区丸の内の国際フォーラム）のテントに設け、東京市も1日、同じ場所に非常災害救護事務所を設置し、救護活動を開始した。

　救済費として国は国庫予備金960万円を計上、のち1,660万円を追加、皇室からは1,000万円が支出された。その他岩崎家から500万円、三井家500万円、安田家300万円、鴻池家15万円、根津家10万円などから義援金が寄せられた。

　非常徴発令によって、東京市内の自動車数百台をはじめとして各地各所で食料品、飲料、医薬品などが徴発された、また各府県にはバラックの材料、その他物品の徴発を指令した。各官庁での処置は、鉄道省は罹災者の無料輸送、農商務省は米などを関西方面から緊急輸送し罹災者に配給、逓信省は罹災者の郵便などの無料取り扱い、海軍省・陸軍省は軍艦や飛行機による避難者や物資の輸送、情報の伝達、宮内省は御料林からの材木の調達などであった。

② 救護活動

　地震・火災を逃れて人びとが避難した場所は、上野公園に50万人、宮城（皇

居）前広場に30万人、東京駅前10万人、芝公園に5万人、洲崎埋立地に5万人、靖国神社に5万人、明治神宮外苑に3万人、さらに焼失区域であったが延焼をまぬがれた浅草公園には7万人などであった。

　避難民収容のため学校や官庁、寺社などが建物を開放したがとても足りずに、人びとは各自焼け残った木材やブリキで小屋を作ったりもした。やがて臨時震災救護事務局では、東京府・市、警視庁建築課と協力して上野公園、洲崎埋立地、浅草公園、芝公園、青山外苑、日比谷公園、九段坂上などにバラックの建造を始めた。東京帝大構内に救護用伝染病舎、三河島などに傷病者収容所、本願寺境内に診療所なども建てられた。また三井財閥では各社による救済事業委員会を設け、前述の義援金による物資の配給とともに、バラックの建設も始めた。日比谷公園、上野公園などのほか、増上寺境内、浅草本願寺境内、伝法院境内のバラックは託児所として使用された。

　飲料水　2日から一部で送水が行われたが、避難民などには給水車による配水となった。

　水道の修復は、工兵隊の援助のもと9月末頃にはほぼ全市で復旧した。

　食糧　2日の非常徴発令によって、千葉県、埼玉県などから急きょ、米をはじめとする食料品の調達を行い、2日には握り飯などの配給が行われた。東京市で炊き出しに使用された米は、9月25日までに1,531石4斗8升とされ、26日以後は各区に米を配給し、全市19カ所で11月7日まで炊き出しが行われた。9月7日には各府県からの救援物資として、野菜、梅干、沢庵、塩、缶詰、砂糖などの食料品のほか、毛布、テント、医薬品などが輸送されてきた。さらにアメリカの軍艦が食料品、被服、寝具、建築材料、薬品などを積んで品川沖、横浜沖に到着した。

　傷病者の救護　警視庁衛生部では、震災による負傷、火傷、病人などの救護のために、日比谷第一中学校、慶應義塾大学など全市41カ所の救療所と54班の救護班、巡回自動車診療隊3隊を設けて診療にあたった。そのほか混乱のなかでの伝染病発生の予測に、防疫班3隊も設けられた。9月8日現在、診療にあたった傷病者は50万人以上におよんだという。また伝染病患者は府立駒込病院のほか府立大久保病院にも収容したが、収容しきれずに市・郡下16カ所にバラックの伝染病院を建設することを決定した。また妊産婦のためには、とりあ

えず上野公園池ノ端臨時傷病者救療所に収容したが、11月16日上野公園竹の台に150名収容の市設産院を建設した。

なお、震災によって栄養不良となった乳幼児や妊産婦、傷病者のために、9月9日から各地に配乳所を設けて牛乳や練乳の配給を開始した。12月1日までの配給量は704石3斗2升におよんだという。このミルク配りについては東京連合婦人会の項で詳述する。

尋ね人・迷子　震災の混乱のなかで、一家離ればなれとなり親を捜す子、子を捜す親、肉親・知人の消息を尋ねる人びとが数多くいた。東京駅や上野公園など人の多く集まる場所には、「尋ね人」の張り紙が所せましと張られていたという。迷子の数は370人余にのぼったが、警視庁では「迷い人名簿」を作成、各署に配布し宣伝ビラ数千枚も配った。このため引き取り人の現われたものも多く、12月22日の時点では、引き取り人のいない迷子54人を麻布霊南坂教会17人、華族同情会8人、財団法人福田会（宗派を超えた仏教による児童福祉の組織）3人、日赤震災児童収容所18人、有隣園8人などに収容した。また60歳以上の者、障害者、病弱者など186名は、東京養老院に収容した。

失業者対策　震災による失業者は68,866人におよんだという。東京市立職業紹介所は震災前9カ所あったが、そのうち中央職業紹介所を含む6カ所が焼失した。中央職業紹介所は丸の内に仮事務所を設け、さらに神田橋畔、浅草公園、上野公園に仮事務所を設けて相談事務を開始した。当初は焼け跡の整理や罹災者の救護、運送「人夫」などに需要が多く、やがて家屋の建築などに人手が求められた。女性の失業対策については、東京連合婦人会の項で述べる。

③　地方への避難

震災によって家屋も職業も失い、廃墟となった東京を逃れて地方に避難した罹災者は、70〜80万人におよんだといわれる。国は宣伝ビラなどによって地方行きを奨励した。前述のように、避難民は汽車・汽船の運賃は無料とし、近県の地方長官に対して避難民救護の対策を求める通牒を発した。東海道本線は被害甚大で不通となったため、千葉方面や東北本線、信越線などに乗客が殺到した。乗車することができずに線路を歩く者までいたため、汽車は汽笛を鳴らしながらゆっくりと進んだという。沿線の駅では「罹災民救護所」の看板を掲

げて、食料・飲料などを提供した。私事になるが私の父は当時独身、東京で働いていた。震災に遭い静岡の実家に避難しようとしたが、東海道本線は不通のため中央線で名古屋をまわり、静岡にようやくたどり着いたという。列車は超満員で窓枠、屋根、網棚などにしがみつく者が数多くおり、途中の駅で差し入れの握り飯やお茶などをもらいながらの長い長い道のりだったと話していた。

（4）民間団体による救援活動

日本赤十字社　東京市、警視庁などと協力して救護班を各地に設置した。また妊産婦のために本社の産院を開放、大久保と水道橋に臨時産院を設置した。

恩賜財団 済生会　芝の本院と麹町分院のほか診療所は焼失したが、妊産婦の救護にあたった。

基督教震災救護団　震災を機に日本のキリスト教界は、各教会、各派等が一致し、1923（T.12）9月14日にこの救護団を結成し、救護活動を開始した。救護、児童保護、伝道、慰問の4部に分かれた。矯風会は救護のなかの被服を受け持ち、東京連合婦人会の中心となって活動した。

本所基督教産業青年会　賀川豊彦は震災後、神戸から東京に入って被害の大きかった本所松倉町に本部を置き、炊き出しや衣類の配布、医療活動、宿泊所の提供などの活動を行った。被災者の実態調査から、職業相談、健康相談、栄養食指導、保育事業、小口金融なども行っている。墨田区にある本所賀川豊彦記念館には1924年6月記載のバラックの地図が残されている。

東京帝大学生救護団　9月10日頃までは大学構内に避難した約2,000名の救護にあたったが、避難民を自治的グループに分けて給食・慰問品の配給などを行った。次いで上野支部を開設、無秩序だった上野公園内での食料配給、医療、防疫事業などを学生の手によって秩序だてた。次に行ったのは「尋ね人」で、市政調査会と協力し市内各避難所を調査して全市にわたる避難者名簿を作成、『東京日日新聞』に掲載した。また「東京罹災者情報局」を設け、地方の人びとが東京の親戚、友人の安否の問い合わせに寄与した。こうした活動は東京帝大の学生のみならず一高や東洋大学の学生の応援も得て行われ、学生の経験を組織化して、1924年6月10日本所にセツルメントが設立された。

聖路加病院　病院の建物は崩壊したが、アメリカ赤十字社、ロックフェラー財団などに救援を依頼した。マニラの部隊から数十張の天幕病院が軍艦で運び込まれ、10月13日から診療を開始した。次いで東京市の委託を受けて、バラック病院内に産院、乳児院および臨時児童健康相談所を設けた。相談所では消化不良、大腸カタル、外傷、感冒など500名の児童の診察に当たった。産院と乳児院はのちの都立築地産院である。

　救世軍　神田の本営はじめ各所の施設が焼失し有力な士官も失ったが、2日には本営を市ヶ谷に移してただちに食料、衣類、日用品などの配布による救済活動を開始した。アメリカからは救護班員9人、衣類、毛布、薬品、自動車、トラック、ミシンが、イギリスからは毛布、衣類、カナダからも19回にわたって多数の衣類がきたという。下谷の救世軍病院ではバラックを建て、救療事業を行い、上野など5カ所のバラックには隣保館を設け、病人の看護、妊産婦の世話、生活・職業相談、精神的な慰藉や相談などを行った

　災害救済婦人団　9月20日、「全国の同性に」と題して女性たちに救援の呼びかけを行い、24日、金子しげり、坂本真琴、平塚らいてう、赤江米子、三宅やす子、中條百合子、伊藤朝子、西川文子、渡辺貴代子の9人で結成した。女性の救護活動団体としてはもっとも早かった。10月14日には甲府、17日に松本、21日は高田市など地方講演などを行い、その収益金約600円を救援に寄附した。また集めた書籍や雑誌などをバラック図書館や小学校に寄贈した。冊子『八つの泉』を発行して12月30日に解散した。

　愛国婦人会　九段の本部は焼けなかったため、罹災者の収容、炊き出し、児童相談所、救療所などを開設した。各支部では義援金の募集などを行った。

　東京連合婦人会に結集した女性団体——日本基督教婦人矯風会、基督教女子青年会、自由学園、日本女子大学校桜楓会、東京女高師桜蔭会、女高師附属高女作楽会などは別項に記述する。

（5）復興事業

　1923（T,12）年9月27日に帝都復興院が設置され、後藤新平が総裁に就任した。後藤が構想した「帝都復興根本策」は「1、遷都すべからず　2、復興費

に30億円を要すべし　3、欧米最新の都市計画を採用して、我国に相応しき新都を造営せざるべからず　4、新都市計画実施の為には地主に断固たる態度を取らざるべからず」という大規模なものであった。後藤は復興事業の協力者として、アメリカからチャールズ・ビーアド博士を招いた。10月6日東京に到着したビーアド博士は、「東京復興に関する意見書」を提出。その内容は、道路の拡張、京浜運河の新設、公園の増設、土地区画整理などであった。チャールズとともに来日した妻メリー・ビーアドは、東京連合婦人会の活動に罹災者調査などについての助言を行っている。

　復興事業費は、当初7億円余として閣議決定されたが、11月24日の第1回帝都復興審議会で、伊東巳代治らは復興策の縮小を要求、さらに12月18日、政友会は復興院および復興事業費の削減を要求した。

　12月27日、難波大助が摂政を狙撃するという虎ノ門事件が起こり、山本内閣は総辞職。翌24年1月7日に清浦奎吾内閣が成立した。この内閣のもとで、2月25日帝都復興院は廃止され、復興局に縮小、さらに3月31日には臨時震災救護事務局も廃止されて、内務省社会局が担当することになる。こうした過程で大規模な復興策は見直され縮小されていった。

　国の復興局、東京府、東京市がそれぞれ分担して行った復興事業は、以下となっている。

　土地区画整理、街路の整備（昭和通りなど）、橋梁事業、公園設置、運河・河川の改修、社会事業施設の新設（職業安定所、婦人授産所、託児・児童健康相談所、公衆食堂、簡易宿泊所、市営公衆浴場、公益質屋）、中央卸売市場などであった。後藤新平が描いた復興案はかなり縮小されたが、しかしこの事業は大きなもので東京を近代的都市へと変貌させた。

（6）大震災下のテロ

　首都を襲ったこの未曾有の地震による大混乱のなかで、恐るべきテロ事件が引き起こされた。9月1日大地震が起こると、ただちに警視庁は「民衆を扇動して事端を惹起せむと企る者なきに非らざる」として軍の出動を要請した。政府は2日、戒厳令を施行した。この戒厳令下、社会主義者や労働運動家、そし

て朝鮮人などが騒乱を企てているとのデマが警察などから流布されて、多くの虐殺、不法な弾圧事件が起こされた。

朝鮮人虐殺事件　「社会主義者と朝鮮人の放火」という「流言」はすでに1日午後に警視庁で確認され、「朝鮮人保護」の名目で警視庁が全員の「保護検束」を指示したのは2日午後であった。この指令は在郷軍人会や青年団に流され、市民たちは自警団を組織した。「流言」に興奮した人びと、自警団員たちが各自木刀、鳶口、鍬、鎌、銃などを手に持って朝鮮人と見なした人びとに襲いかかり殺傷した（前述の女性たちの証言にもある）。いたる所でその惨劇が起こされて被害者数は明らかではないが、全国で約6,000人におよんだといわれている。

亀戸事件　9月3日、震災下で救援活動に奔走していた南葛労働会の川合義虎など8人と、純労働者組合の平沢計七など2人、計10人の労働運動家が亀戸署に不法に検束され、翌日の4日夜、騎兵13連隊の手で刺殺された。

大杉栄・伊藤野枝虐殺事件　大杉栄・伊藤野枝夫妻は、当時府下淀橋町柏木（新宿）に住んでいたが、郊外のことでさしたる地震の被害はなかった。横浜に住む弟一家が、鶴見に避難しているというので、16日朝二人で会いに出かけた。すでにこの頃には不穏な噂がしきりに流れ、野枝も「少し外を歩いたりするとじき検束されますので」などと手紙に書いているが、「監視・検束」は珍しくもないので、さして心配もしなかったのだろうか。野枝は白い服にパラソル、大杉は白い帽子といった洒落た出で立ちだったという。鶴見で弟・勇と会い、一緒にいた妹橘あやめの息子の宗一（6歳）を連れて、柏木に帰ったという。

しかしその途中から3人の消息は絶えた。9月24日柏木の家に、3人の死体を引き渡すという憲兵隊からの通知があった。三つの棺には「五体さえもはっきりわからない」何かが詰まっていたという。のちに3人を虐殺したということで軍法会議にかけられた甘粕正彦憲兵大尉の陳述以外、詳しいことはわからなかった。

王希天事件　王希天は中国・吉林省出身の留学生で、YMCAの幹事も務め、中国人労働者の生活改善をはかる社会事業なども行っていた。9月9日大島方面の中国人労働者の安否を気遣って出かけ、大島町の僑日共済会館に立ち寄ったのち、逮捕されそのまま行方不明となった。大島町周辺で逮捕され虐殺された

中国人とともに、12日に殺されたとされており、その総数は最近の調査では「二百数十名を超えて七百五十名」だといわれている。

〔注記〕
関東大震災当時の東京府
東京市内
　麹町区、四谷区、麻布区、赤坂区、芝区、京橋区、日本橋区、本所区、
　深川区、浅草区、神田区、下谷区、本郷区、小石川区、牛込区
東京府下
　八王子市、豊多摩郡、荏原郡、北豊島郡、南足立郡、南葛飾郡、
　南多摩郡、西多摩郡、北多摩郡、伊豆七島

2 東京連合婦人会の誕生

　この章では、東京市から依頼されたミルク配りから始まった東京連合婦人会の誕生と、その後の活動、そして第3回大会での組織改編までを記述する。なお活動の詳細は、Ⅱの活動記録（年表）、Ⅲの初期の活動、Ⅳの部活動に譲り、会の流れを追って述べることにする。

（1）実行から始まる

　1923（T.12）年9月26日、東京市社会局の平林広人から乳幼児へのミルク配りを手伝ってもらえないかと依頼された久布白落実は、さっそく女性団体の幹部や高等女学校などの校長宛に協力依頼の手紙を書き、手分けして配った。

　28日、大久保の東京婦人ホームに12団体34人が集合した。ここには女性団体の代表者のほかに、新聞記者の大沢豊子や内務省社会局の林ふく、東京市社会局の河本亀子などもいた。話し合いは、ミルク配りだけでなく、焼け出された人びとへの衣類をどう配るかといった問題、さらには東京の復興に女性たちは何ができるかという根本問題にまでおよんだ。そしてこの未曾有の災害にあたって女性団体は大同団結して行動することを確認しあった。このとき羽仁もと子が「理屈なしに実行から始めませう」といい、期せずして「これは東京の婦人たちの連合ぢやありませんか」という声も上がり、役員など決めることなしに、これが「東京連合婦人会」の第1回の会合となった。仮事務所は大久保にある日本基督教婦人矯風会の東京婦人ホームに置いた。

　30日午前10時から東京市社会局に16団体134人が集合し、第1回のミルク配りが始まった。矯風会の守屋東を責任者とし、担当地区をそれぞれ分担し、警察署の調査をもとに戸別訪問をした。そのときミルクを配るだけでなく、「調査カードA」に基づいて食料や衣服・布団などの生活上の不足や不便などを聞き取り記載した。

　東京市の後援で、震災のショックで母乳が出なくなったり体調を崩した3歳児未満の乳幼児をもつ母と子を静養させるための「一週間療院」を、矯風会赤

坂本部の焼け跡に設立することになり、10月20日開院との看板まで立てた。しかし実際の開院は翌年2月9日となり、3月末まで約700余人が利用し、非常に好評だった。

　10月6日には第2回の会合が開かれ、1週間の活動報告をもとに検討し、ミルク配りはさらに1週間続けること、独自な調査カードを作ること、また東京市からも依頼された震災のため失業した女性たちに内職などを斡旋することを決めた。久布白はさっそくガントレット恒子に相談し、市内の裁縫や編み物などを職業とする女性たちを集めることにした。11日、東京婦人ホームに集まった守屋、ガントレット、亀井孝子らは東京市の職員を交えて協議の結果、「婦人職業団体連合会」（東京連合婦人会に加盟）を組織することにし、内務省などに失業女性のための資金調達を依頼した。

　6日、後藤新平内務大臣の招聘（しょうへい）により急きょ来日したアメリカのチャールズ・A・ビーアド博士は、震災後の東京を視察したあと、画期的な「東京復興に関する意見」を提出した。その妻メリーもまた東京連合婦人会の求めに応じて調査カードの内容などについてアドヴァイスを行い、自分たちの食料を給食用に提供し、アメリカからのバラックの寄附を斡旋するなどの支援活動を行った。

　13日に行われた第3回会合では、2週間のミルク配りを終えて、改めて詳しい戸別調査の必要を認め、再び18区域に分かれて調査を行うことになった（調査カードB）。また失業婦人救済策、帝都復興院への女性の建言などを協議した。こうしたさまざまな活動をスムーズに行うために、**職業部**（のち授産部と労働部）―失業婦人対策など、**社会事業部**（のち社会部）―教育部と連携し戸別調査の実施、**研究部**（のち政治部）―公娼廃止などの調査研究と活動、**教育部**―調査カードの作成、今後の女子教育方針など、と4部に分かれて行動することが申し合わされた。

　26日には、研究部の第1回会合と、教育部主催の「震災後の女子教育は如何なる点に最も力を注ぐべきか」をテーマとした集会が行われた。ここで全員一致となったのは「体育の奨励」で、当時の女性の体格・体力が脆弱であることが災害などの非常時に改めて問題視されたようである。

　10月27日には東京連合婦人会の正式な発会式が、東京婦人ホームで行われた。

政府から50万円の資金を得て、臨時震災救護事務局と連携しながら救援活動を行うことを改めて確認。会としては5年計画で児童保護、婦人労働、婦人の地位向上などの運動を起こすこととし、各部の充実をはかり、それぞれ毎週部会を開くことを決めた。各新聞は、東京連合婦人会の成立と、羽仁もと子、吉岡弥生、河井道、井上秀、大江スミ、平塚らいてう、山川菊栄、久布白落実などさまざまな分野で活躍する女性たちの参加を大きく伝えた。大正デモクラシーのもとで生まれた各種の女性団体も、それぞれ目的や考え方の違いからなかなか協力関係がもてなかったが、この未曾有の大災害に際して女性たちが「大同団結」し行動に立ち上がったことは社会の注目を浴びた。

　ミルク配りに続いて大きな仕事となったのは、布団・衣類の縫製・配布であった。秋も深まり次第に寒さが加わってくるなかで、罹災者にとって緊急の必需品は布団と衣類であり、職業部はもっぱらこの問題に取り組んだ。内務省社会局からの50万円の資金をもとに布団の縫製を、さらに華族同情会からは4万枚のネル襦袢の縫製を引き受けた。これは罹災者への単なる配布ではなく、縫製という仕事を与えることで失業女性対策でもあり、「二重救済」といわれた。

　この活動が翌年3月の家庭副業の普及および服装改善を主要目的とした「家庭文化展覧会」となり、5月には東京府社会局の授産場開設につながった。千駄ヶ谷の授産場は福岡安子が、目白の授産場は亀井孝子が主任となった。

　1—（1）被害の実相で述べたように震災で焼死した女性のなかには、日本髪のびんつけ油にまず火がついたとか、和服の裾がからまってすばやく行動できなかったなどということもいわれた。震災で簞笥のなかの嫁入り道具の着物を焼いてしまった人もいて、震災後「アッパッパ」と呼ばれた簡単なワンピースが大流行し、昭和に移り変わるなかで、日本髪は次第に洋髪に、服装は若い女性から洋装にと移行していった。

　1923年11月には、全関西婦人連合会から布団や毛布・蚊帳が送られ、12月には社会部主催の「隣人の愛」布団デーで、焼けなかった山手の家庭から1,031枚の布団と布団代1,996円75銭を集め、縫製にまわされた分も含めて、年内にはすべて配布し終わり、不十分ながら本格的な冬到来に備えることができた。

　東京市社会局では、罹災者の生活状態の把握と職業紹介の資料とするための調査を、集団バラックで行っていたが、散在バラック居住者の調査を東京連合

婦人会に依頼、会では各団体が受け持ち区域の個別調査を行った（調査カードC）。なかでも自由学園生徒の行った調査は、精密だと高い評価を受けた。

11月2日の研究部第2回会合では、これまで矯風会や廓清会などキリスト教関係者を中心に進められてきた公娼廃止運動を東京連合婦人会でも積極的に行うことに決め、3日に行われた東京連合婦人会第5回会合で提案し、同日、「全国公娼廃止期成同盟会」が正式に成立した。山川菊栄が起草した宣言文は11月10日の『婦人新報』に「参加せよ　人道の道に」として掲載された。なお山川は11月初旬に関西に移住したため、政治部（9日に研究部から改称）に参加したのはこの宣言文が最後である。宣言文は18日の『婦女新聞』にも「国民に訴ふ」として掲載され、より広い女性たちの目に触れるようになった。内容は1、焼失遊廓の再興不許可、2、貸座敷・娼妓の新規開業の不許可などである。11月25日には廓清会や矯風会などが行う廃娼デーの街頭署名に参加し、1万余の署名を得た。この署名は翌24年1月「公娼制度廃止請願書」として伊藤秀吉の趣意書をつけて内務省に提出された。また新妻伊都子を責任者としてパンフレット『公娼全廃せよ』1万冊を作成し（24年1月発行）、各方面に頒布した。

第47臨時議会への「焼失遊廓再興不許可に関する建議案」は、政友会の松山常次郎、革新倶楽部の田川大吉郎、憲政会の横山勝太郎により提出され、12月22日上程された。松山の提出演説、星島二郎の賛成演説などがあったが、委員付託となり、23日の議会最終日、審議未了となってしまった。なお公娼廃止案が国会に上程されたのはこれが最初で、これらの活動を通じて女性に参政権のない現状を痛感、公民権・参政権獲得の運動を開始しようと東京連合婦人会では動き出した。

教育部では、12月8日「罹災児童愛護デー」を市内70余カ所で実施、市内女学校の教師・生徒ら約1,000人が募金活動を行い、集まった13,700余円は市の学務課を通じて罹災小学校に寄附された。1924年1月11日、教育部の会合が行われ、1、女子の体育奨励、2、社会教育の監視、3、児童愛護の3問題に方針を決定した。

（2）女たちの大同団結

　1924（T.13）年1月27日、帝国ホテルで第1回大会が守屋東の司会で開催された。各部から挨拶を兼ねて事業報告が行われ、東京連合婦人会会則および各部の規則と、新役員が発表された。「まず、実行」から始まり、きちんと役員は置かれておらず、対外的には「代表」という形を羽仁もと子が務め、各部からの代表が集まった席で会の運営がなされてきたが、この日初めて新役員が選出された。総務委員長として河井道、総務委員には各部から3～4人が選ばれた。なお当初4部で出発したが、職業部は**授産部**と**労働部**に分かれ、社会事業部は**社会部**に、研究部は**政治部**に、そして教育部はそのまま**教育部**として5部制となった。最後に、村岡花子作詞、ガントレット作曲の「会歌」が披露されて閉会したが、参加者は44団体、約300人という盛会であった。

　救援活動が一段落したところで、各部はそれぞれ各界の有識者を招いての講演会や研究会を次々に開催している（日時・内容などの詳細は活動記録および部活動の項を参照）。当時アメリカの議会で排日条項を含む新移民法が可決され、排日問題として取り沙汰されており、東京連合婦人会でも時事問題講演会で取り上げている。また教育問題では、震災直後は「女子の体育奨励」が叫ばれたが、「中等学校の入学難」問題がクローズアップされるようになり、ほかに「母姉の授業参観」を実施したりした。当時、児童生徒の保護者会は「父兄会」と呼ばれ、母は子どもの教育の責任者としては埒外に置かれていた。それを是正するための「母姉」である。労働部では、女性の職業意識の向上をめざして労働運動の指導者養成講座を行った。また1年間の活動を記録した小冊子『跡』を発行したようであるが、残念ながら発見できず未見である。

　9月1日には、震災1周年を記念しての「震災共同基金募集デー」を行った。有馬頼寧の同愛会と共催し、東京朝日新聞社の後援、東京市社会局の協賛、市内13カ所で募金活動を行い、3,577円41銭5厘を集め、災害のための基金とされた。

　10月4日には、東京連合婦人会成立の「1周年記念祝賀会」が開催された。久布白落実が会の成り立ちを話し、労働部長の山田やす子が「歴史を通じて婦人

運動の趨勢を見る」を講演。音楽や余興、食堂・売店もあるという賑やかな会であった。

　こうした女性たちの「大同団結」による活発な活動のなかで、婦人参政権要求の声が高まってきた。その背景には大正デモクラシーのもとでの憲政擁護運動、普選運動の盛り上がりがあった。5月には護憲3派が総選挙で圧勝し、普選案の通過が確実視される状況となり、久布白らの日本婦人参政権協会が発起し、11月13日「婦人参政権並に対議会運動懇談会」を開催した。ここには婦人参政権協会（矯風会、1921年7月結成）、婦人連盟（新婦人協会解散後、1922年12月17日結成）から児玉真子、八木橋きい等4名、婦人参政同盟（尾崎行雄などの呼びかけで1924年2月2日結成、参加団体は新真婦人会、婦人禁酒会など）、アメリカから帰国し婦選運動を望んでいた市川房枝、そして政治部からは新妻伊都子、坂本真琴、河崎なつ、金子しげりが参加した。その後しばしば準備委員会が行われたのち、12月13日「婦人参政権獲得期成同盟会」の発会式が丸之内保険協会で135人の参加を得て開催された。総務理事に久布白、会務理事に市川、会計理事に中沢美代が就任。婦選を望む人たちを網羅した、まさに「大同団結」的な婦人参政権獲得期成同盟会（翌25年に婦選獲得同盟と改称）の成立であり、戦時下の40年に解散するまで婦選運動の中心的な団体として活動した。23日には新渡戸稲造が「国際連盟と女性」と題して講演した。

　明けて1925（T.14）年1月25日、第2回大会が丸之内保険協会で開催された。各部報告として社会部、授産部、労働部、政治部、教育部の報告があったが、この大会で授産部は経済部と改称された。総務委員長には守屋東、会計には田中芳子と徳永恕（ゆき）が就任した。この年、教育部では引き続いて中等学校の入学難問題に取り組み、労働部では労働講座を連続して開催している。

　政治部は外部団体となった婦選獲得同盟の中心的な働き手として活躍。3月29日成立した普通選挙法に呼応して、婦選獲得の演説会を頻繁に開催し各政党などに決議を提出した。対議会運動も展開、3月10日には婦選3案—①婦人参政に関する建議案、②市制並に町村制改正に関する建議案（公民権案）、③治安警察法中改正法律案（5条1項の「五、女子の削除」）が衆議院に上程され、当日は「婦人解放デー」として傍聴席は女性で溢れ、街頭では5万枚のビラが配布された。東京朝日新聞社では、婦人参政権可否の紙上討論を行い、全国から

595人の女性が応募し、賛成281、反対275、中立39の結果が示され、世論の高まりを示した。この3案は衆議院のみ通過した。

一方、普通選挙法成立の機運の高まりで、無産政党樹立のための政治研究会が安部磯雄らを中心として24年6月結成された。ここに市川房枝、奥むめおらが参加、25年3月7日に婦人問題講演会として行われた会が、政治研究会婦人部としての発足となった。ここには新妻伊都子、堺真柄、野坂龍、丹野セツ、田島ひでなどが加わった。しかし政治研究会の綱領草案には、女性政策は「婦人の社会的地位の向上」という1項目があるのみだった。山川菊栄は神戸から「男女同一賃金、戸主制度の廃止、男女不平等法律の廃止、教育と職業における機会均等」などの追加を要求した。

1926（T.15・S.1）年に入ると、震災当時の緊急な活動はすでに終了し、会の今後のあり方、目標を改めて検討することになった。そこで守屋をはじめとする10数人が手分けして市内各女性団体を訪問し、改めて東京連合婦人会への加入を勧誘した。会の目標・活動内容については、「女子教育の発達、婦人労働問題の解決、婦人の地位向上、経済思想の涵養、国際友誼及び平和、社会福祉の増進」の6項目とし、加盟団体からの代表2人で委員会を組織する、事務所は矯風会の東京婦人ホームから吉岡弥生の至誠会に移転するなどを内定した。

1月17日、加盟団体の代表が顔合わせをして、東京連合婦人会の改造相談会が開かれた。

3 組織改編から終焉まで

東京連合婦人会の全体像を見渡したとき、1923（T.12）年の創立から1926年の組織改編までの約2年半を第1期と見ることが妥当だと考える。関東大震災という緊急事態のもとで、組織の形をつくるより前に、「まず、実行！」として救援活動に乗り出したとき、はからずも東京の女性たちの思想・信条・立場を超えた「大同団結」となり、その活動の日々は熱気に溢れていた。そしてそのなかから、女性たちの共通の願いでもある廃娼運動と婦選獲得運動の団体を生み出すことができた。これは大きな成果であったといえるのではないだろうか。

しかし当初の緊急課題的な目標を失い、さてこれからどうすべきかとなった

第3回大会以後は、団体加盟の組織となり、きわめて平熱の組織となった。たしかに30余の団体が加盟し、機関誌『連合婦人』を発刊し、さまざまな活動も行っており、それぞれ個人は一所懸命に活動に励んでいるが、全体としては無から有を生み出す熱意に欠けているように見える。満州事変以後は次第に国策に沿った活動になっていったといえよう。その一つの原因に、1927（S.2）年の第4回大会で委員長に就任した吉岡弥生が、1942年の解散にいたるまで15年近くその座にいたという組織の風通しの悪さにもあるのではないかと思われる。
　ともあれ、この項では第3回大会以後、東京連合婦人会の解散にいたる15年間を、年次を追って見ていくことにする。
● 1926年2月14日、第3回大会が日本青年館で開催された。懸案となっていた組織の変更は、満場一致で可決された。変更の内容は、会員資格を団体のみとし、各団体から代表委員2人を選出し、代表委員会を構成する。各部を廃止し、全体で以下の目的に沿った活動をする。①婦人の地位向上、②労働婦人問題の解決、③女子教育の発達、④経済思想の涵養、⑤社会福祉の推進、⑥国際友誼と平和、である。また今年度のスローガンとして「団結は力、帝都を思ふ母心」が決定され、委員長には守屋東が就任した。33団体参加。
　旧労働部は、労働婦人協会と組織替えをして、東京連合婦人会に団体加盟した。のち水曜クラブと名前を変更し研究のみを主眼としたが、第5回総会で脱会する。婦選獲得同盟は、目的に婦選の獲得を入れることを条件に加入したが、前述のごとく目的のなかには明記されていない。なおこの期から委員会の会場は至誠会内か、吉岡弥生宅となっている。委員会内での議題としては、「婦人年鑑」の編集、各府県の連合婦人会の調査、会館建設についてであり、会館建設が目標になっていることがわかる。
● 1927（S.2）年1月30日、第4回総会が神田の主婦之友社ホールで開催された。このときから大会とは称さず総会としている。会員全部に呼びかけた大会ではなく、団体代表者による総会という形だったのではないか。委員長に吉岡弥生が就任、守屋東は副委員長となり、この体制は解散まで続く。新たに金子しげりが書記長に就任した。32団体参加。
　この期の活動としては、引き続き入学難などの教育問題、流行病予防のための蝿駆除などで、久布白から府下7カ所の「二業地指定許可」についての認可

取り消し陳情書の署名が委員会に提出された。

この年3月金融恐慌が起こり、銀行などでの取り付け騒ぎ、会社の倒産、失業者が溢れるといった世相は、会の活動にはほとんど反映されていない。また民法の親族編・相続編が現状に合わなくなってきたため、その改正作業が進められていたが、それに対する反応は見られない。

● 1928年2月4日、第5回総会、東洋ビル内中山文化研究所談話室で開催。ガントレットから普選達成婦人委員会との共同行動を緊急動議として提案、満場一致で可決した。なお「御大典の盛儀に添ひまつるべく我等婦人は愈々一致協力して社会の浄化とその発展に努力せることを期す」ことを決議。34団体。

2月20日には、普通選挙による第1回総選挙が行われ、無産政党が8議席を獲得したが、既成政党が圧勝した。普選達成婦人委員会との共同は行われているが、3月12日に成立した婦選獲得共同委員会には東京連合婦人会は参加していない。汎太平洋婦人会議（議長ジェーン・アダムズ）には、会より吉岡、大江スミ、ガントレット、井上、正田淑子、市川房枝、木内キヤウが出席した。5月1日、懸案だった機関誌『連合婦人』第1号が「編集発行印刷人 村上秀子」で発刊された。

● 1929年2月2日、第6回総会、九段上富士見軒で開催。「婦人参政権要求の決議」「対市会議員総選挙声明書」を満場一致で可決した。37団体。

この年は、市政浄化の運動、ガス料金値下げの運動が行われている。3月1日発行の第3号から『連合婦人』が月刊となり、さまざまな記事や解説が載るようになった。7月1日改正工場法（1923年3月公布）が6年目にしてようやく施行され、女性と年少労働者の深夜業が廃止されて祝賀会が催された。

9月12日には会が主催して緊縮財政、消費節約、勤倹貯蓄問題についての集会が首相官邸で開かれた。浜口総理、安達内相、井上蔵相が出席し、各女性団体幹部など162人が参加した。金解禁についての説明などがあり、国策協力への呼びかけがなされた。この直後の10月24日、アメリカのウォール街で株式相場が大暴落、日本は金融恐慌につづいて世界恐慌の波に巻き込まれていった。

● 1930（S.5）年2月8日、第7回総会、丸之内帝国生命ビル8階ホールで開催。余興の福引や会終了後の晩餐会などあり、総会は方針議論の場というより懇親会といった趣となった。

4月27日、婦選獲得同盟が主催し婦人参政権協会など6団体が後援して、全日本婦選大会が日本青年館で開催された。主義や思想を超えて全国の女性たちの統一行動となり600人が集まったが、東京連合婦人会は後援団体に入っていない。

　11月26日静岡・伊豆地方にM7.3の大地震が発生、死者254人、家屋全壊2,290戸と報じられた。東京連合婦人会では緊急に臨時委員会を開催し、翌日守屋と徳永が現地に急行した。臨時保育所を開設するために、二葉保育園と東京婦人ホームの保母たちが同道した。沼津市役所内に設置された静岡県震災事務所に行き、被災地を視察、惨状のなかに子どもがなおざりにされている現状を見て、臨時託児所の開設を提案、韮山とのちに函南に設置した。経費は女医学校からの義援金560円を基金とし、寄附を集めることとなった。関東大震災の経験がこのような形で生き、会員は張り切って行動した。

　● 1931年2月28日、第8回総会が「8周年記念講演会」として女子青年会館で開催された。講演は羽仁もと子と吉岡弥生。

　この年、芝増上寺敷地内の土地を候補として会館建設問題がもち上がり、建設募金を開始した。しかし、6月には文部大臣主導で行われた大日本連合婦人会（連婦）と大日本連合女子青年団との合同理事会で、会館建設委員会が設置され委員長に吉岡弥生が就任した。吉岡は東京連合婦人会委員長であるにもかかわらず、こちらに力を注ぎ、東京連合婦人会の会館建設は結局立ち消えとなった。連婦の会館は、現在の日本女子会館である。

　3月6日、文部省主導で大日本連合婦人会が発足、理事に吉岡弥生や井上秀が就任し、地域婦人会など600余団体を統合した。東京連合婦人会では村上秀子が、「すべて男子がお膳立て」と『連合婦人』で批判、婦選獲得同盟なども官製婦人団体と一蹴した。

　9月18日、満州事変が勃発した。愛国婦人会をはじめ女子青年団、日赤など出征兵士慰問活動が活発化した。12月には「満州」へ出動する将校の夫人が自刃し、夫を激励するためと喧伝された。

　東北地方は冷害のため凶作で、娘の身売りが増加、会では11月15日、東北凶作飢饉の欠食児童保護街頭募金デーを行い、1,500人が参加し街頭募金で6,979円28銭を集め1万円にして東京府に寄附した。

● 1932年には1月の委員会で役員改選（ほとんど再選で、書記に永井駿子）を行い、5月10日に第9回総会を兼ねた講演と懇親の会を日本橋白木屋ホールで行った。講演は山田わかと大蔵省参与の太田正孝である。

東京市（35区）は、府下5郡82町村を合併し人口53万余となり、大東京市あるいは都制案が浮上、この都制案と婦人公民権を結びつけて議論された。

● 1933年は、前年から女子学生をはじめとする女性活動家の検挙が相次ぎ、委員会は思想問題研究会として行われた。

4月11日、第10回総会は吉岡宅で開催。帰国したばかりの新渡戸稲造を迎えて、「世界の動きを見て日本の女性に訴ふ」の講演があり、続いて研究会でも新渡戸の「国際連盟を脱退した日本と婦人」を聞いた。

● 1934年4月15日、第11回総会は東京女子医専で開催したが、ハルビン市長夫人の歓迎会を兼ねて行われた。

この年、3月21日函館の大火があり、死者2,166人、焼失家屋23,633戸で震災を除き最大の火事といわれた。また9月21日には室戸台風で死者2,866人だったが、東京連合婦人会では救援に動いた気配はない。

● 1935年2月5日の委員会で役員選挙が行われ、主要メンバーは再選、書記のみ三輪田繁子となる。4月14日、第12回総会として、小田急線喜多見駅前の和光邸で、園遊会とともに行われた。

『連合婦人』1月号には、婦人団体録と婦人録が掲載されており、12月15日には単行本として『婦人年鑑　昭和十一年版』が出版された。以後、1940年の「昭和十五年版」まで発刊している。

● 1936年1月14日、委員会で役員改選、書記のみ木内キヤウに変更し、新設された財務委員に田中、伊東かう、伊東静江、加藤タカ、出野柳子、三輪田繁子が就任した。5月16日、第13回総会は矯風会館で行われ、イギリスの婦選運動で活躍したミス・ランドルが「婦選獲得および婦人運動」と題して講演した。

● 1937年1月11日の委員会で役員改選、財務委員に竹内茂代、木内、前田若尾を追加した。新加盟団体は三五連盟、子供の村母様学校。第14回総会は、5月30日神奈川県の大和学園で園遊会という形で行われた。

7月7日、日中全面戦争が開始され、10月12日国民精神総動員中央連盟が

74団体で結成された。東京連合婦人会は団体としては加盟していないが、委員長の吉岡は評議員として参加、井上秀、久布白、市川は調査委員となる。

この年、総会は園遊会となり、連合婦人会としての活動はほとんど見られず、会員個人が国策に協力している状態である。

● 1938年、総会は行われていない（以後、1942年の会解散まで総会は行われていない）。4月1日、国家総動員法が公布され、国民は戦争に向けて「総動員」される体制となった。会では個人としての国策協力から、団体としての協力に動きだした。5月3日、会が呼びかけて70余の婦人団体を網羅して婦人物価委員会を結成した。7月には日本婦人団体連盟などと共催で、買溜防止問題協議会を実施した。

パーマネントが禁止され、綿製品の製造・販売が制限され、皮革が極端に不足した。人びとは品物がある場合は「買い溜め」に走るか、やむなく「ヤミ」という不法な取引を行うか、「代用品」を工夫するかという状況になった。

12月1日、会の15周年記念会が神田一ツ橋学士会館で行われた。文部大臣、厚生大臣、東京府知事などの代理祝辞、東京市長の祝辞があった。

● 1939年、この年、委員会は3回行われたが、会としての動きはほとんど見られない。2月18日、市川を会長として婦人時局研究会が組織された。理事に河崎、竹内、金子らのほか内務省工場監督官補の谷野せつが加わっている。以後この研究会は、婦人問題を含みつつ時局に沿いながら、しばしば会合を行っている。

4月12日、米穀配給統制法が公布され、11月25日には米穀搗精等制限令で7分搗きになり、白米は禁止となる。

「日本人なら、ぜいたくはできないはずだ！」という標語が、国民精神総動員運動本部と東京府・市および警視庁が加わり、ポスターとして各所に貼られ、のち語句が強い「ぜいたくは敵だ！」が流布するようになった。

● 1940年、この年委員会は1月10日（大日本航空婦人会本部）、7月17日（女子会館）、10月8日（女子会館）で行われ、粗悪なスフ製品の防止と切符制度の問題を討議した。

1月19日には、山田宅で役員会を開催、「家庭経済部」を新設して、山田が部長となった。

4月22日価格形成中央委員会が米・味噌・醬油・砂糖・マッチ・木炭など生活必需品に切符制を採用した。

4月24日、国民精神総動員中央連盟は解散し、国民精神総動員中央本部が設置され、参与として愛国婦人会、大日本国防婦人会、大日本連合婦人会の3婦人団体の会長および吉岡、市川、竹内らが任命された。5月16日、東京連合婦人会では価格形成中央委員会婦人委員会に注文をつける会を開催した。9月21日、婦選獲得同盟は「新体制よ、婦人を認めよ」の声を最後に、臨時総会を開いて解散を決議し、婦人時局研究会に合流した。10月12日、大政翼賛会が発会し、12月7日、大政翼賛会臨時中央協力会議議員に婦人代表として高良とみが選出された。11月10日から14日まで紀元2600年記念行事が盛大に行われ、国民を戦争に総動員する体制ができあがっていった。

この年は、「代用食」や「空地利用」が『連合婦人』の紙面を飾り、手末会（たなすえかい。古代の「手末の調べ」からくる）が馬鈴薯やインゲン、小麦などの植え付けを奨励している。

● 1941年、委員会は1月28日、5月6日、6月3日、7月8日の4回行われている。家庭菜園や向日葵栽培の奨励などが議題となり、あらたに「戦時生活研究会」が東京連合婦人会に加盟している。

2月20日には、吉岡の提唱で「食糧増産全国婦人団体協議会」が結成された。また、8月5日、19日には、情報局の課長を招いて「時局懇談会」が開かれ、10月28日より11月27日まで「婦道錬成講座」が開催されるなど、会を挙げての戦争協力体制が進んでいる。

この年4月1日、国民学校令が施行され、明治以来続いた尋常小学校が国民学校に改組し、学童は「少国民」として錬成されることになった。7月には、家庭婦人雑誌約80種が統合されて、17誌に整理された。

12月8日、日本はアメリカ、イギリスに宣戦布告し、太平洋戦争が始まった。同日の大政翼賛会第2回中央協力会議に木内キヤウらが出席している。

● 1942年、この年の委員会は5月12日「消費者の切実な叫び」を問題としている。また『連合婦人』6月号は「与謝野晶子氏追悼」号となっている。

2月2日、軍部の主導のもとに愛婦、連婦、国婦の3団体が統合して、大日本婦人会が発足した。5月には大政翼賛会に加盟し、10月には『日本婦人』を

発刊、11月には 8,000 人が参加した第 1 回総会で「皇国・社会・家族への奉仕綱領」を決定した。

　福島四郎が 1900（M.33）年に創刊した『婦女新聞』が、2月15日の2174号をもって廃刊となった（3月15日、2175号が最終号追録として出ている）。「本紙自爆」と書き、福島は「婦女新聞の遺言として『軍部は婦人団体から手を引くべきだ』といふ一語だけ叫んでおく」と記している。2月25日、「婦女新聞の福島夫妻に感謝する会」が神田教育会館で有志によって開催された。

　『連合婦人』は9月発行の 147 号をもって終刊となっており、148 号以降は不明であるが、復刻版には5月号（143号）、7月号（145号）、8月号（146号）が収録されていない。なお当時の紙面には、「軍神の母」「大東亜戦争に於ける軍人援護」などとともに、「甘藷の栽培」「乳幼児体力手帖制と妊産婦登録制」なども載っている。

　12月8日、東京連合婦人会は解散し、大東亜生活協会となる。会長は吉岡弥生。団体組織を改めて個人組織とし（会員約 250 人）、会の目的は「大東亜ノ新事態ニ即応スル家庭生活ノ樹立ニ関シ調査研究ヲ行ヒ其実践ヲ図リ国策ニ即応スル」となった。

　12月23日、大日本言論報国会が設立され、市川房枝が理事となった。

　戦時下、言論の自由も活動の自由もなく、まして女性は政治に参加する権利もなく、国民すべて国家総動員の名のもとに戦争遂行のために邁進させられた。

おわりに

　関東大震災をきっかけに組織された東京連合婦人会の救援活動は、妊産婦や乳幼児・子ども、そして老人などに細やかな心配りをしながら行われた。それは単に行政の下請けではなく、「調査カード」による綿密な情報のもとに、必要な人に必要な物資や仕事をと女性の眼と手による自主的な活動がなされ、今日でも大いに参考になるのではと思われる。

　東日本大震災を機に、女性の視点に立った災害支援の必要性に対する社会的認識が広がったといわれているが、それから5年後の熊本地震でも、不安を訴える女性の声や、間仕切りのない広い体育館での授乳や着替え、暗いトイレな

ど、女性が過ごしにくい避難所の実情が報じられていた。また性被害の事例なども報告されている。生理用品が体育館の真ん中にむき出しで置かれて、取りに行きにくかったという若い女性の声も聞こえるなど、支援物資の配布にも女性目線が必要なことは明らかである。障害者、高齢者、乳幼児などへのきめ細かい配慮は、一律な支援ではなく、実情調査のもとに行われることが大事であることは、関東大震災当時の調査活動に見るとおりである。しかし近年の災害で、このカード調査がきちんと行われているようには見受けられないことは残念である。今後起こりうる災害時に、公的な救援はもちろんであるが、多様な被災者に寄り添う「女性の眼と手」が支援のキイポイントになることを記しておきたい。

　この救援活動をきっかけに東京連合婦人会に大同団結した女性たちは、自らの要求である廃娼や婦選の運動に乗り出した。しかし、この救援活動などが一段落したのち、時代は昭和恐慌から戦争へとなだれこんでいき、女性たちの生き生きとした活動は次第に終息し、政府や軍部の思惑に従ってのお仕着せ活動に移行していくのは、本稿や活動記録に見るとおりである。

　戦争末期の1944（S.19）年12月7日、東海地方にM 8.0の大地震がおそい、津波が来襲し、死者998人、全半壊・流失家屋7万6,139戸という大惨事が起こった。しかし戦時下ということで、ほとんど報道もされなかった。これは私も疎開先の静岡で体験しているので忘れることはできない。

　この地震が頻発する日本列島に、50余の原発があることが信じがたい。福島第1原発の事故さえもまだ収束していないにもかかわらず、原発は次々と再稼働を始めている。電力会社の株主総会では、株主側から提出された「脱原発提案」を、9電力会社すべてが否決したと報道されている。企業は利潤のためには、人の生命や人類の未来などは考えないのだろうか。聞くところによると、福島第1原発の処理には12兆円、廃炉、最終処分場、各燃料リサイクルなどを含めると30兆円かかるという。しかも核のゴミ処理は10万年単位だといわれており、それは人類の歴史にも匹敵するような年月である。

　東京連合婦人会の活動から学び、生命に直接関わる女性たち、もちろん男性も含めての「大同団結」によって、この危険な動きを止めたいと、切実に思っている。

参考文献

東京百年史編集委員会編『東京百年史』第四巻　ぎょうせい、1979 年
北原糸子『関東大震災の社会史』朝日選書、2011 年
北原糸子編『写真集　関東大震災』吉川弘文館、2010 年
竹村雅之『関東大震災を歩く　現代に生きる災害の記憶』吉川弘文館、2012 年
東京市社会局「震災後に於ける児童保護事業概況」、「職業婦人に関する調査」、『日本近代都市社会調査資料集成　1』近現代資料刊行会、（株）ＳＢＢ出版会、1995 年
内務省社会局編『大正震災志』1926 年
警視庁『大正大震火災誌』1925 年
東京府編『東京府大正震災誌』1925 年
東京市編『東京震災録　前輯・中輯』1926 年、『別輯』1927 年
東京都慰霊協会『関東大震災』公益財団法人　東京都慰霊協会、2014 年（改訂版）
台東区立下町風俗資料館『関東大震災と復興の時代』2012 年
東京都編『都史資料集成　第 6 巻　関東大震災と救護活動』東京都、2005 年
内閣府中央防災会議「災害教訓の継承に関する専門調査会報告書」
　『1923　関東大震災　第二編　救護と救済』2006 年
高群逸枝『火の国の女の日記』上　講談社文庫、1974 年
平塚らいてう『元始、女性は太陽であった』③　大月書店国民文庫、1992 年
山川菊栄『おんな二代の記』平凡社、1972 年
久布白落実『廃娼ひとすじ』中央公論社、1973 年
川島つゆ『大震災直面記　川島つゆ遺稿第二集』古庄ゆき子編　1974 年（私家版）
川添誠一『震災始末記抄』『創立 60 周年記念誌　佐久間小学校』創立 60 周年記念事業実行委員会編、1963 年
細井和喜蔵『女工哀史』岩波文庫、1954 年
竹久夢二「東京災難画信」『都新聞』1923 年 9.14 〜 10.3
中外商業新報社編『図録　大震から復興への実状』中外商業新報社、1925 年
関東大震災五十周年朝鮮人犠牲者追悼行事実行委員会編『歴史の真実　関東大震災と朝鮮人虐殺』現代史出版会、1975 年
藤野裕子「関東大震災時の朝鮮人虐殺と向きあう——災害時の公権力と共同性をめぐって」『震災・核災害の時代と歴史学』青木書店、2012 年
田原洋『関東大震災と王希天事件　もうひとつの虐殺秘史』三一書房、1982 年
井手文子『自由それは私自身——評伝・伊藤野枝』筑摩書房、1979 年
日本キリスト教婦人矯風会『日本キリスト教婦人矯風会百年史』ドメス出版、1986 年
「政治部ノート」東京連合婦人会政治部手書きノート　婦選会館図書室所蔵

協調会『最近の社会運動』1929 年
楊善英「関東大震災と廃娼運動——日本キリスト教婦人矯風会の活動を中心に」『国立女性教育会館研究紀要』2005 年
嶺山敦子「久布白落実と関東大震災——女性たちの震災救援活動をめぐって」『福祉文化研究』2012 年
池田恵子「災害・復興の経験を『災害に強い社会の構築』に活かす——大津波からインドネシアは何を学んだか、日本は何を学ぶのか」『ジェンダー研究』第 17 号、2014 年
北原糸子「東京市政調査会作成の関東大震災避難者カードについて」『京都歴史災害研究』2011 年
東京連合婦人会『連合婦人』第 1 号〜第 147 号　復刻版　不二出版、2012-13 年
千野陽一『近代日本婦人教育史』ドメス出版、1979 年

東京連合婦人会
活動記録
(年表)

1　関東大震災以前の一般情勢 （1917.5-1923.8）

年　月	関東大震災以前の一般の情勢
1917.5 (T.6) 8	岡山県知事が岡山市に済世顧問制度を創設（民生委員制度の先駆） 内務省地方局に救護課を設置。賑恤（しんじゅつ）救済事務を専門的に扱う独立の課。初代課長は田子一民
1918.6	内務省に救済事業調査会を設置
7	7月下旬の富山県魚津町を発端として、漁婦たちによって起こった米騒動が全国に広がる（～8月）
10	米騒動をきっかけとして、大阪府知事が大阪市に方面委員制度を創設
11	ドイツの降伏で第一次世界大戦終結。翌年ヴェルサイユ条約で講和成立
11	高野岩三郎らによる「月島調査」実施（～20.5）
1919.2	岡山県倉敷の実業家、大原孫三郎が大阪に大原社会問題研究所を創立
11	平塚らいてう、市川房枝らにより新婦人協会創立
11	東京府は社会課を設置
12	東京市は社会局を設置し、総務、公営、救護の3課を設ける。社会局嘱託として女性を採用し、調査活動を行う。翌年労務課を増設
12	内務省地方局救護課を社会課に改称
1920.8	内務省地方局社会課を昇格させて、内務省社会局を新設→「社会事業」の語が法令上に明記され、国が社会事業を行うことを明示
10	第1回国勢調査を実施。世帯単位での調査
1921.1 9	内務省の救済事業調査会を社会事業調査会に改称 日本女子大学校が社会事業学部を開設。内務省より奨励金2,000円交付
1922.2	東京市長後藤新平が東京市政調査会（都市調査機関）を設立
3	新婦人協会の対議会運動により、治安警察法第5条第2項修正可決、成立し、4月改正公布により女性による政談演説会の開催が可能になる
11	内務省社会局は内務大臣直轄の内務省外局の社会局となる
1923.2 8	婦人参政同盟結成 24日、総理大臣加藤友三郎が病気のため死去。外務大臣内田康哉が総理臨時代理を兼務 → 組閣の工作中で、内閣不在の状態

＊表の1923年9月1日以降の「月日の欄」のマーク「●」印は、日付けが不明の場合に使用している。

2 東京連合婦人会の結成と活動
(1923.9.1-1926.2.13)

1923（大正12）年

月日	東京連合婦人会の発足まで	一般の情勢
9.1	午前11時58分44秒、関東地方に大地震発生。震源は相模湾西北部、M.7.9。東京、横浜で大規模火災【関東大震災】愛国婦人会は震災直後から九段の本部を開放して避難者を収容し、無料診療所を開設。妊産婦の巡回救護班を組織	1.組閣工作中で内閣不在の状態 ・東京府、臨時救護事務所を設置（麹町区有楽町庁舎前にテント） ・東京市、非常災害救護事務所設置（府と同じ敷地内にテント） ・16:30 警視総監が治安出兵を要請。内相ら戒厳令を検討するが中止 2.朝の臨時閣議で臨時震災救護事務局を設置（内務省焼失で内相官邸に）、戒厳令の適用、非常徴発令の発令を決定 ・昼、朝鮮人暴動の流言、迫害が始まる ・15:00 臨時震災救護事務局第1回合し、事務分担を決定 ・夕刻、戒厳令、東京市と府下5郡に施行 ・19:00 臨時震災救護事務局の『震災彙報』第1号発行（今後の震災救護を担う要の組織は新内閣成立以前に発足） ・19:00 頃、第2次山本権兵衛内閣成立。後藤新平内相に就任 3.天皇の恩賜金1,000万円下賜 ・戒厳区域が東京府と神奈川県に拡大。関東戒厳司令部新設 ・自警団取締りを始める
3	朝、横浜方面に停泊中の特務戦艦「神威」の中山艦長より、大阪朝日新聞社に無線電話で、婦人団体への救援事業を促してきた。全関西婦人連合会有志は、大朝社と協議し、同社の救助金急募と連合会総動員での慰問品募集に全力→9.15の締切までに、総数二百数十万点の慰問品を集め、毎日大阪築港より出港の艦船に積んで、京浜および湘南の災害地に届けた	
3	日本基督教婦人矯風会を代表して、久布白落実と千本木道子の両理事は、東京府、東京市、内務省の各所に震災に際してできる仕事があれば命じてほしいと出向いた。以後たびたび出向く	
4	矯風会、罹災失業者の職業紹介を東京本部で始める	
8	東京女子大学角筈校舎で、学生が寄贈の材料で寝具を作製し病院等へ配布	
9	内務省の臨時震災救護事務局は午後から、乳幼児・傷病者へのミルクの配給を開始	
11	淀橋の有隣園内に東京市委託で迷児収容所を設置	
14	矯風会など基督教震災救護団を結成。矯風会は被服部を担当	
16	臨時震災救護事務局は各地からミルクの供給を受け、東京市社会局、警察庁に配らせるが、人手不足のため婦人団体の応援を懇望	
17	日本女子大学校桜楓会、市社会局と協力して上野公園小松宮銅像前に児童救護部設置を決定。栄養不良の児童への昼食提供を19日から開始（～12.28）。また、上野公園輪王寺前に桜楓会授産所を設置	
20	自由学園は衣類や布団類の裁縫とその配布を行う（～10月末）自由学園卒業生が、10月15日から本所の太平小学校で児童200人に毎日昼食を提供	
23-29	桜楓会は東京市の委嘱により、衣類など救恤品の配給を行う	
24	基督教青年会は労働奉仕、矯風会は青山女学院内に収容の孤児の世話一切を引き受け活動中	
24	災害救済婦人団結成：金子しげり、坂本真琴、三宅やす子、平塚明（らいてう）、中條百合子、伊藤朝子、西川文子らの発起で、講演会での募金活動	

月日	東京連合婦人会の活動	一般の情況
9.25	内務省がミルク配給を25日で打ち切りを表明したため、東京市は26日よりミルクの供給を受け持つことに決定。罹災傷病者、5歳以下の乳幼児、必要と認めた老衰者、虚弱者にミルクを配る。輸送は警視庁、配給は市社会局が担当	4.埼玉県、千葉県も戒厳区域に。亀戸事件 5. 21:00以降の夜間外出禁止
26	矯風会の久布白は神田の基督教青年会慰問部の人から、今日東京市からミルク配りの話があったことを聞かされる。すぐに東京市役所のテント事務所へ行く。東京市社会教育課嘱託の平林広人より、5歳以下の乳幼児にミルク配りをしたいので、毎日100人ずつ女性の手を借りたいと依頼があり引き受ける。 ただちに大久保の矯風会東京婦人ホームに引き返し、女性団体幹部や女学校の校長宛に40通ほどの手紙を書き、4、5人で配達し、やむを得ないところは郵送する	6.市内10カ所の公設市場で米の販売開始。電灯ともる 7.流言浮説取締令（治安維持令）が緊急勅令で公布施行 朝夕の給水開始 8-12.東京市政調査会救護部が東京帝大学生救護団の調査により全市の避難者カード作成→15,6『東京日日新聞』に「避難者氏名表」掲載
	第1期	
9.28	「東京連合婦人会」結成 第1回会合 〈11:00〜14:00　東京婦人ホーム〉 ミルク配りのために集まったのは12団体34人で、配給を申し出たのは100人の募集に対し134人。乳幼児および母性の保護のため、東京市のミルク配りを手伝う件は可決され、「東京連合婦人救済会」の名のもとに毎週土曜日に集まることになる。その後の話し合いのなかで、出席者のひとりが「これは東京連合婦人会ぢやありませんか」の一言がもとになって、「東京連合婦人会」と称する 自由学園の羽仁もと子の「理屈なしに実行から始めませう」という言葉は、この連合会の発足に弾みをつけた 出席者：久布白、守屋東、河井道、羽仁、上代タノ、林ふく、石川静、宮川静枝、川崎正子、大沢豊子、河本亀子ら 仮事務所：日本基督教婦人矯風会内東京婦人ホーム（東京府下大久保百人町356）	9.中国人留学生、王希天拘束、のち虐殺 11.東京市、罹災人口調査公表。東京帝大学生救護団本部内に東京罹災者情報局設置（安否確認の対応） 11.東京商業会議所で大震災善後会の発起人会開催 12.帝都復興に関する詔書（遷都を否定） 15.市内の郵便全面復活 16.大杉栄、伊藤野枝ら3人が殺害される ・後藤内相、池田社会局長罹災者人口調査に言及
30	10時に東京市役所3階の社会局に集合し、守屋の指揮のもとで、担当、地区（18区域）を決めて、ミルク配りを行う 参加団体：日本基督教婦人矯風会、日本基督教女子青年会（YWCA）、桜楓会（日本女子大学校同窓会）、愛国婦人会、鴎友会（府立第一高女同窓会）、婦人平和協会、実践高等女学校、自由学園、東京女子大学、婦人協会、二葉保育園、霊南坂教会、バプテスト教会、本郷教会、クリスチャン教会の各婦人会、関東罹災者救護婦人会の16団体、134人が参加 ・区域内で班に分かれて警察署の調査を基礎に戸別訪問をして、調査カードに記入しながら、5歳以下の乳幼児のいる家庭に3日目ごとに1缶のミルク配りを、2週間続けた （調査カードA）：産婦、傷病者、老弱者、迷児の注意保護。不当な目的で他人の子どもを養育する者がいたら警察に連絡。衣服食糧の問題、台所等の衛生上の注意など。調査結果は毎日社会局に報告し、市役所、警察と協力して、丁寧な救護を徹底する	19.勅令418号帝都復興審議会官制公布 21.第1回帝都復興審議会で復興計画案を審議。特別会計は25年3月末で廃止と了承 25.東京市、炊出し終了 9.25-10.10 市内の罹災集団地において罹災調査および慰問品配給（日本大学、早稲田大学、法政大学、青山学院の学生）

月日	東京連合婦人会の活動	一般の情勢
9.		27.内閣直属の帝都復興院設立（総裁は後藤新平内相）
10.	東京市後援の新事業として、乳児保護のための「一週間療院」のバラック（30人収容）が矯風会赤坂本部焼け跡に「十月廿日開院」の看板が掲げられる。ここでは、3歳以下の乳幼児を母親とともに収容し、母乳の不足を牛乳で補う。とくに震災ショックで母乳の出なくなった母を1週間の療養期間で静養させる。主任は内務省社会局嘱託の林ふくが担当（ただし、実際の開院は翌1924年2月9日で、同年3月末日閉鎖。収容人員700余人）	1 矯風会と廓清会が吉原で、追悼会を開く 5.商科大学一ツ橋会のバラック戸別調査・統計（芝公園、芝離宮）
6	第2回会合（報告会） ・ミルク配りについての報告 　①1つの組で1,000個近く配ったところもあり、各バラックの生活状態や栄養状態が細かくわかった→新事業の計画へ 　②市が予期したより好成績だったので、次の1週間も依頼される→第2回ミルク配りへ。結果、9月30日から2週間の配達となる 　③市がプランを立てている市内の妊産婦、乳児の調査も依頼される ・各団体が一致して組織化すること。団体加入数が40を超し、働きも広く大きくなった ・事務所：東京婦人ホーム内　大久保百人町356 ・目的：大東京の帝都の復興まで、秩序ある運動と一定の計画ある方針のもとに、各婦人団体が連合して動くこと ・東京連合婦人会として震災復興に関する建議案を作成し、臨時議会（12.11〜14）に提出を決定 ・東京市から罹災女性に職業の世話をと依頼された。久布白はガントレット恒子と相談し授産場をもつ女性たちを訪ね、市内十数カ所の裁縫編物の職業や、工場をもつ女性たちを集める。すべての会合は東京婦人ホームで行う→10.11の会合へ ・チャールズ・A・ビーアド（Charles A. Beard）（アメリカ都市計画の権威）、後藤新平の招聘により東京復興計画顧問として来日。東京連合婦人会は東京復興に対する具体案をメリー・R・ビーアド（Mary Ritter Beard）に聴取するために会員を横浜に派遣する。メリー・ビーアドは1922年に東京市顧問の夫と数カ月日本に滞在し帰米したが、市の招聘により再度来日	
11	失業婦人の救済についての会合〈11:00〜　東京婦人ホーム〉 ・婦人職業団体連合会を組織し、東京連合婦人会に加盟 ・内務省の臨時震災救護事務局、大震災善後会、華族同情会に「失業婦人に正業を与へ職業を補導する資金、約五十万円の調達を依頼する」ことを協議。守屋、福岡安子、亀井孝子、田村松枝が担当	・東京市内における女子失業者19,494人（東京市調査）

月日	東京連合婦人会の活動	一般の情勢
10. 11	→華族同情会から4万枚のネル襦袢縫製を引き受け、婦人職業団体連合会に配布。1枚17銭で、1日70銭から1円前後の工賃になり、11.28までに7,323円74銭の仕立代を内職の女性たちに支払うことができた ・失業女性の当座の仕事として、市社会局が罹災者に支給する布団の縫製を会で引き受ける交渉を大江スミが担当。これは、罹災者に支給する布団を無料で縫う女学生にはやめてもらい、工賃を政府が払い、失業女性のための内職とするという「二重救済主義」を主張するもの 　→市社会局から7万組14万枚の布団の縫製を引き受ける 出席者：守屋（座長）、田村、亀井、早坂閑子、ガントレット恒子、福岡、川崎正子、伊藤きむ子、大江スミ、奥むめお、上木善雄（東京市中央職業紹介所主任）	
13	第3回会合（総集会）〈10:00〜　東京婦人ホーム〉 ・2週間のミルク配りの結果、連合婦人会全体での配達総数は5,000缶を超える。本郷一帯を担当した自由学園を例にとると、配達数は1,955缶で、渡した相手は約700人、配達者は延べ300人ほど ・ミルク配りの戸別訪問で実情を見聞きした女性たちが相談の結果、M・ビーアドや林ふくのアドバイスを得て調査カード10万枚を作り、再び18区域に分かれて罹災者カード調査を行うことを決める（調査カードB） ・協議事項：①失業婦人救済策について 　　　　　　②帝都復興に対する女性の意見を復興院に建言するためにM・ビーアドを顧問として、会の対策をまとめる件 ・現時点での加盟団体：自由学園、婦人平和協会、東京女子大学、本郷教会婦人会、矯風会、桜楓会、帝国婦人協会、YWCA、同志社同窓会、鷗友会、クリスチャン教会婦人会、婦人救護会、東京女医会、国民婦人会（国民新聞社内）、二葉保育園、霊南坂教会婦人会、女子商業女学校、聖公会補助会、香蘭女学校 ・新加盟の職業婦人団体：家政研究会、新装婦人研究会、洋服裁縫研究会、家庭料理研究会、斎香女塾同窓会、家庭職業研究会、家庭製作品奨励会、職業婦人社	
15	全関西婦人連合会代表者会〈13:00〜〉 東京の実情を視察してきた賀川豊彦が、罹災難民に30万組の夜具配給の必要を訴える 全関西婦人連合会第5回大会〈18:00〜〉 東京連合婦人会より大震災の救援に対する感謝の電報があったと報告。震災地への布団の寄贈を決議し、大々的に布団募集へ	19. 義援金集めの講演に西日本各地をまわった賀川豊彦らは、本所区松倉町（現　墨田区東駒形）に5基のテントを張り救援を始める
20	第4回会合〈東京婦人ホーム〉 20余の婦人社会事業団体の代表者などが参加し、今後の事業について協議	

月日	東京連合婦人会の活動	一般の情勢
10. 20	①最も主たる事業として、社会事業部が母性保護、児童保護を行ううえで基準になる罹災者の家族調査を女性の手で一斉に行うこと（調査カードB） ②ビーアド夫妻を通して、アメリカのクリスチャン・サイエンス（Christian Science）教会より、児童保護事業のために寄贈の組立バラック5棟を市に寄附し、適当な場所に建てさせ、児童相談所として社会事業部が委託されることに ③会の10団体の代表委員が羽仁を委員長に、芝浦の救援物資に対し女性側からの意見を述べることに ④東京府からのバラック（大阪から東京府に寄贈、建坪60坪）4棟は、一つは自由学園が本所太平小学校の食堂に、一つはYWCAが月島2号地の授産所に、一つは淀橋の有隣園が千駄ヶ谷バラック付近に託児所とする	22.明治神宮外苑バラックに婦人職業輔導会を設置し、毛糸編物教授に104人参加
●	東京市社会局は、集団バラック居住の罹災者の生活状態の把握と、職業紹介の資料にするためのカード調査を実施しているが、散在バラック居住の罹災者まで調査範囲を広げるため、調査を引き受けている東京連合婦人会が準備中	
●	社会事業部は、市社会局より委嘱の罹災者カード調査、散在バラック居住の「罹災者ノ生活状態調査」を行うため、各団体の受け持ち区域内を戸別に調査することを依頼し、各団体は順次、調査する（調査カードC）	
23-24	自由学園の生徒たちは、市社会局より委嘱の罹災者カード調査の分担である本郷区内46町の調査を行う。約4,000世帯。11.3付『東京朝日新聞』には、自由学園の生徒の「活躍ぶりと精密な調査ぶりは内務当局に舌を捲かしたといふほど組織だつたもの」だったと高評価された（調査カードC）	23-24 市社会局の「罹災者ノ生活状態調査」を開始する。各区の罹災者の調査。カードによる9項目の調査
26	研究部第1回部会 出席者：山川菊栄、三宅やす子、守屋、金子しげり、大沢豊子、竹中繁子、羽仁、川崎、宮川、西川文子、石井幸子	
26	教育部主催「震災後の女子教育は如何なる点に最も力を注ぐべきか」研究のための集会〈東京婦人ホーム〉 意見は百出だが、全会一致で異論なかったのは体育の奨励 出席者：羽仁、三谷民子、斯波安、吉岡弥生、河口愛子、木内キヤウ、東京府女教員会および同窓会、錦秋高女、精華高女、実践高女の代表者	
27	発会式〈10:00〜　東京婦人ホーム〉 参加団体は42団体　司会：守屋東 ・政府から50万円の資金を得る ・女性失業者の布団工賃支出を当局に求めた幹部（守屋・松岡・斯波）の手腕をもって、陸軍省や内務省と折衝を重ね、内務省の震災救護事務局と提携して救恤事業をすることになった ・会としては5年計画で児童保護から婦人労働、家政学、婦人の地位向上、児童の教育、大人の教育、娯楽、建築と都市計画、公衆衛生、調査、印刷出版、国際関係の運動を起こすという意気をもつ	27.内務省により11.15に実施の罹災者並びに震災地人口の全国一斉調査の準備で、東京市は各区に世帯票45万枚、個人票200万枚、記入心得45万枚を配布

月日	東京連合婦人会の活動	一般の情勢
10. 27	〔4つの部に分かれて活動〕 〈各部の所属メンバー〉 社会事業部：井上秀、塚本ハマ、吉岡弥生、大江スミ、小崎千代、上村露子、河井道、羽仁もと子、田村松枝、林玉子、矢島楫子、徳永恕 研究部：山川菊栄、平塚明（らいてう）、山田わか、三宅やす子、西川文子、守屋東、新妻伊都子、坂本真琴、久布白落実、河崎なつ 職業部：ガントレット恒子、福岡安子、大江スミ、亀井孝子 教育部：安井てつ、羽仁もと子、吉岡弥生、井上秀、大岡つたゑ、斯波安 M・ビーアド、ノエミ・レイモンド（Noemi P. Raymond）ら慰問に協力 〈各部の活動内容〉 〔職業部〕 毎週水曜14:00～16:00　職業部製作部（のち技巧部） 　震災事務局に失業女性の職を斡旋し、布団の製作 毎週木曜17:00～20:00　職業部労務部（のち労務部） 　失業女性と学校との関係を教育部と提携し調査 〔社会事業部〕毎週土曜10:00～12:00 ・ミルク配りした団体を中心として ・教育部と連携して「調査カードB」を作成し、戸別訪問し明確な調査 〔研究部〕毎週金曜14:00～17:00 ・各人、各種の団体の代表者の集いを開き、公娼廃止などの調査研究 〔教育部〕毎週金曜18:00～21:00 ・社会事業部と連携して「調査カードB」の作成 ・今後の女子教育方針	27,30 法制審議会普選主査委員会で、美濃部達吉は、女子も男子と同様に25歳以上の者に選挙権を与えるのが至当とし、花井卓三は、女子に限り30歳以上義務教育終了の者に条件付きで与えると主張。松田源治、江木千之ら7人は反対し。美濃部2、花井3に対し反対7で否決 28. 東海道線全線開通横浜、神戸間の海上連絡廃止 28. 愛国婦人会東京支部婦人職業紹介所：救護局より罹災者への袷、ハンテンを1枚35銭で請け負う。すぐ着られる衣服の売れ行きが良く、裁縫仕事はたくさんある。東京府から低金利資金を借り、万世橋付近で編み物講習会を開き、内職を世話する
30	『国民新聞』が「日本に於ける婦人の中枢機構が出来上がった」と東京連合婦人会の創立と、久布白、守屋、ガントレット、河井、吉岡、羽仁、井上、三谷、安井、平塚、山川、西川文子、三宅、奥らの参加を伝える	31. 全関西婦人デー、各婦人団体協力（大丸後援）し、当日売り上げ純益金を罹災者救援寝具費に贈る
11. ●	麻布に新設された隣邦館（M・ビーアドの寄附金を基に建設）で、救護局の仕事として布団製作を引き受けて工賃を得る	
2	児童保護部新設のための下相談会〈15:30～　帝国ホテル控室〉 児童保護部を設けて市当局と、子どもの保健その他で協力ができるようにしたいと下相談会を開く。罹災児童愛護デー開催についても相談 目賀田逸子、吉岡弥生、井上秀、呉（甘粕）鍋子、林ふく、郷夫人、工藤夫人、松岡久子、M・ビーアド、聖路加病院看護婦学校長 A・C・セント・ジョン（A.C. St. John）、同院長 R・B・トイスラー（R.B. Teusler）、市医岡崎、佐藤等と意見交換 3日10:00 より東京婦人ホームで会合し、具体的に決定の予定	

月日	東京連合婦人会の活動	一般の情勢
11.	研究部第2回部会 全国公娼廃止期成同盟会の結成と綱領を確認 ・矯風会を中心に進められてきた公娼廃止運動を、連合婦人会研究部に結集した女性たち（久布白、羽仁、金子、新妻、三宅、山川ら）が、さらに発展させ全国公娼廃止期成同盟会を結成。吉原遊廓再建反対運動を展開し、綱領に、焼失遊廓再興不許可、貸座敷・娼妓新規開業不許可、期限付貸座敷業者・娼妓の営業禁止を掲げる	
2, 4	日本女子大学校と附属高女、桜楓会の有志約800人は、市社会局から委嘱の罹災者カード調査の分担である本所区内の調査を行う（調査カードC）	
3	第5回会合〈10:00～13:00　東京婦人ホーム〉 ・基礎を磐石にし発展させるために会則が必要と、各部から会則起草委員を選出する ・各部の報告 ・研究部より全国公娼廃止期成同盟会結成についての報告があり、承認され、正式に成立 ・アメリカ赤十字社から寄附された組み立て倉庫1個の配布について検討 ・鉄道省は、11月中は東京連合婦人会宛の援助物資は無償とする ・児童保護部新設や罹災児童愛護デーの開催について ・市社会局から委嘱の罹災者カード調査は継続中だが、今、罹災者は布団をもっとも要求していることがわかり、全関西婦人連合会が収集した布団全部を会で引き受け、調査済みの方面、ことに困窮しているところからカードに基づき配布する 出席団体：矯風会、桜楓会、桜蔭会、自由学園、YWCA、家政研究会、二葉保育園等の25団体	
4,10,11	桜蔭会会員と東京女高師の生徒有志約700人は、市社会局から委嘱の罹災者カード調査の分担である小石川区内77町の調査を行う。約6,000世帯（調査カードC）	
9	研究部第3回部会 ・部名を研究部から政治部へ改める ・東京連合婦人会会則起草委員選出…新妻、金子、宮川	
9-15	全関西婦人連合会が大阪朝日新聞社の後援で、「布団デー」を催して布団を収集した。9日の大会に守屋、羽仁が参加し、協力に感謝した。「婦人が社会の半分の責任と義務を負うて立たうと云ふ意気込みが全国に」広がる	
14	東京連合婦人会独自の調査カード（調査カードB）を使って、罹災者世帯の調査を開始（翌年1月31日まで、数次にわたって、約10万戸を調査） 調査結果は児童問題、女性職業問題、授産の参考にする	

月日	東京連合婦人会の活動	一般の情勢
11.15	ビーアド夫妻を通して米国より寄贈のバラック5棟を東京市が上野、九段、日比谷、青山、芝に、ミルクステーションと児童相談所にすべく建設中	15. 戒厳令解除 15. 帝都復興院により帝都復興計画の具体案（7億500万円）財源未定 15. 午前零時現在、全国一斉「罹災者並に震災地人口調査」の実施 東京市では、3,500人の調査員を委嘱し、5日より準備調査を行う ・50万枚の趣意書配布 ・電車内等に宣伝ポスターの掲示
16	政治部第4回部会 25日の廃娼デーについて協議。対議会運動について	
20	11月20日現在の各部の活動 技巧部：田村、ガントレットらが罹災女性の授産のために、将来は労務部と連合し職業紹介事業を始める 労務部：派出婦、女中の紹介に、将来は職業婦人組合を作る 政治部：公娼問題、政治問題、婦人思想問題の研究と発表 社会事業部：調査カードを作成して準備中 教育部：女子教育家を網羅し、研究と実行を行う 児童保護部：組織はまだだが、幼稚園やミルクステーションの設立が進む	
21	総務委員会〈14:00～　東京婦人ホーム〉 議題：東京連合婦人会の今後をいかにするか 　　　次の代表者を誰にするか（現代表：羽仁もと子）	
22	全関西婦人連合会からの布団が第1回分として、大阪から汐留駅と新宿駅へ貨車5両で届く。内務省と東京市から借りたトラック3台で、幾度も汐留駅と赤坂新町の矯風会バラックへ運ぶ。新宿着のは全部本所深川のために、松倉町の賀川豊彦のところへ送る	
23	自由学園は、全関西婦人連合会から届いた布団の担当の本郷区分を本富士署の道場に運び、25日までで301軒に405枚を配った。まだ、希望者の5分の1のみに配布	
23	政治部部会 ・25日の廃娼デーの相談：街頭署名の地域分担など ・全国公娼廃止期成同盟会のパンフレットと対議会運動について ・アメリカ・カリフォルニア州の日本人移民に対する人種差別撤廃問題について	「婦人の力の発見」：「関東大震災に際して、今まで全く無視せられてゐた婦人の力が発現したことは、日本婦人史の上に特筆大書すべき一大記録で」「東京連合婦人会が、この混雑の中に成立して、一片の規約もなしに直ちに救護の実行運動に努力した如き最も著しい震災の婦人記録」「婦人の活動」がなかったら罹災者の救護は行き届かなかった（『婦女新聞』11.25「巻頭言」）
25	廃娼デー　全国公娼廃止期成同盟会、廓清会、矯風の共催 市内8カ所で公娼制度廃止請願の街頭署名運動をして1万人弱の署名を得た 東京女子大学や早稲田大学の有志数十人が熱心に応援。安部磯雄、帆足理一郎、高島米峰、田中芳子、三宅やす子などが陣頭に立つ この署名は翌1924年1月22日に内務大臣に提出	
26	霊南坂教会婦人会は、市社会局から委嘱の罹災者カード調査の分担である赤坂区の表町署管内の調査を行う（調査カードC）	
30	政治部部会 ・全国公娼廃止期成同盟会のパンフレット：1万冊刷る予定　パンフレット委員は宮川（主任）、新妻、坂本 ・募金運動について：会のスタンプとポスターを作成	

月日		東京連合婦人会の活動	一般の情勢
11. 30		・政治部としては、参政権問題について、部の規約のまとめこれ以後、ほとんど全国公娼廃止期成同盟会のことを協議	
12. 2		桜蔭会は、全関西婦人連合会から届いた布団、担当の小石川区の分を仮事務所のある文華高女に運び、2日に300枚、12日に200枚を配布した	2-10 市営バラックに住む女性の希望職業調査（福田教授らの一ツ橋会）
	3, 8	東京連合婦人会の罹災者カード調査（調査カードB） 桜楓会は、上野集団バラック全部の1,500世帯を会員有志延べ40余人で、分担調査を行う	
	●	霊南坂教会婦人会は有志で、日比谷公園内集団バラックの分担調査を行う（調査カードB）	
	7	政治部部会 ・期成同盟会のパンフレット：発行者は新妻。余白に綱領と会員募集文を ・募金の報告：各種婦人雑誌から。川村文子（川村女学院創設者）からの1,000円の寄附で、パンフレットを作成 ・本会は研究か実際運動か（西川文子提案）→ 個人としては自由、会としては研究	
	8	教育部主催で罹災児童愛護デー開催〈日比谷、須田町その他70カ所にステーションを設け実施、7：30～15：30〉 罹災児童救済のため、各女学校の教師、生徒ら約1,000人が各班に分かれ募金活動。集まった寄附金13,700余円は市学務課を通じ罹災小学校に。「市民が一日の煙草代、一掛けの半襟代を割愛せんことを希望」と募金	8 桜楓会が上野竹之台に乳児預り所を開所。生後2,3カ月から2年未満の乳児40名収容
	8	ビーアド夫妻を通して米国より寄贈のバラック5棟を東京市が上野などに、ミルクステーションと児童相談所にすべく建設中であったが、完成して上野公園で開所式を行う。 聖路加病院長トイスラーなどを招待して、所内の状況を見学してもらう 開所後、ミルク配給や児童相談を開始すると好成績をあげている、と東京市の報告があるが、児童相談に社会部が関わっているかどうかについては不明である	
	11	第47帝国臨時議会開会となるが、「焼失遊廓再興不許可に関する建議案」（以下、廃娼建議案）の衆議院提出者が確定せず。翌日から5班に分かれて（①衆議院提出者、②貴族院提出者、③政友会の賛成者、④革新倶楽部、⑤憲政会、無所属其他）運動することに	11-23. 第47回帝国臨時議会。復興議会ともいわれ、震災関係中のとくに急を要する案件に限り提案
	12	5班のほかは、自動車13台を連ねて、首相、内相、貴衆両院を訪ねる →運動の結果、革新、憲政の2党から各20余人の賛成者を得、衆議院の廃娼建議案提出者は政友会の松山常次郎と決まる。貴族院は藤村義朗が理解を示すも次回に、で、衆議院に集中して運動	

月日	東京連合婦人会の活動	一般の情勢
12. 13	午前は貴族院傍聴25人、その他は議員訪問。午後は衆議院傍聴25人、その他は議員訪問。夜は3カ所で演説会開催、弁士は①淀橋：伊藤秀吉、益富政助、久布白、②霊南坂教会：山室軍平、林歌子、③九段：高島米峰、内ヶ崎作三郎、ガントレット恒子 必死の運動の結果、衆議院への廃娼建議案は、政友会の松山常次郎、革新倶楽部の田川大吉郎、憲政会の横山勝太郎の3人により、89人の賛成者で議会提出が決まる	・復興院（総裁は後藤）提案「帝都復興計画法」は否決され、政友会修正案が衆議院を通過し、12.23に貴族院でも可決し、「特別都市計画法」の名称で成立 ・復興院廃止が決定→24.2.25内務省復興局へ格下げ ・「復興」という言葉の存在を消し去りたいという執拗な政友会
14	政治部部会 期成同盟会のことを協議：全国処女会への働きかけ（入会用ハガキの準備）。振替口座への加入	
14	大阪市教育部の山本ひで子が東京連合婦人会を訪問し、全関西婦人連合会よりあとにできたにもかかわらず組織的、規律的だと語る	
14	矯風会大阪支部の林歌子が持参した「奉祝小旗」（摂政宮の結婚）10万個を会が引き受けて、「奉祝リボン」と名づけて販売した	
18	上程日には、多くの女性たちが詰めかけて傍聴席に満ちたが、突然日程変更となり、22日に上程となる。この日、賛成者は118人に増えた	
21	政治部部会 全国公娼廃止期成同盟会について協議：男子入会については「会友」とする。振替口座は東京連合婦人会で加入か、期成同盟会で加入かを服部数子（同盟会の有給書記）に委任 常務委員7人（会計部：石本静枝、坂本真琴。出版部：新妻伊都子、宮川静枝。宣伝部：河崎なつ、金子しげり。調査部：服部）。趣意書の配布1万枚 政治部：5人の委員（宮川、新妻、金子、久布白、坂本）のうち久布白、新妻、金子の3人が総務委員に	※「東京連合婦人会が、救済運動に目ざましい活動をしたこと、殊に救済カードを作成して救済品配給の標準たらしめたこと、布団の大募集及びその配給、児童保護についての各種の活動等は、最も特筆せねばならぬ 多年唱道せられてゐた公娼廃止問題を、建議案として議会に上程せしむるに至つた如き、然もそれが百六十名からの賛成議員を得た如き、一に連合婦人会の働きである」（「本年の婦人界を顧みて」『婦女新聞』12.23）
22	建議案14:30に上程。松山常次郎の提出演説、星島二郎の賛成演説。中野寅吉の反対に松山の簡潔明快な答弁で、復興3案とともに委員付託となる 夜、5台の自動車で27人の委員を全員訪問し、賛成と助力を求める	
23	議会最終日。午後、委員会が開かれるが、他の件を審議し、最後に委員会の定員不足となり、審議未了となる。議会閉会	
21-23	社会部主催「隣人の愛」布団デー 布団がまだ不足なので、当会は宇佐美知事夫人、永田市長夫人などの賛成を得て、焼け残りの山の手の家庭に布団の寄贈を求める大運動を起こす	
27	布団デーの報告会：集まった布団1,031枚、布団代寄附1,996円75銭。自由学園、YWCA、霊南坂教会婦人会、同胞母ノ会などの社会部加盟の団体員が荷車を引いて戸別訪問し収集	27. 第48回帝国議会開会 虎ノ門事件：難波大助、開院式に向かう

月日	東京連合婦人会の活動	一般の情勢
12.		摂政宮を狙撃 →後藤内務大臣依願免官、議会は休会
28	全国公娼廃止期成同盟会パンフレット『公娼全廃せよ』を印刷。24.1.1 発行	29 山本内閣総辞職 →政治的空白へ。軌道にのりはじめた震災救護の状況が一変

1924（大正13）年

月日	東京連合婦人会の活動	一般の情勢
1. 11	教育部の初顔合わせ会〈18:00～　東京婦人ホーム〉 本年の事業方針について相談：①女子の体育奨励、②社会教育の監視、③児童愛護の3問題に集中する ①については年中行事として5月に府下女学生の体育奨励会を催し、7,8月の夏休みにテント生活をし、9,10月頃団体登山旅行をする ③については毎年11月頃児童愛護デーを催す 出席者：塚本（部長）、斯波、河崎、木内ら十数人	4. 罹災女性多く、独身女性の宿泊所開設。東京市、本願寺協力、職業紹介所も兼ねる 7. 清浦奎吾内閣成立 貴族院内閣で世論反発 20. 護憲三派結成（憲政会、立憲政友会、革新倶楽部） 23. 再開した国会は、摂政宮の結婚（1.26）を表向きの理由とし8日間休会 31. 休会明けの国会で、首相が突如議会を解散→今議会は何の審議も行われず総選挙へ（24年度予算は決まらぬまま） ・東京府社会局は失業女性、罹災女性の経済的救済策として市内5カ所に大規模な授産場設置を計画中。神田橋中央職業紹介所は小石川砲兵工廠焼け跡地に建てるバラック3棟のうち1棟を女性失業者のための授産場とする予定
18	政治部部会 政治部の講演会、研究会開催について協議	
27	第1回大会〈9:30～12:00　帝国ホテル〉 参加者：44団体、300余人　司会：守屋東 1. 奏楽。開会の辞 2. 各部長挨拶（各部の事業報告） 社会部－羽仁もと子、授産部－福岡安子、労働部－山田やす子、政治部－久布白落実、教育部－塚本ハマ 3. 独唱：永井郁子 4. 来賓祝辞：F・H・C・バーネット（F.H.C. Burnett） 九條武子、与謝野晶子らからの贈歌披露 5. 東京連合婦人会規則、各部の規則を発表 6. 新役員 　総務委員長　河井道 　総務委員　社会部－河井道、守屋東、徳永恕 　　　　　　授産部－福岡安子、田村松枝、亀井孝子、ガントレット恒子 　　　　　　労働部－山田やす子、村上秀子、田上静子 　　　　　　政治部－久布白落実、新妻伊都子、金子しげり 　　　　　　教育部－塚本ハマ、斯波安、田中芳子、河崎なつ 会歌：作詞－村岡花子、作曲－ガントレット	
2. 2	政治部主催の研究会〈18:00　東京婦人ホーム〉 講師：馬場恒吾「時事問題に就て」 17:00より、講師とともに晩餐会	

月日	東京連合婦人会の活動	一般の情勢
2. 16	政治部主催「時事問題講演会」〈東洋大学講堂〉 講師：長谷川如是閑、片山哲、千葉亀雄	12. 婦人参政演説会（婦人参政同盟主催）弁士：長谷川たね子、西川、久布白
23	政治部主催の研究会〈18:00 ～　東京婦人ホーム〉 講師：宮島新三郎「社会主義国家に於ける婦人」	25. 復興院廃止→内務省復興局へ格下げ
3. 27-29	授産部主催の家庭文化展覧会〈女子青年会館〉 目的：手芸の向上進歩と家庭生活改善、家庭副業の普及と服装改善 後援：東京府家庭副業会、農商務省副業課 内容：内職の実演、副業に関する活動写真、講演、各団体の製作品即売（学用品、子供服など） 連日多数の入場者 参加団体（者）：家庭職業研究会（亀井孝子）、家庭製作品奨励会（田村松枝＝副業実演）、家政研究会（大江スミ＝木綿絹物毛織物の家庭洗濯実演）、編物研究会（早坂閑子）、新装普及会（福岡安子）、服装研究会（ガントレット恒子＝洋服の着方）、YWCA職業部、桜楓会＝文化的台所の実物出品他	19～婦人参政同盟の関西遊説。弁士：坂本真琴、上村露子ら 27. 東京市長永田秀次郎は演説「市民諸君に告ぐ」で、新たな東京を作るため区画整理実行への市民の協力を求めた 3月末、内務省の臨時震災救護事務局が廃止 →内務省社会局へ事務移行
4. 2	労働部研究会〈19:00 ～　東京婦人ホーム〉	
10	政治部部会　4月と5月の研究会について	
18	政治部部会〈14:00 ～〉	
19	政治部主催の研究会〈18:30 ～　日比谷の片山哲の事務所〉 講師：千葉亀雄　会費20銭	
23	労働部研究会〈18:30 ～　東京婦人ホーム〉 講師：遠藤亀之助「消費組合について」会費20銭	
25	政治部部会 研究会、講演会について。部会は毎月第2金曜日午後に政治部例会、第4金曜日午後に期成同盟会を開くこと	
26	社会部主催の児童衛生に関する講演会〈14：30 ～ 18：00　芝協調会館〉　司会：河井道 講演：「児童の精神衛生」倉橋惣三（東京女高師教授、お茶の水附属幼稚園主事、文学士） 「健全なる国民を造る要素」J・H・スコット女史（大阪の児童衛生の研究家）文化学院の生徒を壇上に上げ、家庭体操の模範を見せた	
26	教育部主催の婦人問題連続講演会〈14:00 ～　女子青年会館〉 開催予定：4/26、5/10、11、24、6/10、28、7/12、25 会費：1円30銭 第1講　帆足理一郎「恋愛問題」	30. 矯風会の千本木道子、2年間の予定で欧米の矯風事業視察のため出発
5. 3	政治部主催の研究会〈18:30 ～　日比谷の中央法律相談所〉 講師：鈴木文四郎「日米問題」	

月日	東京連合婦人会の活動	一般の情勢
5. 9	労働部主催の婦人職業問題大講演会〈18:00～　芝協調会館〉 講演：唯岡富士子（タイピスト協会、京浜電力勤務）「婦人職業と私の感想」 　　　鈴木たつゑ（煙草専売局淀橋工場の女工）「私の要求」 　　　鈴木余志子（タイピスト協会）「タイピストの立場から」 　　　安川きん（誠和婦人会、中央電話局交換手）…欠席 　　　平田のぶ（児童の村小学校の教師）「婦人職業問題としての女教員問題」 　　　武川孟子（長野県山十組の女工監督）「労働婦人の教育問題」 応援弁士：市川房枝（ILO東京支局）「職業婦人として」 特別講演：赤松克麿（日本労働総同盟書記）「婦人労働組合に就て」 　　　　　向井鹿松（慶應義塾大学教授）	8. 千駄ヶ谷授産場開始。福岡安子が主任
10	教育部主催の婦人問題講演会〈14:00～　女子青年会館〉 第2講　本間久雄「結婚問題」	10. 総選挙で護憲派大勝→清浦内閣総辞職へ
11	教育部主催のドルトン（Dolton）教授法の講演会〈14:00～女子青年会館〉 第3講　ヘレン・パーカースト（Helen H.Parkhurst アメリカ）「我子の教育」	15. アメリカ議会で、新移民法（排日条項を含む）を可決→排日問題。日米問題として日本国内で大きな問題となる
24	教育部主催の婦人問題講演会〈14:00～　女子青年会館〉 第4講　片山哲「母子問題」	
29	労働部主催の賀川豊彦の労働問題講座〈18:00～　芝協調会館〉	
6. 2	労働部主催の婦人問題研究講演〈18:00～　神田青年会館〉 講師：為藤五郎「婦人問題私見」　会費20銭	23.11.15 実施の「震災地人口調査」の結果を『震災調査報告』として刊行
7	総務委員会 ①対米問題協議：当会の取るべき態度について協議。「対米問題に関しては平和を主眼とし平和に立脚した行動によつて米国自身の反省を促し、従つて飽くまで非戦論を主張する」と決議。具体的には、婦人の覚醒、入超調節国産奨励、豪奢品節約を図るための宣伝ポスターの配布、対米問題大演説会の開催 ②社会部主催で各区小学校で巡回衛生講演	7. 清浦内閣総辞職 11. 加藤高明内閣（護憲三派内閣）成立 13. 日本婦人協会主催で山根菊子ら、日米問題について演説
10	教育部主催の婦人問題講演会〈14:00～　女子青年会館〉 第5講　片山哲「家族問題」	17. 矯風会臨時大会田川大吉郎「日米問題について」の講演。この内容を8頁の小冊子にまとめ7.7発行（矯風会出版部編集発行人守屋）
16	労働部主催の賀川豊彦の労働問題講座〈19:00～　芝協調会館〉「労働組合と罷工支配権について」	
18	労働部主催の研究会〈18:00～　神田青年会館〉 本間久雄「婦人運動の第一期　第二期」　会費20銭	

月日	東京連合婦人会の活動	一般の情勢
6. 23	会主催の日米問題について演説会〈18:00〜　神田青年会館〉 司会：河井道 久布白、三宅、坂本真琴、平田のぶ、金子ら排日問題など論ず 決議文「人類愛による人種平等を欲する我等婦人は、正義と公平に立脚し其貫徹の為あくまで努力するものなり」を全国婦人団体へ配布	
25	政治部主催の研究会〈18:00〜　神田青年会館〉 本間久雄「近代性道徳上の諸問題」　会費20銭	6.28-7.18 の第49回帝国特別議会で、やっと24年度予算が可決成立。
28	総務委員会 日米問題に対する本会決議の実行方法を協議し、特別委員会を組織し対処することを決定	虎ノ門事件以来、半年間の空白
28	教育部主催の婦人問題講演会〈14:00〜　女子青年会館〉 第6講「女子教育問題」	
7. 4	政治部部会 国際事情研究会を9月から12月まで毎月開催し、会員を募集することを決定。政治部主催の講習会、政治部研究会の開催について協議	1. 亀井孝子、目白授産場の開始 5. 婦人参政意見交換会（婦人市政研究会主催）市政研究会、婦人連盟、婦人参政同盟、矯風会の代表者および代議士らが参加
8	会主催の日米問題講演会〈16:00〜　日本女子大学校家政館〉 講師：渡辺金三　会費50銭	
8	政治部主催の研究会〈18:00〜　東京婦人ホーム〉 長谷川如是閑「題未定」　会費20銭	
9	久布白「日米問題はどう解決すればよいか」講演 8.1 この内容を8頁の小冊子にまとめて発行（東京連合婦人会　編集発行守屋）	
12	教育部主催の婦人問題講演会〈14:00〜　女子青年会館〉 第7講　市川房枝「婦人職業問題」	
25	教育部主催の婦人問題講演会〈東京婦人ホーム〉 第8講「婦人参政権問題」	
8. 26	震災基金委員会〈14:00〜　東京朝日新聞社本社〉 9.1の震災共同基金募集実施について、同愛会から柳田ほか2人、東京連合婦人会から田中芳子、山内輝子、小沢豊子、河井道が参加して最後の打ち合わせ	
30	総務委員会〈東京婦人ホーム〉 9.1震災共同基金募集デーの陣容を協議。参加団体：東洋家政女学校生徒、女子青年会、修養ぶ（東京市小学女教師の会）、矯風会、親隣館、作楽会、同愛会、少年団、青山六丁目青年団員の一部、自由学園、花の日会	
9. 1	震災共同基金募集デー〈7:00〜18:00〉 大震災の1周年を記念し、有馬頼寧を会長とする同愛会と東京連合婦人会有志が共催、東京朝日新聞社の後援、東京市社会局が協賛で、市内13カ所で、各婦人団体・女子学生・女子青年団員らの参加で震災共同基金を募集。総額3,577円41銭5厘。久布白や河井も参加	

月日	東京連合婦人会の活動	一般の情勢
9.12	労働部、女性の労働運動指導者養成講座（チュウトリアルクラス）として第1期労働講座開催（～12.16） 毎週火曜か金曜日 18:00～21:00　会場：牛込区の成城小学校 科目：第1科目　藤井悌、第2科目　林癸未夫、第3科目　三輪寿壮 定員：50人　会費：全科目3円、1科目1円、1回30銭	
12	第1期労働講座 第1科目（～10.3） 藤井悌「近世経済思想史」（毎週金曜日 18:00～21:00）を開催	
16	労働部、職業・労働婦人啓発のクラブを作るために、最初の相談会を本部事務所で開く	
19	政治部部会 ・全国公娼廃止期成同盟会、廓清会と共同で、廃娼運動調査のため来日中のミス・グレイ（Edith C. Gray）の講演会開催について ・秋の計画として、①民法研究会10.1　②国際事情研究会10.18を決定	
20	ミス・グレイとの茶話会〈14:00～17:00　帝国ホテルのパーラー〉 シカゴ市バンホック博士主幹の国際婦人保護協会幹事のエディス・C・グレイが、世界各国の廃娼運動調査活動の途中、9.18に来日（2週間滞在予定）したので、全国公娼廃止期成同盟会と矯風会の有志が歓迎を兼ねて茶話会を催した。40人余の出席。 出席者：河井、羽仁、三宅、守屋、山田わか、久布白、林歌子、河崎なつ、植田（宮城）タマヨ、河口愛子ら。通訳は村岡花子 内容：女性売買の現状を訴え、同性を救うための根本的な道は、まず母親を教育することである、に参加者が共感。婦女新聞記者は、母親の教育の場として、教育部主催の11校への母親の授業参観の企画を高く評価	
25	政治部部会	
9-12月	教育部主催の「母姉の授業参観」を11校で実施 父兄のみが対象であった授業参観を母親に子どもの教育へ理解をもたせるために企画。実施校：日本女子大学校附属高女、武蔵野高女、自由学園、府立園芸学校、府立第五高女、府立工芸学校、私立成女高女、府立第一商業学校、女子聖学院、岩倉鉄道学校、府立第五中学	
10.1	労働部、1年間の活動を記した小冊子『跡』を発行（10銭） 内容：規約、宣言、山田やす子「労働婦人の教育」、奥むめお「新しい価値を見出しませう」、与謝野晶子「歌」、村上秀子「開講の日」、小沢豊子「歩みの跡」、武川孟子「クラブ設立に就て」、田上静子「おたより」	
1	政治部主催の民法研究会〈毎週水曜日 18:00～　東京婦人ホーム〉 長期の研究会として開く。講師は片山哲など	

月日	東京連合婦人会の活動	一般の情勢
10. 4	1周年記念祝賀会〈10:00～16:00　大隈会館〉 出席者は300人 開会の辞：河井道（総務委員長） 講演：「歴史を通じて婦人運動の趨勢を見る」山田やす子（労働部長） 　　　久布白落実は会の成り立ちを話す 音楽（山田みどり、本居きみ子）、余興、食堂、売店もあり盛況	
21	第1期労働講座第2科目（～11.11） 林癸未夫「社会立法＝労働法制、社会政策」を開催（毎週火曜日 18:00～21:00）	
下旬～	労働部、労働クラブ（月曜クラブ）を設ける 婦人労働組合促進のため、そのリーダー養成を目的として、一般職業婦人、労働婦人のために設ける。入会は誰でも自由、実行案の骨子は「社会人として、母性として」、それぞれ学科や見学などから適切な知識思想を養う	
●	労働部は1925年から、職業婦人社（奥むめお）発行の『婦人と労働』を労働部機関誌として引き継ぐことに決定	
秋	政治部の金子と労働部の山田が、市川房枝を婦選運動への参加を勧誘	
11.1-2	教育部、児童図書推薦展覧会を日本図書館協会と提携して行う。部内に読物研究委員を置く	
13	婦人参政権並に対議会運動懇談会〈大隈会館〉 政治部が中心で、矯風会の日本婦人参政権協会の久布白とガントレットが発起人で開く 出席：婦人連盟の荻原（児玉）真子、八木橋きい、塚本仲子、吉永文子、政治部の新妻、坂本、河崎、金子、アメリカから帰国の市川房枝、婦人参政同盟の人びと → この懇談会散会後、大同団結への準備委員会がしばしば開かれた	25. 婦人参政同盟主催の婦人参政権獲得促成演説会開催（聴衆500人）
25	第1期労働講座第3科目（～12.16） 三輪寿壮「労働組合及労働組合運動史」（毎週火曜日 18:00～21:00）	
12. 13	婦人参政権獲得期成同盟会発会式〈丸之内保険協会〉 参加者135人 ・政治部が参政権獲得運動者の大同団結に力を尽くし、大部分を網羅した期成同盟会を成立 中央委員12人選出：久布白、市川房枝、中沢美代、田中芳子、荻野好子、ガントレット恒子、吉永文子、宮川静枝、金子、山内輝子、坂本、河崎 総務理事：久布白、会務理事：市川、会計理事：中沢 事務所：芝区琴平町	18. 婦人参政権獲得期成同盟会、第1回中央委員会開催。毎週金曜日に開く。各部幹事9人と理事で構成
12. 23	講演会〈15:30～　丸之内保険協会〉 講演：新渡戸稲造「国際連盟と女性」	26. 第50回帝国議会開会（～25.3.30）

1925（大正 14）年

月日	東京連合婦人会の活動	一般の情勢
1. 25	第2回大会〈14:00～17:30　丸之内保険協会〉会費50銭 司会：河井道 1. 開会の辞 2. 各部報告：社会部（徳永）、授産部（田村）、労働部（山田）、政治部（金子）、教育部（塚本） 3. 役員選挙：総務委員長：守屋東　会計：田中芳子、徳永恕 　総務委員 　社会部：守屋東、植田タマヨ、小出貞子、小林珠子、徳永恕、正田淑子 　経済部（もと授産部）：田村松枝、ガントレット恒子、亀井孝子、福岡安子、加藤タカ 　労働部：山田やす子、村上秀子、小沢豊子、田上静子、永島暢子、大橋豊喜 　政治部：金子しげり、新妻伊都子、久布白落実 　教育部：河崎なつ、中西しな子、田中芳子、木内キヤウ、斯波安、塚本ハマ	12. 同盟会、議会運動部の久布白、坂本真琴他が、内務省、各政党を訪問 17. 同盟会、第1回婦選獲得演説会開始（女子青年会館）：市川、奥、坂本、荻野好子、平田のぶ、久布白ら
●	教育部の目的は教育事業を理想的にすること 今年の目標は中等学校の入学難問題で、目下の事業は入学相談所。教育部の3人が火木土の午後1時より、女子青年会館内の教育部事務所で、2月、3月に実施。面会や書面での問合せへの返事を行う	
2.	労働部、職業婦人に根本知識をつけるため労働講座開始	
2	婦人労働講座開催〈18:00～21:00　牛込区の成城小学校〉 会費30銭 講師：鈴木文治「英国に於ける労働婦人運動」	
3	第2期労働講座開催〈毎週火曜日 18:00～21:00　牛込区の成城小学校〉 科目（予定）：第1科目　佐倉重夫　第2科目　八木沢善治 　　　　　　第3科目　安井英二　第4科目　石原修 　　　　　　第5科目　平野義太郎 第2期労働講座 第1科目　佐倉重夫「経済学大意」（～3.10）	
8	教育部主催の中等学校入学指導講演会〈13:30～　神田青年会館〉	
19	経済部主催の講演会〈女子青年会館〉 講師：星野錫（東京商業会議所副会頭）「不景気と婦人」 女性の経済的思想の涵養を目的に毎月1回経済時事研究会を開く	19. 政府、治安維持法案を衆議院に緊急上程→3.7衆議院修正可決→3.19貴族院可決 20. 政府、男子普通選挙を内容とした衆議院選挙法改正案を衆議院に提出→21日上程
26	社会部研究会〈東京婦人ホーム〉 講師：梅山一郎「活動写真一般」	

月日	東京連合婦人会の活動	一般の情勢
3. 17	第2期労働講座〈18:30～21:30　成城小学校〉 第2科目　八木沢善治「近世産業史」（～5.5）	3. 同盟会、第2回婦選獲得演説会（協調会館）：入場者199人 10. 婦選3案、衆議院上程の「婦人解放デー」→3案、衆議院のみ通過 29. 普通選挙法成立（5.5公布で男子普通選挙実現）
28	経済部主催の講演会〈女子青年会館〉 講師：森本厚吉（法学博士）「貧乏退治」	
4. 14	社会部研究会〈東京婦人ホーム〉 講師：後藤（警視庁）「少年と活動写真」	19. 同盟会、第1回総会開催。婦選獲得同盟と改称 22. 治安維持法公布→5.12施行 22. 婦選獲得同盟第1回中央委員会 29. 同盟第2回中央委員会：久布白の婦人参政権協会代表辞任が承諾された旨報告
22	労働部主催第1回協議会〈成城小学校〉 実際労働に従事する女性との連携をはかるため、この年初めて採用された市営バスの女性車掌と連絡。東京乗合自動車（青バス）で1923年に初めて女性車掌が採用された。好評により、この年に市営のバスでも採用された。1933年には市営バス763人、青バス617人の女性車掌に（『連合婦人』第52号33.11）	
5. 12	第2期労働講座〈19:00～21:30　成城小学校〉 第3科目　藤井悌「社会主義及び社会運動」（～7.7.）	5. 普通選挙法公布 27. 同盟研究会：田川大吉郎「婦選について」
23	労働部有志主催の山田やす子渡欧送別音楽会開催〈協調館〉 その収益金300円を山田に贈る	
7. 23	山田やす子、労働問題研究のため渡英	
8. 1	総務委員会 守屋の発案で、内務省、各会社の了解を得て、南太平洋の島々在住の日本人および現地人の慰問のために活動写真フィルムを送ることを決議	
9. 1	東京大阪婦人連合震災記念慰問会を組織 大震災3周年を記念し、市川、吉岡、羽仁、ガントレット、塚本、久布白らは、震災死亡者の遺族を歴訪して慰問品を配布	
12	総務委員会 女子教育功労者の故人を偲び、現存者は感謝をこめて招待し、盛大に創立3周年記念行事を10月中旬頃開催を決定	
15	第2期労働講座〈18:30～　成城小学校〉 第4科目　安井英二「労働組合の理論と実際」	
18	教育部、東京府市教育会、帝国教育会、茗渓会、桜蔭会、桜楓会、その他25団体で、中学校入学試験撤廃期成連合会を組織し、代表者会を開いて協議 同会から声明書を発表し、実際運動を開始する	

月日	東京連合婦人会の活動	一般の情勢
10. 10	女子教育功労者招待会〈14:00～17:00　永田町村井吉兵衛邸〉 司会：守屋　開会の趣旨：塚本ハマ　講演：安井てつ 主賓の話、来賓祝辞、音楽 出席者：鳩山春子、錦織竹香、棚橋絢子、瓜生繁子、後閑菊野、幸田延、佐方鎮子、沢柳政太郎、三輪田真佐子、下田歌子、豊田芙雄（ふゆ）ら	
17	朝鮮災害慰問婦人会主催の講演会〈18:00～　神田青年会館〉 講演：大山郁夫、千葉亀雄、新居格、久布白落実、穂積重遠、中西伊之助	
24, 25	大阪で開催の全関西婦人連合会大会に4人（守屋、金子、市川、田中芳子）が傍聴員として出席。市川は講演「婦人運動のプログラム」	
11. 9	第2期労働講座〈18:00～21:00　成城小学校〉 第5科目　石原修「労働衛生」 第6科目　平野義太郎「労働立法」（～11.30）	婦人問題研究所設立：市川、石本、河崎、金子、新妻ら。婦人問題に関する研究、資料蒐集、図書の刊行
12.		13. 婦選獲得同盟創立1周年記念会開催（東京帝大仏教青年会館）入場者約300人

1926（大正15、昭和元）年

1.	創立3年目を迎え、全東京の婦人団体の大合同を目標に改造案作成 ・守屋、田中、河井、植田、正田、徳永、村上、塚本、斯波、金子、久布白、小沢らが総動員で市内全部の婦人団体に加入を勧誘 ・17日に加入団体の代表顔合わせ会を開く予定 ・改造案骨子：女子教育の発達、婦人労働問題の解決、婦人の地位向上、経済思想の涵養、国際友誼および平和、社会福祉の増進の6項目 ・加盟団体は年5円の義務金 ・代表者2人選出し委員会を組織し、月1回集まり運用を審議する ・事務所は麹町区飯田町4-31の至誠会内に移転 ・本年度大会を2月14日10:00から日本青年館で開催することに決定	8. 婦人問題研究所講演会　メリー・ウィンザー「米国婦選運動におけるミリタントの活動」 市川房枝「改造された東京連合婦人会はどう歩み出すか（談）」 婦選獲得同盟が加盟勧誘をされたら応ずるかは不明。個人的にはそういう団体があってもよいがアメリカのように女性が団体的訓練を受けていないので、訓練の欠けた団体をいくら糾合してもそれは烏合の衆に過ぎない（『読売新聞』26.1.25）
17	東京連合婦人会の改造相談会〈東京婦人ホーム〉 全東京の婦人団体が結集し、加盟団体代表者の顔合わせ	

3　東京連合婦人会の組織改編から解散まで
（1926.2.14-1942.12.8）

月日	東京連合婦人会の活動	一般の情勢
	第2期	
2. 14	第3回大会〈14:00～　日本青年館〉 今年の目標と事業について協議：満場一致で組織改編を決議 従来とだいぶん顔ぶれが変わった 加盟団体23、新加入があり32団体 司会：竹内茂代　講演：吉岡、久布白、羽仁 委員長：守屋東 組織改編：会員資格を団体のみとし各団体から代表委員2人選出。毎月第1火曜日に代表委員会を行う。年1回の大会の開催で会員全部の親睦と会の発展を促す。各部を廃止し、全体で①婦人の地位向上、②婦人労働問題の解決、③女子教育の発達、④経済思想の涵養、⑤社会福祉の増進、⑥国際友誼と平和等を今後の目的とする。今年度の標語は「団結は力、帝都を思ふ母心」とし、復興に尽くすことを方針とする	14. 市川は第3回大会に婦選獲得同盟の代表として中沢美代と出席 →東京連合婦人会の目的に婦選の獲得を挿入することを条件に同会に加入することを中央委員会で決定。「会務報告」に東京連合婦人会に加入を報告、とある
14	労働部は労働婦人協会（代表：村上秀子）と改称 東京連合婦人会の組織改造により創立し、同会に加盟 事務所：小石川区原町12-2 小沢宅 会費：同人（1カ月1円）、普通会員（20銭） 趣旨：婦人労働問題の解決とそのために労働婦人の啓発 毎月1回研究会を開き、婦人労働法制の理論と実際の研究、世論の喚起を申し合わせる。雑誌発行の計画もある	
●	東京連合婦人会定例会、各参加団体代表者の委員が、委員会（至誠会病院内）を毎月第1火曜日午後5時から開く	
●	教育部の事業であった入学相談所（女子青年会館）は、主任の田中芳子宅（小石川区高田豊川町42）に事務所移転をし相談に応じる	
19-20	全国連合女子教育大会開催〈神田青年会館〉 帝国教育会、女子教育振興委員会、東京連合婦人会など14団体。女学生ら800人参加。司会：塚本、議長：吉岡、議案説明：井上、議案：女子高等教育機関の設置促進、国立高等教育機関の女子への門戸開放など要求	
5. 4	委員会　加盟団体の活動報告 ・婦人平和協会：社交クラブを設け研究問題を定め、指導者を招き相互の向上を図る ・YWCA：講演会開催 　　貞方盈子「健康上より見たる姿勢」 　　正田淑子「社会学とは何ぞや」 　　ミス・ロー　少女部のためのクラブ指導者に講演 ・日本女医会：「すゞらん園」（ハンセン病救護者、故服部けさ子創設）救済のための400余円の寄附を集めた	10-16. 万国婦人参政権協会第10回大会（パリ）に、矯風会の宮川静枝が出席 ・東京市とYWCAの共同で、婦人労働講座を開催

月日	東京連合婦人会の活動	一般の情勢
5. 4	・至誠会：至誠会病院で資力のない人の一時的な入院を無料で実施 ・労働婦人協会：「労働争議と失業問題」の講演会開催予定 ・鷗友会：市川源三校長在職25年の祝賀会を開く予定 ・守屋委員長は内務大臣若槻礼次郎に勤倹奨励について相談され、趣旨徹底のため連合婦人会が主体となり活動することに。具体的方法は次回例会で協議 → 5月〜11月内務省主催の勤倹奨励会に応援参加	
6. 1	委員会 市川房枝が規則第3条、第5条の不備を指摘。協議の結果、第5条訂正を決議し、あわせて第3条（会の目的）の修正草案の作成を市川に依頼する →規則改正	7.改正工場法（1923制定）の施行令と施行規則を公布・施行（施行後3年間猶予期間→29年実行）
7. 6	委員会 各団体がそれぞれの運動計画の報告。8月の委員会は休会。9月の委員会は第1火曜日に。9月1日の震災記念日は、市民に当時の惨状を追想するよう訴えたいとの意見多数。具体的運動法は決定できず	
10. 5	委員会〈19:00〜21:00 至誠会病院内〉 議事：今後の資金調達に際し各会のとるべき態度について 出席者：塚本、竹内、河口愛子、守屋、大橋豊喜、野沢治子、佐々木君代、田中、小林珠子、木内、高野渓子	
13, 14 20-23	資金調達のための観劇会を新橋演舞場で6日間開催し、「思ひがけなき純益」をあげた	
11. 6	全関西婦人連合会8周年記念大会で、守屋が東京連合婦人会の活動を報告	
12	委員会 議事 ①総会について ②来年度の仕事について（婦人年鑑の編集・各府県の連合婦人会の有無・会館建設について）	25.大正天皇死去で、昭和と改元

1927（昭和2）年

1. 23	『婦女新聞』（27.1.23）によると、内部に「多少の暗闘」があるらしいと報じられていたが、守屋の尽力により役員を改正して結束を固めた	
30	第4回総会〈14:00〜 神田駿河台主婦之友社ホール〉 32団体 司会：守屋 会歌、1年間の活動報告、新旧役員の挨拶 新役員 委員長：吉岡、副委員長：守屋、会計：田中、徳永、書記長：金子 講演：穂積重遠、山田やす子 出席者：久布白、植田、竹内、正田、市川、大妻コタカ、小口みち子ら	

月日	東京連合婦人会の活動	一般の情勢
4. 12	臨時委員会〈夜　至誠会病院内〉 吉岡、守屋、竹内、田中ら5人出席 高校入試問題の漏洩をきっかけに、女性の立場からも世論を喚起すべく協議の結果、29日に神田青年会館で「入学苦に悩む母の叫び」の講演会を開き、入学試験に伴う弊害の実例を挙げたビラを配布し、教育方針改善の第一声を挙げることになる	1.徴兵令改め兵役法公布 5.花柳病予防法公布（28.9.1施行）
29	講演会「入学苦に悩む母の叫び」〈神田青年会館〉 入試の弊害をなくすため	
5. 3	委員会〈夜　吉岡宅〉 出席者：河口愛子、高野渓子、久布白、三浦たま、山本杉子、吉岡、田中、塚本、守屋、野沢治子、土肥ゆき子、花岡千代子、正田、市川、金子、東島歌子、秋岡真智、徳永 各委員の報告。乳幼児愛護デーの助力の決議。緊急事項として、久布白から東京府下7カ所に「二業地指定の許可された件」につき今後の運動方針を決定	
6. 7	委員会〈18:00～　吉岡宅〉 議事：①二業地指定認可取り消し運動に関する女性の陳情書の署名に尽力すること（提出者守屋）　②東京市政改善について女性の立場からの意見書を西久保市長に提出すること（提出者金子）　③衛生問題について、流行病予防の蠅駆除、窓に網戸を設置のこと（提出者守屋） 委員の変更：松宮しん子、岡部萩子の代わりに千本木道子、北岡元子、佐々木君代の代わりに寺尾きく、竹内茂代が新任された	
7. 14	ジュネーブで開催中の軍縮会議（6.20-8.4）全権の斎藤夫妻に「速に会議の成果を収むるやう努力せられんことを」との激励電文を発した。同時にアメリカのキャット夫人、イギリスのフォーセット夫人へ「東京連合婦人会は英米国婦人が軍縮会議に対し自国全権にむかつて速に会議の成果を収むるやう努力することを要求せられんことを望む」	
25	委員会 東京女高師の女性寮監の上に男性の監事を置くという「東京女高師問題」について、「女子教育の進歩を阻止するものとして校長を非難」する桜蔭会の主張を支持し応援することに決定	
8.	有志が市外淀橋町会議員選挙に際し、二業地指定廃止に尽力した1議員再選のため応援	
9. 13	委員会〈19:00～　吉岡宅〉 18団体26人の出席	

1928（昭和3）年

月日	東京連合婦人会の活動	一般の情勢
1. 10	役員改選を行ったが書記以外は再選。書記は欠員	
2. 1	東京連合婦人会、婦選獲得同盟が、普選達成婦人委員会を組織。委員長吉岡で、選挙粛正・公明選挙を訴える	
4	第5回総会〈13:00〜　丸之内中山文化研究所〉 ・会歌の合唱で開会 ・各種の報告後、各代表の5分間演説中に、ガントレットが緊急動議として普選達成婦人委員会との共同を提案し、満場一致で動議成立 ・講演：佐伯矩（さいき　ただす）「栄養問題の世界の趨勢」 出席者：吉岡、金子、ガントレット、井上、田中、塚本らと花の日会、東京婦人ホーム、日本女医会、東京女師同窓会、桜楓会など加盟34団体の代表全て60余人 ・普選達成婦人委員会との連名で「決議」を作成 ・労働婦人協会は水曜クラブと改名し、連合婦人会から脱会	
18	普選達成デー（普選達成婦人委員会と共催） 加盟婦人団体総出で、棄権防止に関する宣伝ビラとポスターを市内30余ヵ所と地方で配布。市内60余の女学校を通じ各家庭にも配布	20. 第16回総選挙（初の普通選挙）：政友217、民政216。労働農民党（2）社会民衆党（4）日本労農党（1）無産諸派（1）で、無産政党が8議席を獲得
23	塚本談「市部開票の結果第一回の普選に棄権が少なかつたことはなにより喜ばしいことで、私どもも棄権防止について活動しましたがその目的の達せられたことを喜ぶと同時に一部婦人が今度の選挙に活躍されたことは大いに愉快で、これをもつて考えれば『普選から婦選へ』の前途は楽観してよい」	
25	普選達成婦人委員会の報告会 この会を永久的なものに継続しようという意見が出た	
3. 27	委員会〈夜〉 発展策の一つとして、宣伝を兼ねた会報式の機関誌を発行し、各団体に配布することに。編集主任は村上秀子	15. 治安維持法を適用して共産党員一斉検挙。検挙1,568人、起訴488人（3.15事件）
4. 1	委員会〈19:00〜21:00　吉岡宅〉 議案 ・講演会の件（汎太平洋婦人会議出席者の意見発表会） ・児童愛護デーの件 ・会館に関する件 ・二業地問題の件	17. 東京帝大で新人会に解散命令。京都、九州、東北帝大にも社研の解散命令 18. 京都帝大河上肇教授辞職迫られ依願免官。23. 東京帝大大森義太郎、24. 九州帝大向坂逸郎らも大学を追われる
5. 1	機関誌『連合婦人』発刊	

月日	東京連合婦人会の活動	一般の情勢
6. 5	委員会〈吉岡宅〉 府会議員選挙に対し「二業地指定に反対意見を表する候補者を当選せしむるやう努力すること」を決議、婦選獲得同盟と並んで大いに宣伝に努めた	4. 満州某重大事件（張作霖爆殺事件） 29. 治安維持法改正（死刑・無期懲役を追加）
7. 5	ホノルルで開催の第1回汎太平洋婦人会議の出席者の送別会。当会からの出席者は、大江スミ、吉岡弥生、ガントレット恒子、井上秀、正田淑子、市川房枝、木内キヤウ、河口愛子	
6	委員会〈19:00～21:00 事務所〉	
20	汎太平洋婦人会議日本代表団25人、ハワイへ向け横浜港より出港 8.11 - 18 会議開催。議長はジェーン・アダムズ（Jane Addams）	24. 司法省、思想係検事を設置
8.		1. 文部省、第1回思想問題講習会を実施
10. 10	汎太平洋婦人会議報告演説会 日本代表は婦人参政権獲得の件を提議	30. 文部省、思想問題のための学生課設置、各大学に学生主事を置く
12.	当会をはじめ、各婦人団体、無産婦人団体も糾合して、各団体より委員を出し、各政党関係方面に市政革新運動を起こすこととなった	

1929（昭和4）年

2. 2	第6回総会〈九段上富士見軒〉 「婦人参政権要求の決議」と「対市会議員総選挙声明書」を満場一致で可決	
12	臨時委員会〈19:00～ 吉岡宅〉 議事：「婦人参政権要求の決議」と「対市会議員総選挙声明書」の具体的方面について 「決議」を田中首相、望月内相に、「声明書」は市来東京市長に各秘書を通じて提出（田中芳子、三輪田繁子、永井駿子）	
3. 15	東京市政浄化デーの集会、デモに参加し、ビラ撒きをした新市会の初招集日に、市会議員はじめ市会関係の諸団体に「声明書」を発する	5. 労働農民党より選出の代議士、山本宣治、右翼に刺殺される
29	声明書：「私共婦人は愛市の熱意により、新市会に対し、極力覚醒の実を上げられんことを誠心誠意祈りて止みません。特にこの際政党政派の弊、待合政治を絶対に打破し市吏員の職能を尊重して、真の自治体の職能を発揮されんことを三十七加盟団体よりなるわが東京連合婦人会の会員約十万の婦人の願いとしてこゝに声明する次第であります」	

月日	東京連合婦人会の活動	一般の情勢
4.		16. 共産党の大検挙、党組織壊滅的打撃。399人起訴(4.16事件)
5. 7	婦選獲得同盟内東京市会委員会の提案により、会内の市政浄化委員会で、ガス料金値下げ運動の具体的方法を講じることになった	19. ガス値下げ問題について大演説会：4団体（婦選獲得同盟、婦人参政同盟、社会民衆婦人同盟、婦人市政研究会）の連合で、ガス代50銭値下げを要求（下谷区興正寺、麻布区三河台町小学校）
21	堀切東京市長招待会〈14:00～16:00 東京ステーションホテル〉70人出席 市長より、市の水道・ガス・道路等の現状と将来の計画、市の財政について説明。小林珠子（桜楓会）、塚本、奥、金子らが意見を述べる	
21	臨時協議会（ガス問題について）〈市長招待会のあと続いて、同ホテル〉 4団体のガス50銭値下げ要求は過激だと吉岡、木内らの反対で、金子らの強硬論は敗れ、単にガス値下げを希望する旨の声明書を発表するにとどめ、積極的運動はせぬことに決定	
21	竹内茂代慰安の晩餐会〈臨時協議会のあと続いて、同ホテル〉50余人出席 竹内のぬれぎぬ事件の慰労のため開かれた。4.3に堕胎罪の冤罪により、長野県上田市で10日間拘留された。逆児のため死産となったのを堕胎と誤解されたため。拘留中に吉岡や至誠会関係者から無視の態度に絶望→これを機に、医師の仕事以外の社会活動を止め、博士論文の研究に没頭	
7. 21	深夜業廃止祝賀会 7.1の改正工場法施行により、女性と年少労働者の深夜業が廃止された	1. 文部省に社会教育局設置：学生・生徒の思想対策強化 1. 改正工場法施行 国際労働協会婦人労働委員会、夜業禁止記念デーのビラまき 3. 記念講演会、7. 労働婦人連盟・社会民衆婦人同盟、深夜業廃止記念祝賀会開催
9. 12	「現代有力婦人」162人を首相官邸に集め、政府の緊縮財政・消費節約・勤倹貯蓄について話を聞く。政府は「都市中産婦人層」の積極的協力を要請 ※都市中産女性層の政府による組織化対策として、「消費節約・勤倹貯蓄国民運動」展開の中での東京・大阪2大都市在住の市民的諸女性団体に対する直接的な「国策協力」呼びかけに対し、どちらも協力した	21. 全関西婦人連合会主催、第1回全日本婦人経済大会開催。安達内相夫妻出席し消費節約運動に協力要請。全国代表者300人。東京代表よりの婦選獲得の動議否決
10.		24. ウォール街株式大暴落、世界大恐慌始まる

月日	東京連合婦人会の活動	一般の情勢
11. 5	委員会〈夜 吉岡宅〉 出席者（15団体16人）：藤田とら、厚東せん子、徳永、永井駿子、吉岡、小林珠子、塚本、田中、酒井愛子、井上浜子、塩原静子、竹野せい子、高野渓子、三輪田繁子、鈴木小松 〈報告〉各団体報告、会計報告（徳永）：募金で700余円を得た。会館の件で報告（吉岡） 〈議事〉誕生会の件、11月19日（火）午後に開催決定	
19	第6回誕生会〈13:00～17:00 丸之内中山文化研究所〉 ・田中：当会誕生時の思い出、吉岡：当会の立場と抱負 ・守屋：ガントレットと林歌子が平和の使者として12月下旬渡欧 ・婦人常識講座会員が一つの団体となることが満場一致賛成で「連枝会」と命名され、当会内に事務所を置くこととなる	
12. 3	委員会〈19:00～ 吉岡宅〉 出席（16団体23人）：小口みち子、金子郁子、山田わか、土肥ゆき子、守屋、岡田かほる、留岡より子、堀田すて子、木内、高野渓子、大橋豊喜、吉岡、井上トモ子、徳永、中津房子、北村潔子、井上浜子、三輪田繁子、吉岡房子、永井駿子、上仲八重野、河口愛子、高橋千代子 議事：ガントレット、林両女史送別の件	
18	ガントレット、林歌子両女史送別講演会〈18:00～ 時事新報社講堂〉	

1930（昭和5）年

1.		11. 金輸出解禁実施（金本位制に復帰） 21. ロンドン海軍軍縮会議開催（日米英仏伊参加）
2. 8	第7回総会〈13:30～ 丸之内帝国生命ビル8階講堂〉 会費：1円20銭 開会の辞：吉岡 事業報告：守屋 新旧役員挨拶 加盟団体5分間挨拶：市川、嘉悦孝子、木内ら	26. 共産党員全国的大検挙（7月までに検挙1,500人のうち461人起訴）
3. 19 24-26	事務所移転：赤坂区伝馬町3-16 電話 青山6689番 臨時委員会 帝都浄化運動について〈19:00 事務所〉 帝都浄化運動（紙屑を捨てないなど）を行う	
4. 1	委員会〈19:00 事務所〉 報告：会務 帝都浄化運動の件、各加盟団体 議事：募金運動の件、平和の使者を迎える件	22. ロンドン軍縮条約に調印 27. 第1回全日本婦選大会（日本青年館、600人）

月日	東京連合婦人会の活動	一般の情勢
5. 12	会事務所内（赤坂区伝馬町3-16）に、婦人同志会の事務所が置かれた	10. 婦人公民権を認める市制・町村制等改正案、衆議院で可決（貴族院で審議未了） 12. 婦人同志会設立 井上、吉岡、嘉悦、小口みち子、田中芳子ら 28. キリスト教55団体、政府に神社参拝強制への考慮を要望
7. 16	納涼の夕べ	5. 婦人同志会第1回委員会：村上秀子と大浜英子が同志会の実務係に
29	ホノルルで開催の第2回汎太平洋婦人会議に田中芳子、花木チサヲが出席し、その後アメリカ国内を巡遊して、11月2日帰国	
10.	完全公民権の要求を決議	1. 奥むめお、本所に婦人セツルメント開設 1. 永田東京市長「帝都市民諸君に告ぐ」：帝都復興事業の完成を祝い、市民を労うが、解決すべき困難な課題山積を喚起
7	委員会〈城南会館〉 城南会館から、連合婦人会の会館として使用してもらいたい、との申し出があったので、委員会をここで催した。その後、明細な見積書をとって責任者と交渉したが、利用価値の点から当会の経営に適当でないと判断	
25	委員会（会館委員会を兼ねて）〈事務所〉 「いつもいつも最近旅行又旅行の守屋女史も珍しく出席」とある。会館問題は十分議論する。来年度の目標は、児童と母性の問題を最優先とする	
11. 4	委員会〈19:00〜　事務所〉 報告：加盟団体　事務 議事：加盟団体増加運動　昭和6年度の予算事業について	20. ガス値下げ府民大会（日比谷） 26. M7.3の北伊豆震災発生。静岡県北部、伊豆地方に甚大な被害
27	伊豆震災に対して、守屋は妊婦や児童の問題などで、何かしなくてはならないと話し合う	
29	早朝、伊豆震災のことで、現在、伊豆の興農学園長の平林広人が、吉岡を訪ねて被災地児童への救援を要請	
29	臨時委員会〈夜　竹内宅〉 協議の結果、翌日、守屋と徳永が現地を視察し、臨時託児所を開設するため出発する。二葉保育園保母の原藤と東京婦人ホーム保母の宮崎も同道	
30	徳永、原藤、守屋、宮崎、村上は、沼津駅で平林と合流し、沼津市役所の静岡県震災事務所に行き、被災地を一巡する。三島町役場は全壊、韮山村、函南村などの惨害地を訪ねる。韮山小学校に東京市の臨時救護所が開設されていた 後片づけの埃のなかで赤ん坊を背負った母親、学校に行けない児童など、子どもの問題が見逃されている見て、臨時託児所の開設に意見が一致する。沼津市役所の救護担当者と相談し、韮山に託児所開設を決定	

月日		東京連合婦人会の活動	一般の情勢
12.	1	徳永と二人の保母は残留し、韮山中学校の校庭を借り、テントで臨時託児所開設の準備をする。守屋は帰京する	大日本連合女子青年団（女青）、婦人参政権運動などの政治運動をせぬようとの通牒を出す
	2	臨時託児所開設し、初日から 100 人以上の大盛況	
	2	<u>委員会</u>〈19:00 ～　事務所〉 伊豆震災対策で 17 団体 27 人の出席。「珍らしく大盛会」とある ・緊急動議として「伊豆震災対策」が審議され、臨時託児所開設を満場一致で可決。経費は寄附に待つこととするが、女医学校からの義援金 560 円を託児所開設の基金とする。保母の手配に各方面に電話するなど、「今年掉尾の実に緊張し切つた委員会」だとある ・韮山に次いで、函南村平井（180 戸ほぼ全滅の激震地）に臨時託児所開設 ・1 月末まで開設の予定 ・臨時託児所義援金を募集	23. 文部省、家庭教育振興を訓令 23. 文部省主導で、大日本連合婦人会創立
	4	一旦、帰京していた徳永は大妻とともに、新たに 4 人の保母を連れて震災地へ向かう。6 日に竹内も向かう。徳永は 11 日に帰京するが、17 日に 3 度目の現地へ向かい、年末に帰京	

1931（昭和 6）年

月日		東京連合婦人会の活動	一般の情勢
1.	20	<u>委員会</u>〈吉岡宅〉出席者 27 人 1. 新役員決定　　委員長：吉岡、副委員長：守屋、山田わか、会計：徳永、田中、書記：永井駿子 2. 今年度から記念講演会を開催し、その席上で会の報告を行うことを決議	
2.	28	<u>8 周年記念講演会（第 8 回総会）</u>〈午後　女子青年会館〉 守屋：本年度の事業について 講演：羽仁もと子「先づ分れ、争はざる可からず」 　　　吉岡弥生「健康の鍵」	14. 第 2 回全日本婦選大会（赤坂三会堂、800 人）
3.	4	<u>委員会</u>〈14:00 ～　芝増上寺〉 会館建設の敷地として、芝増上寺の末寺、清光寺の寺有地 600 坪を無償で提供とのことで、候補地を拝見する ◎『連合婦人』第 23 号（3 月号）掲載の村上秀子「魂の無い大日本連合婦人会」は批判的内容：経過報告も決議もすべて男子により、婦人の意見を求められず、誠に物足りない。婦人の意見が無視されており、婦人会の外形を備えた魂のない婦人会。現代の婦人はもう立派に独り歩きができる ◎婦選獲得同盟、全関西婦人連合会は、大日本連合婦人会は女性の自主的な運動ではない官製婦人団体であると批判して、加盟反対を表明 ◎『婦選』5-4 掲載の金子しげり「大日本連合婦人会発会式拝見の記」で、「婦人よ醒めよ。而して国家の為にてふ美名の	1. 開会中の第 59 議会で、女性公民権の政府案が衆議院を通過し、貴族院の委員会で審議中。

月日		東京連合婦人会の活動	一般の情勢
3.	4	下に、無批判に政府の手先たる事なく進んで…婦人はまづ婦人自らの解放の為に闘ふべき強い意志を養へ。婦選の行使はその意志の上に根ざしてこそ初めて実を結ぶべきである」	6.大日本連合婦人会（連婦）発会式 理事：吉岡弥生、井上秀、山脇房子 19.女青の会館建設に連婦が合流決定。敷地は増上寺の斡旋で、芝公園内の仏心院境内1,000坪の寄附。工費約80万円
	12	委員長慰問を請われ、吉岡が徳永、村上の同行で震災地訪問。講演会で沼津に来ていた市川と出会い、同宿する。市川は4日の委員会に出席していた	
	23	伊豆震災地臨時託児所を閉鎖 村民の希望で、予定を2カ月延期した。その後は新たに村の独立経営で継続することになり、会の寄附金残額346円を継続事業のなかに寄附する	
4.	7	委員会〈19:00〜　事務所〉 会館敷地：せっかく下さるという土地があるなら喜んでもらいましょう	
5.	1	『連合婦人』第25号に、伊豆震災地臨時託児所会計決算を掲載	
	4-5	吉岡の関西への講演旅行に同行した村上は、京都の榊原弥生（京都市連合婦人会幹部、婦選獲得同盟京都支部幹部）から、東京連合婦人会は大日本連合婦人会に加盟したか、と聞かれた。加盟していないと答え、その理由は加盟に反対者があるからで（その最たるものが婦選獲得同盟である）、しいて加盟することもない。女性が何を要求しているか意識しない男性指導者の意見に引きずられていく大日本連合婦人会なんて無用の長物だ、と言い切っている	
	6	委員会〈19:00〜　吉岡宅〉16団体19人出席 議題：会館敷地の件、納涼の夕、道路祭に参加、欠食児童のための募金運動、若槻総理大臣訪問、伊豆震災地臨時託児所残金処分の件 ・会館敷地の件（原案可決）：4月委員会は定員に満たず、今回決議となる。清光寺住職樹下信雄の帝都婦人のためならばと、寺有地600坪を無償提供（芝公園15号地10番地）。地の利、風致も良く、さらに無償提供で、喜んで申し受けるとの決議。近日中に敷地披露を兼ね、各方面の人たちの意見を聞く会の開催を決議。5万円の寄附があり、15万円の建設募金募集を行う 会館は、女性団体の集会、催し物の会場、独身女性のアパートなどにあてる	
	13	敷地問題につき、清光寺住職樹下と打ち合わせ〈10:00〜事務所〉出席者：樹下、星野、守屋、徳永、小口、村上	
	26	臨時委員会〈15:00〜17:00　芝公園　明照会館〉 会館建設についての希望打ち合わせ会：清水組に専門家の出席を依頼し、建物の様式、規模などについて相談し、意見交換する	

月日		東京連合婦人会の活動	一般の情勢
6.	6	道路祭り〈13:00～　日比谷公会堂〉式典、余興、夜は提灯行列	1. 文部大臣官邸で、会館建設委員会の設置に関する連婦と女青の合同理事会を開き、委員長に吉岡弥生、副委員長に山脇房子が決定
	7	道路祭り〈7:00～　〉道路清掃運動、自動車行進 ＊道路祭りは、東京市の道路を舗装、街路樹で緑化、交通道徳の涵養、街路照明の普及が目的 主催：東京連合婦人会など多団体　後援：内務省、東京府、東京市など	
7.16-17		納涼の夕〈18:30～　日比谷新音楽堂〉	1. 文部省内に学生思想問題調査委員会を設置
	25	木内キヤウ（東京初の女性小学校長）・西村庚子（初の女性医博）・井出ひろ子（7月に医学博士論文パス）の祝賀会を開催〈14:00　富士見軒〉出席者80余人	
8.	8	『教育週報』305号に記事「二つ出来る婦人会館　文部省のに東京連合婦人会がつむじを曲げる」が掲載される	
9.		会館募金「職業婦人××氏より汗と脂の金1千円也寄付は近来の快事」 会館建設が具体化する	
	8	委員会〈19:00～　吉岡宅〉19団体30人出席 議題・中華民国水災慰問の件 　　・軍縮請願運動の件 　　・女子師範大学設定要望の件 　　・欠食児問題について、岡弘毅（府社会事業協会）より話をきく	18. 満州事変勃発 ・各種婦人団体の満州への慰問活動活発化
11.	15	欠食児童保護街頭募金デー〈9:00～　東京市役所前集合〉 約70団体1,500人が街頭募金をして6,979円28銭を集め、12月10日に1万円にして東京府に寄附	6. 第1回愛国祭
12.	8	委員会〈19:00～　吉岡宅〉 協議：欠食児童保護募金の処分方法	13. 犬養毅政友会内閣成立。金輸出再禁止決定

1932（昭和7）年

1.		委員会 役員改選　委員長：吉岡弥生、副委員長：守屋東、山田わか 会計：徳永恕、大妻コタカ、書記：永井駿子	1. 救護法、軍事救護法施行 28. 上海事変
2.	2	委員会 議題：貧困母子救済運動に着手	・東京女子大生8人共産党選挙闘争参加のため検挙
3.	1	委員会 議題：4月に事務所移転の件 　　　『連合婦人』を同人組織として新しい意気を盛る	1. 満州国建国宣言 2. 婦人同志会事務所移転 18. 大阪国防婦人会発足
	29	役員会〈19:00～　事務所〉	

月日	東京連合婦人会の活動	一般の情勢
3.		・東京女子大生 3 人治安維持法違反で送局
5. 10	講演と懇親の会（第 9 回総会）〈13:00 ～　日本橋白木屋 7 F ホール〉 挨拶：吉岡弥生 講演：山田わか「女性相談に現れた世相」 　　　太田正孝（大蔵省参与）「時局と経済と婦人」 余興・晩餐会	5.15 事件、犬養毅首相が射殺され、政党内閣制に終止符 28. 第 3 回全日本婦選大会（協調会館、400 人）
28	赤坂から銀座に事務所を移転（京橋区銀座 2-3-4　山口機械店 4 階）	5.30-6.1『東朝』に「彼女はどうして左翼運動に入つたのか―ある女子大生の獄中手記」掲載
6. 7	委員会を兼ねた座談会〈14:00 ～　吉岡宅〉 ・守屋提案の議会浄化運動に賛意→委員 3 人を決める ・矢野恒太を中心での座談会「時局経済断片」：不況時代の経済問題	
28	委員会〈19:00 ～ 22:00　事務所〉新事務所で初の委員会 出席者：吉岡、徳永、大妻、鈴木、三輪田、土肥ら（守屋は廃娼大会で欠席）	29. 警視庁に特別高等警察部設置
9.	委員会 毎月定例委員会のときに、研究会、座談会等を開くことを決議 9 月は元警視総監丸山鶴吉（貴族院議員）による「第 63 議会を顧みて」	3. 京都共産党事件 日本女子大社会事業学部出身の紡績工場教化係など 3 人起訴 15. 日満議定書調印、満州国承認→各国不承認
10. 4	委員会〈18:30 ～　吉岡宅〉 ・大東京市実現記念座談会（谷川昇） ・11 月の委員会は、誕生会を兼ねて催すことに決議	1. リットン報告書公表 24. 大日本国防婦人会創立、発会式（白木屋ホール） 30. 第 3 次共産党大検挙東京 678 人中女子 107 人、起訴は女子 12 人
11. 1	東京連合婦人会誕生記念会〈16:30 ～ 21:00　本郷料理学校〉 75 人出席 開会挨拶：吉岡、司会：守屋、挨拶：来賓（桜井、平林広人、三輪田元道） 議案協議：①北海道水災慰問運動　②都制案と婦人公民権運動　③栄養週間 後援の 3 議案可決 → 東京都制案に婦人公民権挿入運動開始を決議	
8	都制と婦人公民権懇談会（婦人公民権運動を男子側より応援する会）〈午後　大阪ビル・レインボウグリル〉出席者 30 人 発起人：横田秀雄、三輪田元道、平林広人、前田多門、福島四郎、田川大吉郎、小崎道雄、高島米峯、生江孝之	

月日	東京連合婦人会の活動	一般の情勢
11. 8	女性側ゲスト：吉岡、山田、守屋、ガントレット、市川、横倉、加藤、村上	
15	欠食児童保護募金デー 街頭募金と寄附で、10,400余円を集め、東京府を通じて給食費として寄附	
17	都制案と婦人公民権講演会〈18:30～　日比谷市政講堂〉 ポスター文言「築け男女で大東京を　都制案に婦人を加へよ」 講演：小林珠子、前田多門、木内キヤウ、吉岡弥生、高島米峯　司会：守屋	
29	新市議を加えた初市会には、女性約100人が本会議を傍聴。東京都制案については、旧市議によって審議されたものだから、新市議を加えて審議のやり直しを要求	
12. 13	旧市議の委員会では、婦人公民権は選挙権拡張の重要な項目として認められたが、この新市議を加えた委員会では単に公民権拡張を当局に希望する、という漠然とした決議となり、拡張の中に婦人公民権が含まれているのか不明で、葬られたという感の結果となる → のち市会で否決	13. 大日本国防婦人会関西本部発会式 16. 東京日本橋の白木屋で出火（初の高層建築火災）
19	「都制と婦人公民権の会」（男性により組織された後援会）との報告会 男性：生江、田川、三輪田、高島、平林。女性：ガントレット、久布白、市川、金子、山田、村上。今後は「婦人公民権の会」として継続すると決定	・この年、女性活動家の検挙相次ぐ

1933（昭和8）年

1. 10	<u>委員会</u>	10. 東京商大教授大塚金之助検挙 12. 河上肇検挙 30. ヒトラー、ドイツ首相に就任
2. 7	思想問題研究会（2月委員会）〈16:30～21:30　大妻高女〉 出席者：約80人 講演：平田勲（3.15、4.16事件主任検事）「共産党事件について」	18. 第4回全日本婦選大会（協調会館） 20. 小林多喜二検挙され築地署で虐殺 24. 国際連盟臨時総会でリットン報告を承認．満州撤退勧告案採択され（42対1）松岡洋右退場→ 3.27国際連盟に脱退を通告
28	月間時事座談会〈夜　宮城タマヨ宅〉 国際連盟脱退に批判的な内容 出席者：吉岡、守屋、山田、徳永、三輪田、田中、宮城、多川澄子、荻野貞子、伊藤はま、金森すみ、村上	
3.		25. 第64議会で弁護士法改正し、女性弁護士資格取得

月日	東京連合婦人会の活動	一般の情勢
4. 11	第10回総会〈19:00～ 吉岡宅〉 3月帰国の新渡戸稲造から「世界の動きを見て日本の女性に訴ふ」を聞く → 研究会開催　新渡戸「国際連盟を脱退した日本と婦人」出席者80余人（新渡戸稲造 33.10.15 カナダで客死）	1. 児童虐待防止法公布 4. 日本女子大学校、社会事業学部廃止（同学部より社会主義者が出るのは面白くないと出資者から抗議）し、家政学部に改組編入され、家政学部第三類（3年制）とする 22. 滝川事件
9.		・日本女子大学校在校生、卒業生をめぐる共産党シンパ網摘発
10. 25	竹内茂代女史の授学位祝賀会（10団体合同の主催）〈15:00～17:00 祝賀会、夜は祝賀晩餐会　丸之内東京会館〉550余人参加 6月に「日本婦人の体質に関する研究」で医学博士となる	14. ドイツ、国際連盟脱退を通告
11. 1 　23	『連合婦人』東京連合婦人会創立10周年記念特別号発行 母子保護街頭募金デー 参加団体約80団体、参加者約1,200人、当日街頭募金 2,755円64銭、その後の寄附等含め総額 4,737円88銭	この年、左翼事件女性起訴者数、戦前最高

1934（昭和9）年

月日	東京連合婦人会の活動	一般の情勢
1. 1 　13	『連合婦人』第54号で、村上は編集方針の変更を記す。「婦人運動も既に転換期」となったとして、文学、宗教、家庭の実際記事を加味した「暖かい感じのもの」を作りたい 委員会　役員改選すべて重任	
2. 6 　24	委員会 経済問題研究会開催。講師：小汀利得（中外商業新報編集長兼経済部長） 師範制度改正案に反対する協議会〈13:00～　神田教育会館〉男女の機会均等を要望。東京連合婦人会等9団体主催	18. 第5回全日本婦選大会（協調会館）
4. 15	第11回総会〈河田町　東京女子医専クリニック講堂〉ハルビン市長夫人の歓迎会を兼ねる。出席者200人（各団体代表者約40人）	3. 全国小学校教員精神作興大会開催（35,000人）
5. ● 　●	『連合婦人』58号に、あづま（守屋東）「会館がほしい」：今日まで尽力され寄附された人々に対し申し訳なさをお互いに感ずる → 東京連合婦人会の会館建設は消滅ということか 出版部発行『童話童画読本』大好評	連婦・女青の会館建設、資金調達難しく事業内容を見直す。組織も女子会館建設会（会長島津公爵夫人、理事長吉岡）。寄附勧誘活動を展開

月日	東京連合婦人会の活動	一般の情勢
6.13-15	東劇で観劇会開催。純益902円60銭	1.文部省、学生部を拡充し、思想局設置
8.6-22	ホノルルにて開催の第3回汎太平洋婦人会議に、ガントレット恒子、加藤タカ、小泉郁子ほか3人出席	
9.29	母性保護法制定促進婦人連盟結成 委員長：山田わか、副委員長：千本木道子、田中芳子、書記：金子しげり、堺真柄	
10.2	風水害罹災地に暖き母心を送る催の準備会〈18:00〜　東京朝日新聞社〉 東京連合婦人会と東京朝日新聞社の共催 ・1府34県罹災地の学童12万人に学用品一揃いずつを送ること ・欠食児童に対して救援考慮	
6	上記の催の街頭募金デー　総額64,500円	
11.16	東北欠食児のために同情売り出し（16〜23日）日本橋白木屋本店　寄附総額2,716円59銭	
17	罹災学童慰問募金デー感謝報告会〈18:30〜　東京朝日新聞社講堂〉 各婦人団体幹部500余人出席	
12.4	委員会 同情売り出しの義援金の使い方を相談する	

1935（昭和10）年

	東京連合婦人会の活動	一般の情勢
1.	『連合婦人』1月号に、婦人団体録と婦人録が掲載	12.女子会館地鎮際（連婦・女青の会館）
2.5	委員会〈19:00〜　吉岡宅〉 1.役員選挙　委員長：吉岡、副委員長：守屋、山田、会計：徳永、大妻、書記：三輪田 2.規約改正　① 賛助員制度を設ける　② 役員中に財務委員若干名を置く	6.廃娼同盟、国民純潔同盟に改組 8.選挙粛正委員会令公布 美濃部達吉の天皇機関説問題化 17.第6回全日本婦選大会（日本青年館、300人）
4.14	第12回総会〈11:00〜　小田急線喜多見駅前　和光邸〉 総会：13:00〜14:00　挨拶、会務報告、会計報告 園遊会：11:00〜16:00	
19	母性保護法制定促進婦人連盟第1回全国委員会 母性保護連盟と改称決定	
5.		1.第16回メーデー（戦前最後）6,200人参加

月日	東京連合婦人会の活動	一般の情勢
5.		8. 選挙粛正委員会令公布 20. 女子会館の竣工 → 7.7 開館式
6.		18. 選挙粛正中央連盟発会式
8. 7	選挙粛正婦人連合会結成会 婦選獲得同盟など23団体参加 会長：吉岡弥生、書記：市川房枝	1. 中国共産党、抗日救国統一戦線を提唱 3. 政府、天皇機関説は国体の本義をあやまるとの第1次国体明徴を声明
10.		15. 政府、天皇機関説は国体にもとるとの第2次国体明徴を声明
12. 15	単行本として『婦人年鑑 昭和十一年版』を出版	8. 大本教の出口王仁三郎ら、不敬罪・治安維持法違反で逮捕（第2次大本教事件）

1936（昭和11）年

1. 14	委員会〈19:00～ 吉岡宅〉 出席団体23、出席者27人 役員改選　委員長：吉岡、副委員長：守屋、山田、 　会計：徳永、大妻、書記：木内キヤウ 新設の財務委員：田中、伊東かう、伊東静江、加藤タカ、 　　　　　　　　出野柳子、三輪田繁子 新加盟団体…彩耀会、大和学園同窓会、きく月会	15. ロンドン軍縮会議の日本全権、脱退を通告
2.		2.26事件 27. 東京市に戒厳令 → 7.18 戒厳令解除
4. 7	委員会〈吉岡宅〉2.26事件で委員会を延期していた ・総会を5月17日か24日を予定 ・4月23日に歌舞伎座で募金観劇会を行う件 ・三浦環のオペラを6月末に上演することを協議決定	
28	役員会〈東京女子医専会議室〉 出席者：吉岡、守屋、大妻、田中、伊東、出野、 　　　　宮本寿重、村上 ・総会は5月16日13:00から、会場は大久保の矯風会館に決定 ・「躍進女性」として、役員一同が電通の写真ニュースに	

月日		東京連合婦人会の活動	一般の情勢
5.	16	第13回総会〈13:30～　大久保の矯風会館〉 出席者60余人 開会の辞と本年度の方針説明：守屋、挨拶：吉岡 講演：ミス・ランドル（ハル市実業大学教授、イギリス婦選獲得運動で活動）「婦選獲得および婦人運動」 祝辞：平林広人（東京市選挙粛正委員） 決議：選挙粛正に対して力を尽くすことを申し合わせる	2. 婦人団体協議会：戒厳令下のため第7回婦選大会に代わって開催（東京府産師会館、50人）
6.	9	役員会〈事務所〉 ・吉岡の子息、博人の博士号授与の祝賀会について至誠会に計画を依頼	・陸相発言：徴兵検査で体質体力の劣弱化傾向→7月、陸軍省「衛生省設立の急務」
	27-28	加盟団体の募金を兼ね三浦環の「マダムバタフライ」（初演）を歌舞伎座で上演	
9.	8	役員会〈15:00～　吉岡宅〉 ・婦人年鑑の編集について ・4年後の東京オリンピックに備えて	
	8	委員会〈19:00～〉 ・加盟団体からの活動報告 ・「東京ウーメンスクラブ」の英会話クラスの開始報告 　研究、趣味、体育の機関として組織していく「東京ウーメンスクラブ」 　東京オリンピック時に通訳奉仕ができるように英会話を教える ・朝鮮水害地の児童に『童話童画読本』を贈るので協力要請 　一口50銭で寄附を募り、『童話童画読本』750部を贈る。同書は1冊1円だが、50銭に割引。1冊ごとに寄贈者の氏名・住所を記載	
	17	在満皇軍慰問資金募集(東京朝日新聞社主催)の打ち合わせが、東京朝日新聞社であり、東京連合婦人会、愛国婦人会、大日本国防婦人会が参加。資金募集と慰問袋作製に尽力	
	26	在満皇軍慰問のため慰問袋を大妻高女同窓会、むら竹会などで2万個作製	
11.	6	委員会 ・吉岡博人の祝賀の件…有志 ・守屋東の労を謝し、後援する会を組織…有志 　→12月29日に予定額の半額を贈呈 ・朝日新聞社主催の軽費栄養食普及会の手伝い（11月に20日間） ・加盟団体の活動報告 ・新加盟団体…日本優生結婚普及会	
	16	新国会議事堂の参観：10時衆議院通用口集合で、2,500人が参加	25. 日独防共協定、ベルリンで調印
12.	1	・東京連合婦人会・婦人同志会・婦選団体連合委員会、都制案中に婦人公民権が認められることを要望	

1937（昭和12）年

月日	東京連合婦人会の活動	一般の情勢
1.	愛市連盟婦人部結成 ・選挙粛正婦人連合会、東京連合婦人会、愛国婦人会の3団体より36人の実行委員。「女の選んでほしい市会議員は」として6項目を提示	21. 衆議院で政友会と陸相（軍部）との対立激化→23. 広田内閣総辞職→25. 宇垣一成組閣命じられるも陸軍反対で陸相えられず 24. 第7回全日本婦選大会（協調会館、500人）
11	委員会〈18:00～　吉岡宅〉 出席団体 27、出席者 36人 役員改選　委員長：吉岡、副委員長：守屋、山田、 　　　　　会計：徳永、大妻、　書記：三輪田 　　　　　財務委員追加：竹内、木内、前田若尾 新加盟団体…三五連盟、子供の村母様学校	
2. 21	中等学校受験生の母の心構えを語る講演会〈帝国教育会館〉 全国小学校連合女教員会主催、東京連合婦人会後援	2 林銑十郎内閣成立（政友、民政から入閣なし）
3. 1	婦人愛市のつどい〈日比谷公会堂〉 東京市会議員選挙粛正のための講演会 1日から1週間、白木屋で「愛市展覧会」：ジオラマ「婦人と市政」、映画等	
2	委員会〈吉岡宅〉 ・愛市運動については愛市展覧会に動員すること ・ヘレン・ケラー女史市民歓迎会…収益は女史の滞在費に贈る ・加盟団体の活動報告	16. 東京市会議員選挙 31. 母子保護法公布
4. 13	臨時委員会〈18:30～　吉岡宅〉 ・ヘレン・ケラー女史歓迎会の件 ・総会開催の件	
17	ヘレン・ケラー女史市民歓迎会〈14:00～　日比谷公会堂〉 東京市、東京朝日新聞社、東京連合婦人会と共催	
28	ヘレン・ケラー女史歓迎講演会〈13:30～　軍人会館〉 東京朝日新聞社、東京連合婦人会と共催	
5. 11	委員会〈吉岡宅〉 ・6月3日の大相撲観覧会の切符、10枚以上は1割引、50枚以上は2割引にし、収益を1,200～1,300円予定しているので協力を ・加盟団体の活動報告	
27	海軍記念日母の会〈12:30～　日比谷公会堂〉 講演：日暮少将、海軍軍楽隊演奏など 東京連合婦人会と大日本飛行少年団主催、海軍省後援	
30	第14回総会　園遊会〈神奈川県高座郡大和学園〉 会費：大人1円、小人80銭　午前の部：総会、劇、舞踊、手品　午後の部：模擬店、運動会、鷹匠、グライダー飛行	
6. 3	大相撲観覧会〈13:00～〉	

月日	東京連合婦人会の活動	一般の情勢
6. 18	牛塚前東京市長夫妻に感謝する会〈18:00～　精養軒〉 東京連合婦人会主催、愛国婦人会など16団体参加	
7.	大日本連合婦人会機関誌『家庭』7月号で、「市民的婦人団体は社会共同理念発達阻止の危険あり」と批判された	7.盧溝橋で日中両軍衝突（日中戦争勃発）→華北治安維持のため派兵決定 22.日本基督教連盟、国策協力を表明 ・保健社会省新設閣議決定
6	委員会〈18:30～　事務所〉 ・新市長小橋一太夫妻の歓迎会開催の件：7月16日、精養軒 ・夏期「森の家」開設の件：職業婦人のために、郊外で休養し、体位向上。8月1日～31日、宿泊数は自由。自動車操縦、グライダー、弓術、カメラの講習など実費で参加できる。宿泊は大和学園 ・加盟団体の活動報告	
12	カナダのバンクーバーで開催の第4回汎太平洋婦人会議で、ガントレット恒子が議長を務める。ほか3人出席	
16	新市長小橋一太夫妻の歓迎会〈15:00～　精養軒〉 東京連合婦人会および都下各婦人団体の主催、約150人出席	
8.		24.国民精神総動員実施要項を決定 27.M・サンガー歓迎会
9. 7	委員会〈19:00～　吉岡宅〉 ・守屋：非常時、時局に対する銃後の婦人の覚悟について ・吉岡：愛市連の解散後、婦人愛市協会を創立。各加盟団体は一単位として加入のこと ・28日のマチネーは国防献金運動にあてる（売上金2,306円は東京朝日新聞社の軍用金献納資金とした）	28.日本婦人団体連盟結成。矯風会、日本女医会、婦選獲得同盟、日本消費組合婦人協議会など8民間婦人団体で結成。会長：ガントレット恒子、書記：市川房枝
27-29	崔承喜渡欧告別舞踊発表会〈東劇〉	
10. 11	山田わか女史渡米を送る会〈中央亭〉	12.国民精神総動員中央連盟結成（74団体）。愛国婦人会・大日本国防婦人会・大日本連合婦人会・大日本女子青年団が、国民精神総動員中央連盟に包含される。中央連盟評議員として吉岡弥生、三条西信子就任
11.24-27	ヘレン・ケラー来朝記念　聾唖者後援作品バザー〈上野松坂屋〉 主催：東京連合婦人会、聾教育振興会、東京朝日新聞社社会事業団	2.国民精神総動員中央連盟、各種委員会を設置。井上秀、久布白落実、市川房枝らを調査委員に起用 6.日独伊防共協定

月日	東京連合婦人会の活動	一般の情勢
11.		9.国民精神総動員婦人大講演会開催。東京府市、愛国・国防・大日本連合各婦人会、日本婦人団体連盟、東京婦人愛市協会、大日本連合女子青年団共同主催 (3,000人) 20.大本営設置
12. 10	吉岡、内閣直属の教育審議会委員に任命される。委員中、唯一の女性。都市中産婦人層リーダーの積極的な抱えこみ政策はじまる	・新設の省名は保健社会省ではなく、厚生省。設置決定 13.日本軍南京を占領、南京虐殺事件

1938（昭和13）年

月日	東京連合婦人会の活動	一般の情勢
1. 11	委員会 本年度役員改選。委員長：吉岡　副委員長：山田、守屋　会計：大妻、徳永　書記：三輪田　財務委員7人	11.厚生省設置：内務省の社会局と衛生局を統合し、内務省から分離
2. 1	「入学試験を控へて母の心構へ」のための講演会〈白木屋ホール〉全国小学校連合女教会と共催。2回目は2月12日渋谷講堂で開催	
3. 9	委員会〈18:30～22:00　吉岡宅〉出席41人 ・山田わか帰朝歓迎会を兼ねて（アメリカより帰国） ・加盟団体の報告 ・恒例の春期定期総会は時節柄、表向きの行事を中止 ・今秋は創立15周年に当たるため、時局と関連した有意義な記念事業の計画については次回（5月）にもち越す ・3.13の日本婦人団体連盟主催の時局婦人大会後援の件…可決 ・3.4の前進座観劇会の報告：純益560余円 1月以降の新加盟団体は5、市民協会婦人会退会で、加盟数56団体	
4. 21	一般大衆の必需品価格統制のため1日に商工省に設けられた中央物価委員会の委員に、山田わかが任命される	1.国家総動員法公布（5.5施行）、国民健康保険法、社会事業法公布（各7.1施行） 6.電力管理法公布(電力の国家管理実現) 19.国民貯蓄奨励（閣議）

月日	東京連合婦人会の活動	一般の情勢
5. 3	婦人物価協議会開催〈丸之内工業倶楽部〉 山田わかの中央物価委員会委員就任（4.21）を機に、当会が中心となり70余の婦人団体を網羅し、吉岡、市川、大妻、奥らの参加で結成。家庭経済婦人連盟が当会の経済部門として成立	
10	委員会〈18:30〜　吉岡宅〉出席24人 ・加盟団体の報告 ・山田の報告：中央物価委員会、母子保護法のその後 ・議題① 15周年記念事業について…会友・賛助会員の増加運動 　　　　②婦人物価協議会結成の件…同会を「家庭経済婦人連盟」とし規約発表	19. 日本軍、徐州を占領
29	海軍記念日母の日会〈12:00〜　日比谷公会堂〉 大日本連合婦人会、航空婦人会、飛行少年団と共催	
6. 6	大江スミ、羽仁もと子、日中戦争完遂の為に80億貯蓄をねらう大蔵省国民貯蓄奨励委員会委員に就任	9. 文部省通牒（勤労動員始まる） 29. 商工省、綿製品の製造制限に関する件公布
29	日伊親善音楽会〈日本青年館〉 東京声楽専門学校と共催	
7. 5	貯蓄具体策・家庭経済問題懇談会〈17:00〜　京橋明治屋ビル中央亭〉出席70余人 大江、羽仁の国民貯蓄奨励委員会委員就任を機に、貯蓄の具体策、家庭経済問題について懇談。7.7の「事変記念日」は不買デーに、の申し合わせ満場一致	
8	学生風紀問題懇談会〈神田一ツ橋学士会館〉 婦人矯風会等5団体合同主催	
19	清沢、清水両氏のお土産話を聞く会〈18:30〜　大妻学園小講堂〉100余人 欧米旅行から帰国の清沢洌に諸外国の日本観、清水郁子に北支の実情を聞く	
21	買溜防止問題協議会〈13:30〜　丸之内中央亭〉 日本婦人団体連盟、東京婦人愛市協会と共催 女性の間で綿製品の買い溜めが頻繁に	
8. 3	吉岡の紹介で女子会館内に事務所を移転（芝区芝公園12号地）今春、銀座の事務所の家主から退出を求められたが、適当な所がないため、女子会館内に移転 女子会館内に事務所を置く他の団体：連婦、女青、財団法人社会教育会	
9. 10	委員会〈14:00〜　女子会館〉新事務所の移転披露を兼ねて ・東京連合婦人会15周年記念会（創立記念日は10月1日）について協議 → 表だった記念会や催事はせず、時局がら国策に沿った行動をとる ・『昭和十四年版婦人年鑑』について ・母性保護連盟の近況報告(山田わか)	1. 商工省、新聞用紙制限 19. 石炭配給統制規則公布

月日	東京連合婦人会の活動	一般の情勢
10. 17	新設の厚生省の中央社会事業委員会の委員に、吉岡、山田が任命される	21. 日本軍、広東を占領 27. 日本軍、武漢3鎮を占領
11. 30	厚生省は国民服制定委員会を設置し、吉岡、井上、大妻、市川、木内、成田順の6人が委員に任命される	1. 司法省、女性弁護士3人の合格発表：田中正子、武藤嘉子、久米愛子
12. 1	15周年記念会〈13:00～　神田一ツ橋学士会館〉出席300余人 司会：守屋。「君が代斉唱、宮城遥拝、皇軍への感謝黙禱」 文部大臣、厚生大臣、東京府知事の祝辞（いずれも代理）。イタリア大使出席 小橋東京市長の祝辞。吉岡より功労者守屋と徳永の労を謝す 宣誓「……私共も只一筋の強き母性の決意を更に強ふして、政府の国策線に沿ひ、銃後の護り完きを期せんとするものであります。……」加盟59団体	
15	三婦人弁護士の誕生を祝し、激励する会〈13:00～　芝女子会館〉 婦人同志会、婦人参政権協会、婦人参政同盟、婦選獲得同盟、母性保護連盟との共催	
16	座談会「戦時体制下の物価・貯蓄問題を語る」〈東京会館〉 大蔵省、商工省、東京府、警視庁の役人、吉岡、大妻、守屋、河崎、村岡、勝目テル（消費組合）、伊福部敬子（家庭経済連盟）、村上	

1939（昭和14）年

月日	東京連合婦人会の活動	一般の情勢
1. 10	委員会〈18:00～　吉岡宅〉出席者36人 加盟団体報告。役員改選（全員重任）、本年度の方針と目標について協議 委員長：吉岡、副委員長：守屋、山田、会計：大妻、徳永 書記：三輪田、財務：出野、伊東静江、伊東かう、大江、木内、田中、前田、主事：村上 新加盟5団体、婦選東京支部退会で、加盟62団体	
2. 1	役員会〈18:30～　吉岡宅〉 ・大蔵省、木内奨励局次長が出席し、貯蓄問題について意見交換。木内は貯蓄奨励運動のいっそう強化のため戦時生活運動を提唱 ・手末（たなすえ）運動の具体的準備案の件、二葉保育園後援の件、募金運動等の打ち合わせ	
4	学生風教問題懇談会組織 参加団体：矯風会、大日本連合母ノ会、国民純潔同盟、全国母ノ会	

月日	東京連合婦人会の活動	一般の情勢
2. 7	<u>手末運動準備会</u>〈18:30～　女子会館の記念館〉　出席者70余人 女子校長会提唱で日本精神発揚週間中に開催。満場一致で手末会が成立。発会式を4.15に予定	
3. 10	<u>満州国永住を決意の正田淑子を激励し送る会</u>〈東京会館〉	
25	吉岡、国民精神総動員中央連盟理事に任命される。竹内、精動委員会委員に、幹事に市川も任命される	
4. 11	<u>主食米の品質審査会</u>〈10:00～　女子会館ホール〉 家庭経済連盟と共催、東京市商工課の後援	
15	<u>手末会発会奉告式</u>〈10:00～　明治神宮複廊〉 文部省、東京府市後援 200人出席。当日配布の桑苗は4,000本	
5. 2	<u>委員会</u>〈14:00～　麹町区富士見町の東京少年審判所所長室〉 ・白菊会(婦人少年保護司の組織)の新加入で、石井所長をはじめ40余人の出席 ・加盟団体の報告…矯風会：従来万国矯風会に加入の「朝鮮人の矯風会は、朝鮮部会として我々と働きを共にする事になった」 ・手末会発会奉告式の報告 ・大蔵省の貯蓄奨励婦人講師に当会から8人が嘱託されたのを機に、貯蓄運動を中心にすることを協議し、貯蓄特別委員会を成立 ・吉岡の外遊中は、役員会・委員会の会場を吉岡宅から変更。吉岡は文部・厚生両省委嘱により、渡独。各種社会事業施設・母子に関する保健衛生施設見学（5月～10月）	
6. 27	<u>役員会</u> ・頼母木東京新市長招待を決定	
7. 4	アメリカ独立記念日を祝し、当会を代表して大江スミと伊東静江がアメリカ大使館を訪問し、花束と日本絹の米国旗を書記官に渡す（大使夫妻帰国中のため）	
4	<u>委員会</u>〈夜　大妻学園〉 加盟団体の報告 ・「事変記念日」は今年も「不買デー」とする ・10月下旬に、東京朝日新聞社と共催で「傷兵製作品展覧会」を日本橋三越で開催を決定	8.国民徴用令公布
11	<u>頼母木東京市長招待会</u>〈16:00～　京橋明治屋ビル内中央亭〉 市長は精動運動と結核撲滅に、女性の協力を求め、町会整備にあたり、女性を町会役員に加えたい意向をもらす	
9. 12	<u>委員会</u>〈13:00～16:00　女子会館小会議室〉 ・ロサンゼルス婦人連盟（在留日本人女性）より古着類寄贈の件　・スフの件　・砂糖飢饉の件　・婦人の労働奉仕に関する件　・貯蓄組合結成の件	1.第二次世界大戦始まる

1940（昭和15）年

月日	東京連合婦人会の活動	一般の情勢
1. 10	委員会〈15:00～　大日本航空婦人会本部〉 出席者：山田、守屋ほか加盟団体役員 粗悪なスフ製品の防止と切符制度の問題を討議	
19	役員会〈山田わか宅〉 家庭経済部を新設し、部長は山田わかで、「代用品」の実情を調査する	
4. 24	国民精神総動員中央本部に参与として、吉岡、竹内、市川らを任命。女性参与は8人。5.30に第1回懇談会を7.5に第2回を開き、女性の意見を聴取	24. 国民精神総動員中央連盟・同委員会解散し、国民精神総動員中央本部設置→同本部参与に水野・武藤・三条西の3婦人団体会長を任命
5. 12	母の日運動〈9:00～17:00　街頭活動〉3,000余人参加 世界共通の5月第2日曜を母の日に、と提唱し、花の日会と共催で行う。紅白カーネーションの造花を1個10銭で頒布　純益5,001円99銭は8つの母子寮に寄附した	1. 国民優生法公布。厚生省、優生結婚相談所を三越本店に開設
16	東京連合婦人会、価格形成中央委員会婦人委員に注文をつける会	16. 戦時食料報国運動実施
7. 17	委員会〈14:00～　女子会館〉 吉岡が国民精神総動員中央本部理事会理事となり、同会の贅沢品全廃委員会の女性委員のうちの3人、大妻、河口、高良が出席。4人を中心に44人が懇談	
8.		1. 東京の食堂料理店で米食の使用禁止 ・東京市内に「ぜいたくは敵だ」の立看板
9. 9	文部省、第1回家庭教育研究会開催、井上らも出席。隣組組織を家庭教育のなかに取り入れることによって、「インテリ階級の母の覚醒を喚起する」こととなる	12. 婦人参政同盟解散 21. 婦選獲得同盟総会：同盟の解消、婦人時局研究会に合流を決定 27. 日独伊三国同盟
10. 8	委員会〈13:00～　女子会館〉加盟団体の活動報告	12. 大政翼賛会発会式
12.	この年は、『連合婦人』の誌面に「代用食」「空地利用」など手末会が馬鈴薯やインゲン、小麦などの植え付けを奨励	
7	高良とみ、大政翼賛会臨時中央協力会議の議員に女性代表として任命される	
17	高良、同会議で婦人局設置を提案→却下	

1941（昭和16）年

月日	東京連合婦人会の活動	一般の情勢
1. 28	委員会〈13:00〜　女子会館〉 山野千枝子の帰朝報告と加盟団体の報告	22. 人口政策確立要綱、閣議決定
2. 20	食糧増産全国婦人団体協議会結成：農林省、大政翼賛会などの主導で、吉岡の提唱で結成。空地利用や家庭菜園の奨励など	
3.		1. 国民学校令公布（4.1実施）
5. 6	委員会〈14:00〜　女子会館〉 加盟団体の活動報告。向日葵栽培の奨励、蚕卵紙配布	
23	大政翼賛会改組で設置の調査委員会委員に、竹内、市川、羽仁説子、奥、小林珠子らを任命	
6. 3	委員会〈14:00〜　女子会館〉 加盟団体の活動報告。新加盟団体：戦時生活研究会	10. 婦人団体統合、閣議諒解事項決定
16-20	大政翼賛会第1回中央協力会議に、木内、高良、桐淵とよ（友の会中央部委員）が女性議員として参加	
7. 8	委員会〈13:00〜　女子会館〉加盟団体の活動報告	21. 文部省『臣民の道』
8. 5	第1回時局懇談会 講師：情報局第三部 朝海第二課長「世界情勢について」	15. 新婦人団体の名称「大日本婦人会」と決定
19	第2回時局懇談会 講師：情報局第五部 小松第四課長「国内の秩序維持について」	
10.28- 11.27	婦道錬成講座（9回開催） 東京連合婦人会主催、女子校長会後援	
12. 8	大政翼賛会第2回中央協力会議に高良、木内、桐淵が女性議員として出席	8. 米・英に宣戦布告、太平洋戦争勃発

1942（昭和17）年

1.	『連合婦人』1月号：「光輝ある新年を迎へて」「臨戦下たのもしい野草料理について」	
2.	『連合婦人』2月号：「衣服の簡易化」「無敵皇軍に感謝」	2. 大日本婦人会発会式
25	創刊42年目で廃刊となった『婦女新聞』の福島夫妻に感謝する会を有志により、神田教育会館で開催	12. 愛婦、国婦、連婦の3婦人会解散
25-26	大政翼賛会第2次臨時中央協力会議に、高良、木内が女性議員として出席	
28	魚の配給問題懇談会〈日比谷松本楼〉	
3.	『連合婦人』3月号：「婦女新聞廃刊に当たり　福島氏への感謝」	

月日	東京連合婦人会の活動	一般の情勢
4.	『連合婦人』4月号:「軍神の母」「甘藷の栽培」	30. 翼賛選挙
5. 12 ●	委員会 加盟団体の活動報告。消費者の切実な叫びが報告される 大政翼賛会調査委員会、改組され調査会となり、竹内、小林珠子、松岡久子、高良ら、委員として委嘱される	1. 乳幼児体力手帖実施 7. 戦時家庭教育指導要綱制定(「母の戦陣訓」) 15. 大日本婦人会、翼賛会傘下に入る
6.	『連合婦人』6月号:「乳幼児体力手帖と妊産婦登録制」	5-7. ミッドウェー海戦(日本の戦局の転機)
7.	『連合婦人』7月号(第145号):復刻版に欠号	13. 厚生省、妊産婦手帖規程公布実施
8. 20	『連合婦人』8月号(第146号):復刻版に欠号 会主催の鶏卵配給問題懇談会がもととなって、鶏卵荷造改善研究会が中央で開催	7. 米軍、ガダルカナル島上陸
9. 26-29	『連合婦人』9月号(第147号)発行(148号以降不明):「大東亜戦争下に於ける軍人援護」 大政翼賛会第3回中央協力会議、羽仁説子、村岡花子、山高茂(金子しげり)ら女性議員9人に増加	
12. 8	東京連合婦人会を解散し、吉岡弥生を会長に大東亜生活協会と改組改名 42年2月に大日本婦人会が誕生すると、「連合の名称も穏当を欠く」という見解から、改組改名を断行し、従来の団体組織(62団体)を個人組織とし、戦時下の生活指導に取り組む女子会館の付設施設として設立。会員制であり、約250人の会員であった。協会の規程第3条で、その目的を「大東亜ノ新事態ニ即応スル家庭生活ノ樹立ニ関シ調査研究ヲ行ヒ其実践ヲ図リ国策ニ即応スル」こととしている	4. 大日本婦人会、勤労報国隊の結成を全国支部に指令 23. 大日本言論報国会設立総会:会長徳富蘇峰、理事のひとりに市川房枝 31. 大本営、ガダルカナル島撤退を決定

作成:篠宮芙美、永原紀子

東京連合婦人会の初期の活動

1 始まりはミルク配りから

矢次　素子

はじめに

　1923（T.12）年9月1日の関東大震災後、多くの人びとが救援に関わるなか、東京で活動する女性団体が手をつないだ。そのきっかけはミルク配りだった。

　ミルクといえば、2011（H.23）年の東日本大震災のとき、津波で孤立した石巻市寄磯地区の人びとは避難した学校の校庭に「ミルクSOS 204人」「オムツ」と書いて空からの救助を求めたという。16年の熊本地震では、仙台市は要請された粉ミルクに加えて、東日本大震災の経験から乳幼児の紙オムツと女性の生理用品などを第1陣の救援物資として熊本へ送ったという。災害時にミルクは、おにぎりや飲料水が配られるのと同じに、乳幼児にとってはなくてはならない大切なものである。大人の食糧は救援物資として真っ先に届けられても、ミルクは必要とする乳幼児がどこにいるのかわかりにくいためか、つい後まわしになる。女性や子どもへの視点は欠かすことのできないものである。

　関東大震災時、そのまま飲める生乳は、臨時震災救護事務局を中心に農商務省と警視庁と東京市社会局が協力して、9月9日から25日まで配られた。場所は避難民の集まるバラックや公園などで、毎日午前と午後の2回であった。だんだん生活が落ち着いてきたこともあり、臨時震災救護事務局は打ち切りを決めたので、そのあとを東京市が受け継いだ。配給場所は30カ所ほどで1日におよそ1,800リットル前後の牛乳が届けられ、8,000人くらいが利用した。

　これから述べるミルクとは、傷みやすい生乳ではなく、缶入りで保存がきき、持ち運びに便利な練乳である。練乳は、生乳から水分のみを除いて濃縮したもので、栄養的には生乳とかわらず、白湯でうすめて飲むことができる。牛乳の不足分を補うために北海道など全国から、また、外国からも提供してもらい、乳幼児などに栄養分として配られた。

（1）ミルクがほしい！

　ミルク配りのきっかけを作ったのは、日本基督教婦人矯風会（以下、矯風会）の久布白落実であった。久布白は地震直後の5日から内務省、東京府、東京市、矯風会本部のあった赤坂区役所に行き、何かできることがあれば喜んですると伝え、さらに、神田美土代町の東京基督教青年会の焼け跡にも毎日のように足を運び、救援のために動いていた。

　そのようなときに、東京市社会局の平林広人から「百人の人手を借してもらえないか？」といわれた。というのは、25日まで生乳と一緒に配られていたミルクだったが、26日より、警視庁と東京府と市の栄養研究所に担当が変わったからだった。5歳以下の幼い子どもが飢え苦しんでいて、手が届いていない。巡査がミルクを家まで届けようとするけれど、怖がられたりするから、「男子よりも婦人の手」のほうがいいだろうと、配ってくれる女性を探していたのだった。秋に向かって冷たさが増す頃、女性が心をひとつにして何かできないだろうかと考えていた久布白は、すぐに実行に移す。矯風会仮本部になっていた大久保の東京婦人ホームへもどり、女性団体や女学校の校長宛てに協力を依頼する手紙を40通ほど書いた。その手紙（240ページ参照）は9月26日付けで「婦人連合の団体」を作り、「この団体を通して日々百人位の人々」に救護の手になってもらいたい、という市からの要請を伝えるものであった。そして、9月28日（金）午前11時から午後2時まで下相談をしたいので、弁当持参で、とわざわざ断り書きを添えた手紙だった。交通事情の悪いなか、歩いて届けたり、どうしても行かれないところへは郵便で送ったりした。

　雨の降る日であった。ミルク配りの相談のため、各団体の代表者、東京市社会局や内務省社会局の女性職員、新聞記者など女性ばかりか男性もいて12団体34人が集まった。

　桜楓会から上代タノ、自由学園から羽仁もと子、鷗友会から石川静、愛国婦人会と実践女学校から下田校長代理、実践女学校職員、林玉子、基督教女子青年会（以下、YWCA）から河井道、渡辺百合、エディー、ジェーン・スコット、

バプテスト教会から井出伊之助、阿部喜志、本郷教会から鹿子木つや子、和田信次、クリスチャン教会から田中鍼、霊南坂教会から小崎道雄、聖公会補助会から落合てる、香蘭女学校の長谷川喜多、時事新報の大沢豊子、朝日新聞の坪内福朗、東京市社会局の河本亀子、内務省社会局の林ふく、矯風会の千本木道子、宮川静枝、守屋東、久布白落実、川崎正子、熊野節、所属はわからないが、城座美代、大村ちかじ、川嶋とし、佐々木、ブレストン、日達が出席した。

また、震災の被害を大きく受けた学校では、授業再開の目途をつけるために多忙の人もいたであろう。安井てつ（東京女子大学）、吉岡弥生（東京女医学校）などは、第 2 回の会合である 10 月 6 日の報告会から参加している。ただし、東京女子大学はミルク配りから参加している。

会合で話された内容は以下のようであった。
① 5 歳以下の乳幼児にミルクを行き届かせるにはどうすればよいか。
② 不足している衣服を配給するにはどのような方法があるか。
③ 東京市の復興に際して、女性が何ができるか、何をしなければならないか。

その結果、ミルク配りは 2 日後から始めることに決め、乳幼児とともに母親への支援を主な目的とした。そして、ミルク配り以外でも、東京の女性団体がひとつにまとまって行動することを確認した。組織として役員はとくに決めずに、その場にいる者が率先して仕事にあたり、羽仁もと子は「理屈なしに実行から始めませう」ときっぱりいい、この集まりが「東京連合婦人会」の活動へと続く幕開けとなった。

（2）初めてのミルク配り

1923（T.12）年 9 月 30 日午前 10 時から 1 週間の予定で、守屋東をまとめ役としてミルク配りが始まった。東京市社会局に 16 団体の 134 人が集まり、配る方法や注意点を確認してそれぞれの地域に分かれた。担当地域はその団体の所在地を中心としたところであったが、YWCA や東京女子大学は離れた地域になっている。自由学園の生徒の場合は体操服に「東京連合婦人会」と書かれた腕章をつけていた。震災後、ひと月ほどで元の生活に少しずつもどる地域や人びとがいる反面、大きな被害を受けた地域や余力のない人びとは配給に頼る生

活で、とりわけ子どもや乳幼児の栄養問題は大であった。今回の地域のなかには当時の「細民地区」と重なるところもいくつかある。

〈確認事項〉

① 警察の調査をもとに戸別に訪ね、5歳以下の弱っている子、震災の影響で母乳が止まり乳を飲めない子、老人や病人で流動食を必要とする人を対象に、3日ごとに1缶の練乳を配る。
② 妊産婦、負傷者、病人、老人、迷子については注意して健康状態を見守り、不法な目的のために他人の子どもを養っている者がいる場合は警察と協力して対応する。
③「調査カード」A（115ページ参照）にそって、衣服や食糧の不足を聞き取り、台所その他不潔になりやすい場所の衛生上の注意点などを伝え、それらの結果をカードに記載する。活動報告は毎日社会局にして、市役所と警察とともに救援を徹底する。

団体・責任者・担当地域

団体	責任者	担当地域
桜楓会	井上秀	上野署を中心とする下谷一帯
自由学園	羽仁もと子	本富士署を中心とする本郷一帯
鷗友会	石川静	七軒町署を中心とする一帯
愛国婦人会、実践女学校	林玉子	青山署を中心とする一帯
東京女子大学	鈴木千代子	神楽坂署を中心とする牛込方面
YWCA	酒井愛子	築地署を中心とする京橋方面 愛宕署を中心とする芝方面
バプテスト教会婦人会	武藤ます子	久松署を中心に日本橋一帯
本郷教会婦人会	鹿子木つや子	富坂署を中心とする小石川方面
クリスチャン教会婦人会	田中鉞	鳥居坂署を中心とする麻布方面
霊南坂教会婦人会	浅野はる子	表町署を中心とする一帯（赤坂区）
婦人平和協会	塚本ハマ	麹町署を中心に麹町一帯
二葉保育園	徳永恕	四谷署を中心に四谷方面
関東罹災者救護婦人会	山根菊子	同上

＊ 婦人協会の上村露子は任意応援。
＊ 日本基督教婦人矯風会は担当地域の記載がない。
＊ YWCAの『日本YWCA100年史』では9月29日から10月5日となっている。

（3）ミルク配りの報告会

　第2回会合は10月6日に開かれ、48人が参加して1週間の活動を報告した。ミルクを受け取った人は、女性に配ってもらったほうが親切な接し方なので男性よりいいと思っている様子だったとか、配る側は戸別に訪ねて、調査カードにそって人びとの様子を見たり聞いたりできたので、生活状態や衛生状態が細かくわかったなどだった。
　その結果、ミルク配りをさらに1週間続けることになった。
　そして、今後は被災した人びとが必要としている物を知るための調査カードを作り、独自に行うことにした（調査カードB　116ページ参照）。また、東京市からは失業した女性や内職を探している女性が収入を得られるように手伝ってほしいという依頼があり、ガントレット恒子と久布白落実を中心に動くことになった。また、メリー・R・ビーアドが夫とともに6日に横浜港に到着したので、復興のために女性は何をするべきかについて意見を聞くことも決まった。
　さて、実際のミルク配りはどのように行われたのであろうか。YWCAの場合は、月島方面へ20人ほど、芝方面へは10人ほどで訪ねて歩いた。月島では渡しを通ってから10組くらいに分かれ、月島警察の2人の巡査の案内で月島じゅうを戸別訪問。乳児、病人、高齢者を探して、調査カードに記入しながらミルクを渡していく。母乳が出なくて昨日死んでしまったという話や、5歳以下と決められているが6歳の子どもにそっと渡したり、80歳のお婆さんの土管住まいや、石川島工場の3,000人の避難民のことなど、涙なしには訪ねられなかったと機関誌『女子青年界』（「震火災救護事業（イ）練乳配給」『女子青年界』第20巻10月号1923年）に描かれている。
　自由学園は本郷区の担当で、本富士署にミルクが届けられ、そこを中心に4班に分かれて配っていく。1軒ずつ訪ねて赤ちゃんを見つけると調査カードに記入し、ミルクを渡す。本郷40町について配る家のカードができあがれば、毎日全体の3分の1をまわればよい。12時頃にはその日の分を配り終え、署に帰って食事をすませ、班長にカードを渡して報告すれば、1時半くらいには帰ることができる。初めの週は班長の書いた報告書を毎日総班長が市社会局まで

持って行った。2週間で渡したミルクは1,955缶、人数は700人くらい、配った先生と生徒は延べ300人ほどであった（内藤貞子「ミルク配給の記」『婦人之友』第17巻11号1923年11月号）。

　女性たちの2週間にわたるミルク配りは終わった。5,000缶を超えるミルクを、乳幼児の所へ届けることができた。そして、次に失業している女性たちが内職をできるように婦人職業団体連合会を発足させて、活動を始めるなど、女性たちは力強く立ち上がった。

　東京市での牛乳やミルクの配給は、9月9日から行われ、必要に応じて縮小されながらも翌年の3月31日まで継続されている。12月1日までに配給された量は704石3斗2升（約126.8キロリットル）にのぼり、受け取ったのは延べ787,367人におよんだ。本所区松倉町に作られた本所基督教産業青年会では賀川豊彦が中心となって救援に尽くし、職業紹介事業も営まれたが、ここでも牛乳は配られた。11月に入ってからは、東京市社会局の「生乳ノ配給状況調査」と「配乳スベキ乳児幼児ノ調査」が行われ、栄養が足りているかどうかなどが調べられた（113ページ参照）。

　また、上野竹ノ台、日比谷公園、九段坂上、芝公園、青山に、アメリカのクリスチャン・サイエンスから寄附された組み立て式のバラックが建てられ、12月8日には開所式が行われ、ミルクステーションと児童相談所として使用された。

おわりに

　飢えで苦しむ子どもたちと母親を助けるために活動した女性たちは、個々の団体では実現できなかったことも手をつなげば可能になることを証明し、実感した。そして、復興していく東京に、女性の考えや意見を反映させるために、まとまって仕事をしようという機運は盛り上がり、次のステップへ進む。

　ひとつは、ミルク配りをしているときに、支援する内容や物資についての調査カードで確実な情報が得られたので、独自に調査項目を考えたカードを作成して、調査を実行することであった。もうひとつは、職を探している女性たちがいるので、内職や副業を提供できる団体をまとめることだった。

このミルク配りを行ったのは女学校関係とキリスト教関係の団体が多く、このあと、内職を取り扱う団体や個人が集まって、長年望まれながらも作れなかった東京で初めの女性団体の連合体になる。
参：『婦人之友』1923 年 11 月
　　『東京市社会局調査報告書 9　大正 13 年 (1)』日本近代都市社会調査資料集成 1
　　1995 年

　補足：2016（H.28）年 10 月に「乳児用液体ミルク」の解禁が検討され始めた。液体ミルクとは常温保存ができ、粉ミルクのような調乳の必要がなく、震災用の備蓄や外出時に便利で、親の体調不良時には大変重宝する。10 月 7 日の男女共同参画会議では男性の育児参加促進を後押しできるという意見が出た。熊本地震時にはフィンランドから緊急支援物資として乳児のいる被災者に無償で提供されるなどしている。
　しかし、日本国内では法令が未整備のために流通していない。衛生面や安全性、口にするものなので品質の高さなどがクリアされなければならない。販売を望む声が広がっているので、調査して検討していくようだ。
　震災時に、溶かすお湯がなくても利用できる液体ミルクは、備蓄品として便利なので、衛生面での安全性をきわめたうえで流通するようになるのは望ましい。

2 布団、衣類づくりと配給活動

織田　宏子

　東京連合婦人会結成のきっかけとなったミルク配りに続く大きな救済活動は、布団と衣類づくりとその配給であった。バラックで生活する罹災者には、寒さに向かって布団はもっとも必要な物資であり、また一方、失業した女性たちの経済的な救済も重要な役割である。これらは1923（T.12）年9月28日に発足した、東京連合婦人会の大きな救済活動の一つであった。

（1）「二重救済」を目的として

　1923（T.12）10月6日の第2回会合で、東京市から罹災した女性に職業の世話をするよう依頼された久布白落実は、ガントレット恒子に相談した。市内十数カ所の裁縫編物の職業や町工場を持つ女性たちを集め、11日、東京婦人ホームで失業女性と家計の困難から内職を求める女性の救済問題について協議した。守屋東、田村松枝（家庭製作品奨励会）、亀井孝子（家庭職業研究会）、早坂閑子（編物研究会）、ガントレット恒子（服装研究会）、福岡安子（新装普及会）、川崎正子（家庭料理研究会）、伊藤きむ子（矯風会）、大江スミ（家政研究会）、奥むめお（婦人職業社）などが出席し、東京市中央職業紹介所の主任上木善雄も参加した。守屋を座長として協議の結果、「婦人職業団体連合会」を組織し、東京連合婦人会に加盟し職業部として活動することになった。

　内務省の臨時震災救護事務局、大震災善後会、華族同情会に対し「失業婦人に正業を与へ職業を補導する資金五十万円の調達」を依頼し、守屋、福岡、亀井、田村の4人が担当した。

　市社会局が失業女性の仕事として、罹災者に支給する14万枚の布団の縫製を、同会が引き受ける交渉を大江が担当した。10月13日の第3回の会合で、4つの部（職業部、社会事業部、研究部、教育部）に分かれて活動することを申し合わせ、職業部は失業女性救済策を婦人職業団体連合会と協力して活動する

ことになった。

　東京連合婦人会はあくまで「二重救済」を目的とし、無償で縫う女学生とは別に工賃は政府が負担し、失業女性に職を与え自活の道が開けるよう市と内務省に働きかけた。そして10月27日、政府から50万円の資金を得ることができた。市社会局からは布団縫製の仕事を、また華族同情会からも約4万枚のネル襦袢製作を引き受け、婦人職業団体に配布し内職の材料にした。1日70銭から1円内外の工賃になり非常に喜ばれた。東京市の布団14万枚の縫製を罹災した女性の手で仕立てることに奔走し、その大部分を引き受けることになった。

　服装研究会のガントレット恒子はほかの団体と協力して、失業者が自活の道が開けるように努力した。『東京震災録 別輯』(1927.3.31)によると、華族同情会からのネル襦袢38,546枚を製作し、東京市からの依頼でネル幼児服4,682着を製作した。また赤十字社のネル幼児服2,000着、夜間学校のためのネル衣服600着も製作して、それぞれ工賃を支払ったと報告している。また自活のために役立つ基礎知識や技術を教える伝習所を新設するとしている。

(2) 布団！ 布団！ の叫び

　1923 (T.12) 10月13日付けの『東京日日新聞』には「ふとん配給はまだ実行されむので……待ちわびてゐる。……市当局は既に一万五千枚分の新調の布団材料を、丸の内海上ビルデングの倉庫にとゝのへ、目下基督教青年会が中心となって市内各女学校に裁縫方を交渉の結果、女学生は大努力で仕立て上げてゐるから、新調の布団が寝具のない……罹災民に、今月中には配給される予定である」とある。「毛布布団類の寝具は十五万世帯分を調達する予定だが全部整へるまでには十一月末になるだらう」というが、罹災者カードの調査によると、寒さに向かって布団を希望する罹災者がもっとも多かった。東京連合婦人会として全国に布団の提供を求めることにした。

　10月15日、全関西婦人連合会代表者会で東京の実情を視察してきた賀川豊彦が、罹災者に「三十万組の夜具」の必要性を訴える。11月9から15日にかけて全関西婦人連合会が「布団デー」として布団を収集した。同会から順次送られた布団はカードに基づき配布された。

12月21日から23日、社会部主催で「隣人の愛」布団デーを開催した。布団はまだ不足なので宇佐美知事、永田市長夫人などの賛成を得て、焼け残った山の手の家庭に布団の寄贈を求める大運動を起こすことにした。集まった布団約1,031枚、布団代寄附は1,996円75銭であった。自由学園、基督教女子青年会、霊南坂教会婦人会、同胞母ノ会などの東京連合婦人会社会部加盟の婦人団体の会員が、荷車を引いて戸別訪問して収集した。牛込地区を担当した基督教女子青年会は14、15人の青山学院の学生と一緒に荷車を引いた。これらの布団は罹災者カードにより、大晦日までにほとんど全部を配給した。

　罹災者調査の結果もっとも希望が多いのは布団だったと先にも述べたが、焼け跡に立つバラックはすきま風が吹き、11月、12月と次第に寒くなる季節に十分な布団のない罹災者にとって、東京連合婦人会が不公平にならないように、調査カードによる布団や衣類の配給をしたことは心強い支援だったと思われる。

(3) 団体の布団、衣類づくりと配給活動

　震災直後から各団体や女学校の同窓会、授産場ではそれぞれに布団、衣類の製作や、食料品、台所用品など、いろいろな物品の配給活動などを行っていた。

　ここでは東京連合婦人会の所属団体が行った布団、衣類づくりとその配給活動について述べる。

　〔矯風会本部〕

　地方の支部と外国に向かって衣服類の寄附を依頼し、寄贈された衣類数万点を、1923（T.12）年10月から24年3月まで数回にわたって、罹災者約1万5,000人に配給した。また東京連合婦人会と協力して23年11月23日から24年1月31日まで、布団1万1,060枚と毛布677枚を東京、横浜、千葉の罹災者約8,000戸に配給した。失業女性の救済のためには、23年10月29日から11月末まで2万枚の衣服を裁縫し、24年1月には5,000着の幼児服を製作した。この仕事に従事した人は延べ5,000人におよんだ。

　〔桜楓会〕

　被服救護部をつくって活動した。9月19日より東京市社会局と協力し、学校に持ち込まれた衣類を引き受けて日光消毒し、市内に廉売所を何ヵ所もつくっ

て販売した。東京連合婦人会からの新品の布団100組（若干古い物もある）と着物類100点を、東京婦人ホームより受け取り第2桃園小学校で配給した。全国各支部より寄贈された衣類3万点を、23年10月から翌年3月末日まで罹災者に配った。また11月23日から翌年1月31日まで、東京連合婦人会の会員とともに、布団と毛布を配給した。

手芸部は10月9日から上野公園寛永寺の一部を借りて、ミシン、編物、鼻緒の内職を用意し、また東京市の配給品の布団の仕立てなどに従事した。12月末から内務省震災局のバラックに引っ越してからも、ミシン、編物、フランス刺繍などを教えた。ここで得た技術を活かして、自活の道が開けるように努めた。

〔自由学園〕

衣類、布団類の縫製とその配給。生徒の家から布類を集めて仕立て、避難の罹災者に廉売、その売上金は綿および綿入れ代として衣類約250枚、布団約75枚を製作した。11月23日から25日まで、全関西婦人連合会より東京連合婦人会に贈られた布団を、受け持ち区内の本郷区内に405枚配布した。世帯数は301世帯である。「隣人の愛」布団デーの仕事として12月21日から23日まで高田町（学園所在地）を受け持ち、布団247枚を227世帯に無償で配布した。集まった寄附金1,022円5銭で244枚の布団をつくり、30銭から1円50銭ぐらいで123家族に分けた。その売上金254円80銭は子どもの慰安会の費用にあてた。

〔桜蔭会〕

東京連合婦人会が関西各地より寄贈された布団500枚のうち300枚を、12月2日、担当の小石川区に配布し、12月12日200枚を文華高等女学校に送付した。調査カードにより困窮者、高齢者、幼児、病人に引換券を用いて漏れることのないよう準備し、配給した。

小石川区役所に山積している物資の配給を交渉し、これを調査カードによって12月25、26日に分配した。救護品の内訳は布団300枚、毛布200枚、衣類2,800枚、缶詰4,000個、鍋1,000個であった。

〔霊南坂教会婦人会〕

11月26日から布団配給のため赤坂区表町署管内を全部調査し、12月5日と16日の2回布団150枚、毛布20枚、古着多数を配給した。「隣人の愛」布団デーにも参加した。麻布区内23カ町を戸別訪問し布団の寄附を募り、布団160

枚、毛布・古着ほか150点、寄附金980円余りを集めた。300円で蚊帳(かや)を買って24年5月15日全部の配給を終った。

〔ガントレット服装研究会〕

東京連合婦人会でつくった製作下着数百枚と、東京府からの衣類などの配給品を避難している約200家族に配給した。ネル襦袢やネル幼児服を他団体と協力して製作し、工賃を支払った。

〔日本基督教女子青年会〕

各地より寄贈の布団1,100枚（関西、東北、花の日会よりの寄附と牛込区内で募集したもの）、毛布950枚（カナダおよびオーストラリア）、ネル襦袢500枚を配給した。

　東京連合婦人会の「二重救済」という考え方は、現在の災害時の救援にも大事な視点である。「ありがとう、すみませんと言って、何でももらって生きることはつらくなる」という声は、東日本大震災後に聞かれた言葉である。

　当会が布団や衣類の仕立てなどを斡旋し、また技術を身につけ自活の道がひらけるように努力していたことは、評価されることである。

　内務省社会局発行の『大正震災志』（1926.6）には、10月29日までに通知を受けた、衣類、毛布について敏速な配給をするため、特に衣服係を置き、芝浦と各駅に係員を出して、救援物資が到着のたびに即日配給することにした、とあるが、倉庫などに山積みされた物資も多く、国や東京府の対応は迅速さを欠き、罹災者の要望に十分に応えられていなかった。

　『東京日日新聞』（1924.11.29）に「震災当時の寄贈品が三つの倉庫に一ぱい」との見出しで「……寄贈品が災後一年三ヶ月を経た今日なほ罹災者に配給しきれずに市当局の怠慢からいまなほ芝浦にあるバラック建て倉庫三棟に山積されたまゝになつてゐる」とある。在庫調査結果と腐ったり鼠や猫が喰い漁った食糧について掲載している。

　国や東京府が発行した震災関連の報告書からは、献身的に救援活動を開始した女学生たちや、数多くの女性団体の活躍する様子を見出すことはできない。

　参：東京市編『東京震災録 別輯』東京市．1927年3月発行

3 罹災者カード調査

永原　紀子

はじめに

　東京連合婦人会結成のきっかけとなった乳幼児へのミルク配りは、ただミルクを配っただけではない。このことは「Ⅲ-1　始まりはミルク配りから」にあるように、被災者への細やかな救援のために、現状把握をする調査カードを携えてのミルク配りであった。
　この女性による女性への戸別訪問で実情を見聞きした東京連合婦人会では、より詳細な調査の必要を痛感し、新たな調査カードを作成して再度の調査活動を行った。目前の物資配給活動で多忙をきわめたなかでの、先の活動を見据えた罹災者カード調査について考えてみたい。
　災害史研究を牽引し、『関東大震災の社会史』（2011.8）を著した北原糸子は、ボランティア元年といわれた1995（H.7）年の阪神・淡路大震災以後、2004年の新潟県中越地震で災害ボランティアセンターを立ち上げ、2011年の東日本大震災でもボランティア活動の運営に携わっている2人に、災害支援はどう根づき、発展しているのかと聞いた。すると、2人は開口一番「被災者の話を聞くことです」といい、「基本はただそれだけですよ」といった。北原には、このことが意外だったという。だが、こうすることで、災害支援から復興支援となり、「住民自らが作りあげることを手伝う」ことになった、と[1]。
　また、池田恵子は、2004年のインド洋大津波で甚大な被害を受けたインドネシアでは、津波後に整備された緊急救援体制にジェンダーの視点を取り入れたという。男女のボランティアの活動に違いはないが、現場では役割が違う。女性に情報を聞いたり説明したりするのは女性のボランティアであること。社会省の担当者は「救援物資と言えば食料と毛布だと思っていたが、女性にとって必要な物資があるということ、ジェンダーとはどういうことか、大津波を通し

て学んだ」と話し、ボランティア向けの研修では、被害情報も男女別に収集し、妊婦の要望はとくに注意して聞くよう伝える、という[(2)]。

　これら北原、池田2氏の研究でも、まずは被災者の話を聞くことであり、女性の被災者には女性が聞くことの重要性が指摘されている。2016年4月の熊本地震の被災も耳目に新しいが、今の日本ではいつどこで発生するかわからない大災害である。女性のニーズに対応し、女性をエンパワーできる救援活動を考えるときに、今から93年前の関東大震災での、女性たちによる「罹災者カード調査」の活動を検討する意義は大きいものである。

（1）「社会」へのまなざしと社会調査

① 社会課、社会局の誕生

　まず、内務省の動きからみることにする。内務省地方局救護課は、賑恤救済事務を専門的に扱う独立の課として1917（T.6）年8月に新設された。ここの初代課長が田子一民であった。

　この救護課が、19年12月に社会課と改称された。「社会」という文字が、初めて中央政府の課に用いられた。20年8月には社会課を昇格させて、内務省社会局を新設した。これによって、従来の「慈恵」に代わって「社会事業」という用語が国の法令上に明記され、国が初めて社会事業を行うことを明示した。

　新設された社会局で、第一課長と第二課長を兼務の田子は、9月には、海外で社会事業の訓練を受けた女性の林ふく、甘粕（呉）鍋子らを嘱託として採用した。22年1月に田子は社会局長に就任し、11月には、社会局を内務大臣直轄の内務省外局の社会局に昇格させ拡充強化した。

　これからの社会事業を担う女性の人材育成ということで、21年9月に日本女子大学校に4年制の社会事業学部（児童保全科、女工保全科）が開設された。

　学部開設にあたり、内務省より2,000円の奨励金が交付された。50人の募集に、全国から参集した64人が入学したことからも、関心の高さがわかる。カリキュラムは充実し、「社会事情調査法」と「個人調査実習」等の科目があった。

　社会課、社会局誕生の重大な動機といわれる18年7月の米騒動。これを契機に労働運動は急激に発展し、19年の労働争議件数は過去最高であった。この状

況から、国が責任をもって、社会調査を基礎とした政策をたてて社会事業を行い、社会連帯の実現に乗り出すときがきた、との判断で、社会局が設置された。

次に、地方での状況はどうなっているのか、みてみよう。18年7月の米騒動をきっかけとして、10月に大阪市では方面委員制度を創設した。すでに、17年に岡山県知事の笠井信一によって創設されていた済世顧問制度とともに、現在の民生委員制度の始まりとされている。これが全国各地に広がり、東京市は20年10月に方面委員規定を制定し、まず12月に下谷区に設置した。

東京府では、内務省に先駆けて19年11月に社会課を設置した。東京市は19年12月に社会局を設置し、総務、公営、救護の3課を設け、20年10月には労務課を増設した。市は社会局に林かつ子、河本亀子らの女性を採用し、女性に関する種々の調査活動を行っている。

② 第1回国勢調査の実施

1920（T.9）年10月1日に第1回国勢調査が実施された。国勢調査は5年に1度の実施で、「戸単位」ではなく「世帯単位」でなされ、社会や人びとの関係を世帯で把握することを目的とする。「家」制度では戸主中心であったが、2男、3男が都市に出て所帯をもつようになるなかで、世帯単位で調査することが必要になった。

このように、世帯単位で行われた国勢調査の経験を経ることにより、調査される国民の側にも、「調査」ということに、一定程度の周知理解がされたと考えられる。これにより、大震災後の東京連合婦人会の世帯単位の罹災者カードによる聞き取り調査への協力もスムーズであったものと思われる。

③ 当時の代表的な社会調査

第一次世界大戦後の不況と米騒動のなかで、社会政策、社会研究、社会調査の領域で、多くの官と民の調査が行われた。当時の調査として特筆されるのは、「月島調査」と大原社会問題研究所（現 法政大学大原社会問題研究所）の一連の調査である。

「月島調査」正式には「東京市京橋区月島に於ける実地調査」というもので、官から依頼の調査ではあるが、学者や医師、社会運動家ら民間の主導によるも

のとして、社会統計学者で東京帝大教授の高野岩三郎を中心に、1918（T.7）年11 月から 20 年 5 月にかけて実施された。調査員が住み込んでの調査は、実証的な都市社会調査の先駆といわれる[3]。

　また、大原社会問題研究所（以下、大原社研）は、岡山の実業家、大原孫三郎により 19 年 2 月に大阪で設立された民間の調査研究機関である。

　大原社研は、大原の社会的弱者の救済だけでは不十分で、その根源を調査し、解決策を研究せねばならないという考えから始まり、社会事業の研究、社会問題の科学的研究へと発展し、労働者の立場からの調査と報告を継続した。20 年から『日本労働年鑑』、『日本社会事業年鑑』、『日本社会衛生年鑑』が刊行され、23 年 8 月には機関雑誌『大原社会問題研究所雑誌』が創刊された[4]。

（2）震災時の各種調査

① 震災直後の「尋ね人」、安否確認の調査

「避難者カード」による調査

　震災直後から、東京帝大構内約 2,000 人の避難民の救護活動を自発的に行っていた 40 人以上の学生たちを法学部の末弘厳太郎教授が「学生救護団」と命名した。学生たちは救護活動と併行して、1923（T.12）年 9 月 6 日から大学構内の避難者名簿を作り、さらに本郷区内一円、上野、谷中、田端、飛鳥山方面にいたる避難所の調査を始めていた。このとき、東京市政調査会臨時救護部が同様の調査を 8 日から始めることを知った末弘と学生たちは、同会と交渉して分担調査を行った。その結果、全市にわたる避難者名簿が短期間で作成された。

　この名簿は 9 月 12 日まで、カードに記入しながら作成されたもので、約 10 万人の所在が記された約 2 万枚の「避難者カード」がもとになっている。このカードは、あくまで避難者の動向を確認する「尋ね人」のためのもので、調査項目は、避難者氏名、年齢、元の居住地、現在の避難場所の 4 項目であった。この 2 万枚のうちの 5,000 枚が、墨田区横網町公園内の復興記念館資料室に保存されており、女性の歴史研究会では 2012（H.24）年 10 月に閲覧、調査した。

　避難者名簿は、15、16 日の『東京日日新聞』に東京市政調査会の名で、「避難者氏名表」として掲載された。それと同時に、帝大内に「尋ね人係」を置い

て、毎日多くの人びとの問い合わせに応じた[5]。

「東京罹災者情報局」の調査

　上述の帝大学生救護団が、避難者名簿作成に次いで行ったのは、安否確認のための「東京罹災者情報局」の仕事である。これは、末弘教授の経験からの提案で、親戚知人の安否を気遣っての上京は罹災者救護活動の妨げとなるので、上京は見合わせて、情報局に問い合わせて安否確認をするというものである。

　末弘は内務省の臨時震災救護事務局に赴き、この事業実現を交渉し、9月11日に東京罹災者情報局が設立され、学生たちに一任された。同時に、臨時震災救護事務局から全国に向けて、情報局の設立とその主旨が伝えられた。

　学生たちは全市に出動し、まずは火災による焼失区域の実地踏査を行い、正確な焼失区域図を作成した。次に、全市および近隣町村の傷病者収容所を訪ねて収容患者の氏名・住所をカードに記した。そして区役所、近隣町村役場、警察署等で、氏名の判明する死亡者名簿を作成した。また、郵便局の協力により罹災者の立ち退き先を調査した。9月19日に町名番地別の情報原簿30巻が完成した。応援の穂積重遠教授を中心として、一高、東洋大学等からの学生ら総勢百数十人で、情報の収集、整理の継続で原簿を充実させ、地方からの往復ハガキでの問い合わせに対応した。19日現在で、問い合わせの累計1万5,000を超えた[6]。

② 東京市社会局の各種調査

　市社会局では、震災後の施策に反映させるために各種の調査を行っている。このなかから、1923（T.12）年10月から11月までの東京連合婦人会に関係する5つの調査について紹介する。なお、これらについては、調査課が毎日（午前午後、2回発行の日もあり）発行した「非常災害救護情報」（以下、「情報」）を参考とした[7]。

「罹災者ノ生活状態調査」

　10月23、24日に各区で開始した、とある。調査事項は、①世帯1日の収入 ②資産の有無 ③世帯人員 ④災前の職業 ⑤現在の職業 ⑥罹病者の有無 ⑦寝具配給の有無 ⑧衣類配給の有無 ⑨その他参考になるべき事項の9項目である。このカード調査を東京連合婦人会が各区役所から委嘱を受け、各加盟団体が区

域を分担して調査を行った。これについては、次の「（3）東京連合婦人会の罹災者カード調査」で詳述する。

「生乳ノ配給状況調査」

11月3日から開始した調査で、震災後、市は栄養不足の乳児・幼児・妊産婦・傷病者に生乳の配給をしており、そこでの調査事項は、①栄養の程度 ②罹病者の有無 ③母乳の有無 ④一家1日収得額 ⑤性別及び年齢 ⑥配乳後の経過 ⑦その他参考となるべき事項等である（この調査カード「被配乳児調査票」については「Ⅵ 資料−（4）」を参照）。

その結果は11月6日付け「情報」に掲載されている。全市の乳児数は6万人で、栄養不足で救済の必要な乳児は1万2,000人に達する。現在供給可能な量を乳児1人1日の所要量3合で計算すると2,567人分、乳児の21.4％にしか供給できないことが判明。不足量について臨時震災救護事務局と善後策を検討中、とある。

「配乳スベキ乳児幼児ノ調査」

11月8日から30日まで、バラックおよび仮小屋等に居住し、生計困難の世帯について調査した。居住地は芝増上寺、日比谷公園、青山外苑、玉姫町、浅草町、上野公園、亀沢町、猿江裏町、錦糸堀、新宿御苑、芝離宮、蔵前、九段坂上、谷中、業平、江東橋、富川町、築地等。調査事項は、①乳児（満1歳6カ月未満）は、栄養状態、母乳の出否 ②幼児（満1歳6カ月以上学齢まで）は、疾病または栄養不良の状態にあるもの。調査結果は12月27日付け「情報」に掲載されている。2,886人中、栄養不良で「下」に属する乳児は681人で23.6％を占め、母乳の出ない母親は1,427人で約50％を占めた。

「罹災者並ニ震災地人口調査」

11月15日午前零時を期して全国一斉に実施されたものである。20年の第1回国勢調査によって得られた世帯人口等、諸々の政策の基礎となるべき資料が、大震災のために「大異変ヲ来シ」たため、政府が災害地復興計画等の基礎資料を得るために行った調査である。国勢調査に準ずるものであったようだ。

東京市では、事前に50万枚の趣意書を配り、世帯票39万9,000枚、個人票179万枚を各区に配付して準備した。11月17日付「情報」によると、15日の調査による約180万枚の調査票を整理集計し、結果を早急に出す準備中とある。

「授産事業統一ニ関スル調査」

11月20日付け「情報」に掲載されており、現在調査中で、19日までに調査した授産団体10カ所について、その授産内容を報告している。愛国婦人会本部（裁縫、ミシン）、同会支部（足袋）、家庭製作品奨励会（レース、裁縫）、全国消費同盟会（編物）、家庭職業研究会（編物）、桜楓会（編物、裁縫、ミシン）、光塵集社（カシミヤ袴）、一心会（編物）、希望社（刺繍、編物、裁縫）、親隣館（裁縫、編物）。内職者数は1,640人で、そのうち編物に従事するのは1,049人で64％を占める。1日の工賃は最高1円で、最低は30銭である。

③　福田教授率いる一ツ橋会の「婦人ノ希望スル職業調査」

経済学者の福田徳三は、雑誌『解放』創刊号（1919.6）の巻頭に「解放の社会政策」を寄せ、官とは異なる民の立場からの社会政策を論じた。福田もまた、末弘厳太郎と同じく社会活動に関与する「行動する学者」であった。

関東大震災当時は東京商科大学（現　一橋大学）教授で、「人間の復興」を第一に、と1923（T.12）年10月5日から103人の学生を引き連れ、1万324世帯（約3万6,000人）を対象に、失業率の調査を8日間かけて行い、その結果をもとに東京全体の失業率を推計し、国や東京市に対して復職支援の必要を訴えた。

また、11月2日から10日まで、一ツ橋会は、市直営のバラック（日比谷、明治神宮外苑、上野竹ノ台、馬場先、池ノ端、月島、九段上、芝公園、芝離宮等）に住む女性たちの希望する仕事について調査した。その結果、仕事を希望する者は1,930人で、そのうち、裁縫・ミシン・足袋等の内職希望者が577人でもっとも多く、次は紙袋・封筒の224人、編物・刺繍の123人等々で、事務員・店員の56人、看護婦・助産婦の27人など専門職の希望もあった[8]。

（3）東京連合婦人会の罹災者カード調査

ここに、「東京連合婦人会調査カード」と記された1枚のハガキ大のカードがある（「Ⅵ　資料-(4)」を参照）。これは、女性の歴史研究会が2011（H.23）年1月から4月に、婦選会館内の市川房枝記念会女性と政治センターの図書室で、婦人参政関係史資料を閲覧、調査するなかで出合ったものである。

このカードの存在を確認できたことから、東京連合婦人会が独自のカード調査を行ったことが確信できた。東京連合婦人会が罹災者調査で使用したカードは、3種類あると考えられる。これを便宜上、調査カードA、B、Cとする。
　まず、ミルク配りのときに使用したのが「調査カードA」、東京連合婦人会独自の調査のために作成したのがこの「東京連合婦人会調査カード」で、これを「調査カードB」とし、前述の市社会局より委嘱の「罹災者ノ生活状態調査」で使用したのが「調査カードC」である。以下、この分類により論を進めていく。

① ミルク配りのときの調査（調査カードA）

　1923（T.12）年9月30日からのミルク配りについては、「Ⅲ-1　始まりはミルク配りから」を参照いただきたいが、ここでは、警察署の調査を基礎に戸別訪問して、5歳以下の乳幼児のいる家庭に、ミルクを配りながら記入したカード調査について述べる。
　この「調査カードA」には、産婦、傷病者、老弱者、迷子の注意保護、衣服、食糧の問題や台所等の衛生上のことなどを記入する。焼け跡の何もかも一緒にしたような複雑な臭いの町はとても不潔で、ゴミは山のように積まれ、蠅が真っ黒にかたまっており、瓦礫（がれき）や灰でドブは流れずにいた。担当した女性たちはミルクを配りながら、衛生設備を一番にしてほしいと感じた、と記している。
　分担区域を配り終わると、各警察署にもどって、各班長にカードを渡して報告する。班長が報告書を書き、それを毎日、各団体の総班長たちが社会局まで持って行った。総班長は、その日のカードを整理して、地図を見ながら翌日の班のこと、まわるべき場所、必要なミルクの数を考えた。
　1週間の予定であったが好評で、もう1週間の延長を依頼され、結果、2週間のミルク配りを行った。サーベルをさげた巡査が配るよりは、女学生や女性が届けるほうが、うちとけて話を聞き出すこともできたのである。また、「洩れる家がないやうに調べる」というのが、大きな条件だったので、バラック以外の個人宅に避難している人を探してまわるのに困ったという。
　調査結果は市社会局でまとめられ、市役所、警察が協力して、細やかな救護を徹底することにつながった[9]。
　一方で、担当した女性たちは、この戸別訪問から生活状態や栄養状態が細か

くわかり、実情を見聞きしたことから、独自のカードによる戸別調査の実施へと向かっていく。

② 東京連合婦人会調査カード（調査カードB）

1923（T.12）年10月13日の第3回会合で、ミルク配りの戸別訪問で実情を見聞きした女性たちが相談の結果、メリー・ビーアドや林ふくのアドバイスを得て、調査カード10万枚を作り、ミルク配りのときのように18区域に分かれて、罹災者カード調査を行うことを決めた。これが「調査カードB」である。

10月20日の第4回会合では、20余の女性社会事業団体の代表が参加し、今後の事業について話し合っている。そのなかでもっとも主たる事業として、社会事業部が母性保護、児童保護を行ううえで基礎資料となる罹災者の家族調査を女性の手で一斉に行うことが挙げられた。

社会事業部を中心として、「調査カードB」を使っての罹災者カード調査の準備を進めているときに、東京市社会局からカード調査の依頼がもちかけられた。それは、各区内に散在するバラックに居住の罹災者の生活状態の把握と職業紹介の資料とするためのものであった。当時、社会局は集団バラック居住者について同様の調査を実施中であったが、調査範囲を広げるためにこの調査を依頼してきた。これは、ミルク配りのときの調査を含めた実績を評価しての依頼であったと思われる。

独自のカードによる調査を企図していたなかで、この調査を引き受けた経緯は不明だが、市社会局の委嘱を受けた調査を先に行うことになった。この社会局委嘱の調査活動（調査カードC）については別項で後述することとする。

この市社会局委嘱の調査がほぼ終わった23年11月14日から、児童問題、女性の職業問題、授産の参考とするため、「調査カードB」による独自の罹災者世帯のカード調査を開始する。翌年1月31日まで、数次にわたって、約10万戸の調査を行った[10]。

12月3日と8日に、桜楓会は会員延べ40人で、東京連合婦人会の分担調査として、上野集団バラック1,500世帯を調査している。霊南坂教会婦人会も、同様に、日比谷公園内の集団バラックの調査を行っている。

具体的な調査についての記録は、この2点しか残っていないが、『連合婦人

第12号（30.4）の村上秀子「事務所移転日記」には、「震災当時のバラック住民の調査カードが行李に二つ、それが会の何よりの財産のやうに思はれた」とあり、この調査を裏づけるものである。

　また、村上は『連合婦人』創刊号（28.5）の「事務室から」に、「先日も押入れを整理してゐるとうづ高い書類の中から過去の事業の名残りが沢山現はれて来ました。殊に震災当時の丹念に書き入れた調査カードをしみじみ見入つて当時の惨状と、慰問に携はられた諸氏の御苦心とを思ふ」と書き、守屋東は『連合婦人』第51号（33.9）の「名は実の賓 震災当時の一断片」に、「罹災者のバラック訪問といふ事になり、カードが印刷され着々と進捗した。此調査については当時社会局（内務省：筆者注）の嘱託であつた林ふく子姉の尽力は忘れる事が出来ない。今もうづ高い此カードは当時を語つて余りあるものである」と記している。

　本来、調査カードは、ミルク配りのときのカードを市社会局に届けていたように、調査を実施した主体者の手元に残るものであるから、このように大量の調査カードが東京連合婦人会に保存されていたことからも、このカード調査が大規模に行われた会独自のものであったことがわかる。

　カードは布団や救援物資の配布活動に始まり、社会部の児童衛生に関する活動や林ふくを中心とした母子問題についての研究調査、授産部の内職斡旋事業など、会の初期活動の基礎資料として、大いに活用されたものと思われる。

　なお、この調査カードについては、2015（H.27）年に女性の歴史研究会の織田が『復刻版 連合婦人』（2012.12-2013.11）出版元の不二出版に問い合わせたが、その所在を確認することができなかった。

③ 市社会局委嘱の罹災者カード調査（調査カードＣ）

　1923（T.12）年10月中旬、東京市社会局からカード調査の依頼が東京連合婦人会にもちかけられた。それは、「罹災者ノ生活状態調査」というもので、各区内に散在するバラックに居住の罹災者の生活状態の把握と職業紹介の資料とするためのものであった。これが「調査カードＣ」による調査である。当時、社会局は集団バラック居住者について同様の調査を実施中であったが、調査範囲を広げるためにこの調査を依頼してきたのである。

Ⅲ　東京連合婦人会の初期の活動

市社会局発行の10月23日付け「非常災害救護情報」（以下、「情報」）によると、同調査は10月23日に開始、とあり、調査項目は以下の通りである。①世帯1日の収入　②資産の有無　③世帯人員　④災前の職業　⑤現在の職業　⑥罹病者の有無　⑦寝具配給の有無　⑧衣類配給の有無　⑨その他参考になるべき事項の9項目である。

　このうち、⑨については、各団体の裁量で独自の項目が調査されている。桜楓会は「母乳の有無」「幼児の健康」を、桜蔭会は「就学不能（小学・中学・高女）」を項目に加えており、両会の活動とリンクしている。

　東京連合婦人会では、各団体で分担地域を決めて調査を始めた。最初に始めたのは自由学園で、10月23、24日に、本郷区の約3,800世帯と学園所在地の東京府北豊島郡高田町（現　豊島区西池袋）の約900世帯を調査した。11月3日付け『東京朝日新聞』は、自由学園の女生徒が「調査した活動ぶりと精密な調査ぶりは内務当局に舌を捲かしたといふ程組織立つたものであつた」と報じている。

　次いで、日本女子大学校、同附属高女4、5年生の有志約800人を教職員や桜楓会員が引率して、11月2日午前5時半に校庭に集合して、本所区の調査を行った。2人1組で40世帯を調査し、当日に終わらなかった班は4日にも行った。

　また、4日には有志学生80人は、浅草区の一部の調査も行った。この調査については、桜楓会の機関紙『家庭週報』第727号（23.11.16）に詳しく報じられており、カードの調査項目も明記されている。詳細については、「Ⅴ-1　主な活動団体　桜楓会」を参照していただきたい。

　11月4、10、11日には、桜蔭会と東京女子高等師範学校と同附属高女の有志約700人が、小石川区の約6,100世帯の調査を行った。斯波安らが校長に交渉して承諾を得、おそらく初めての官立学校生徒による調査活動が実現した。これも、詳細については「Ⅴ-1　主な活動団体　桜蔭会」を参照いただきたい。

　そのほかには、霊南坂教会婦人会が赤坂区を、ガントレット服装研究会は地元の豊多摩郡戸塚町を、基督教女子青年会は京橋区を、二葉保育園は四谷区を、など、それぞれ担当して調査を行っている[11]。

　この「罹災者ノ生活状態調査」は、今後の市社会局の施策の基礎資料となるものなので、まとまったかたちでの「情報」への掲載は管見のかぎりでは見当

たらない。各区の「バラック居住人員」、「バラック居住年齢」、「寝具給与ノ状況」、「震災前ノ職業」等、この調査のデータが単発で、「情報」に掲載されている[12]。

おわりに

1918（T.7）年7月の米騒動以後、生活困窮者や社会的弱者を救済するだけでは問題は解決せず、それを生み出す根源をさぐり、これを解消する方策を研究することで、問題解決に向かうことが認識されてきた。そこで、官と民で多くの社会調査が組織的に行われるようになった。

19年12月には東京市社会局が、20年8月には内務省社会局が新設され、篤志家による慈善事業に頼るのではなく、国や市が社会調査による基礎資料をもとにして政策をたてて、社会事業を行うのである。

23年9月1日の関東大震災は、このように多くの社会調査が行われていた時期に発生した。震災後の罹災者への救援、救護活動を合理的に進めるために、物資の配布と併行して、各種の社会調査が行われた。

東京連合婦人会が行った3種の調査カードによる罹災者調査は、市社会局より委嘱の2つの調査と、同会独自の調査であった。これらは、日本で初めての一般女性や女子学生による大規模で組織的な社会調査といえるものであった。

『婦女新聞』の巻頭言「本年の婦人界を顧みて」では、「東京連合婦人会が、救済運動に目ざましい活動をしたこと、殊に救済カードを作成して救済品配給の標準たらしめたこと……は、最も特筆せねばならぬ」（第1228号、23.12.23）としている。

罹災者への物品の配布は、東京連合婦人会が行ったように、一連の罹災者調査によるカードに基づいて、必要な所に必要な物を、もれなく公平に円滑に行き渡らせることが重要である。この記事は、女性ならではの細やかな配慮に、緻密な準備の加わった、その活動への評価であろう。

だが一方で、『婦女新聞』は巻頭言「婦人の力の発現」で、「関東大震火災に際して、今まで全く無視せられてゐた婦人の力が発現したこと」は「特筆大書すべき一大記録」といい、東京連合婦人会の「救護の基準とした罹災者の戸別

調査」を評価しながらも、「たゞ残念なことは、その働きの中に婦人の自覚創意になつたものが極めて少なく……お役所の依頼によつてお手伝した類であつたことである」(第1224号、23.11.25)と批判している。

　だが、この批判は十分な検討を欠くものである。市社会局から委嘱の罹災者カード調査であっても、女性による女性への聞き取り調査の意義は大きい。震災で赤ちゃんを亡くした母親の気持ちに寄りそい、震災後に母乳の止まった母親への対応も、育児や衛生面での注意や相談なども、女性の視点を取り入れた支援体制となる。また、聞き取りの過程で、多くの罹災者の話をじっくり聞くという大きな災害支援をしていたことも評価できる。

　このことは、いまもって大きな課題である。2011 (H.23) 年3月11日の東日本大震災のときに、女性の職員やボランティアを増やし、支援体制に女性ニーズの把握を求める声が大きかった。これは、12年7月の内閣府の震災対応状況調査の結果であり、16年4月の熊本地震でも、避難所が男性を中心に運営される傾向が強いなかで、女性の視点での支援体制が求められていた。

　また、現在、被災者カードの類は作成されていて、避難所で活用されていると思い込んでいたので、16年9月に公表された、超党派地方議員連盟「避難者カード標準化プロジェクト」の25都道府県域710自治体の避難者カードについての調査結果には驚かされた[13]。避難者カード（避難者名簿）は、東日本大震災後の13年8月に内閣府が策定した「避難所における良好な生活環境の確保に向けた取組指針」に、作成が望ましいとされたものである。義務づけではない。

　同プロジェクトの調査結果では、カードが作成されているのは73%である。全国調査だともっと下がるはずである。今から93年前の関東大震災時の罹災者カード調査の実施状況を考えると、この数字には驚かされる。しかも、約70%の自治体で「要配慮者」に関する項目等が設定されていないのだ。東京23区内（この調査では東京都下の各データはない）のカード作成は100%であるが、「要配慮者」のなかで、「妊産婦」「乳幼児」の項目があるのは、葛飾区のみである。全体でも、「妊産婦」は13%、「乳幼児」14%という状況である[14]。

　「調査カードB」では、「産前産後」や「病人」の項目があり、「調査カードC」には「病人」しかないものの、桜楓会の調査では独自の追加項目として「母乳の有無」と「幼児の健康」があったことを考えると、現在の避難者カードの

配慮のなさに暗澹とする。今一度、関東大震災時の罹災者カード調査について、再考し、参考とすべきであろう。

　東京連合婦人会は、林ふくを中心として、女性の視点からのオリジナルの調査カードを作成して、独自の罹災者カード調査を行った。当初の計画では東京復興に対して女性の意見を復興院に建言する予定で、そのための準備も進めていた。この建言は実現しなかったようだが、その後の調査にあたった担当者は、このカード調査が今後の児童保護、教育の問題から大きな社会問題までを視野に入れた活動へつながり、仕事からは必ず仕事が生まれていくと、記しており、自覚的であり、創意に満ちた活動であった。

【注】
(1) 北原糸子「災害にみる救援の歴史」『震災・核災害の時代と歴史学』青木書店、2012 年、p.58-59
(2) 池田恵子「災害・復興の経験を『災害に強い社会の構築』に活かす――大津波からインドネシアは何を学んだか、日本は何を学ぶのか」『ジェンダー研究』第 17 号、2014 年、p.6
(3) 内務省衛生局編『月島調査』光生館、1970 年（生活古典叢書 6）解説：関谷耕一
(4) 法政大学大原社会問題研究所編『大原社会問題研究所五十年史』法政大学大原社会問題研究所、1971 年
(5) 末弘厳太郎「帝大学生救護団の活動に就いて」『改造』（5-10）1923 年 10 月
(6) 同上
(7) 東京都編『都史資料集成 第 6 巻 関東大震災と救護活動』東京都、2005 年
(8) 「特集 福田徳三とその時代」『一橋論叢』一橋大学一橋学会一橋論叢編集所編 日本評論社、2004 年 10 月
　　「非常災害救護情報（甲）」『都史資料集成 第 6 巻』東京都、2005 年
(9) 内藤貞子「ミルク配給の記」『婦人之友』1923 年 11 月
(10) 東京市編『東京震災録 別輯』東京市、1927 年 3 月 31 日
(11) 同上
(12) 「非常災害救護情報（甲）」『都史資料集成 第 6 巻』東京都、2005 年
(13) URL 超党派地方議員連盟「避難者カード標準化プロジェクト」（2016）「総合データ（2016 年 9 月調査／ 25 都道府県）」「優良避難者カード」
　　（http://www.hinansha.com/,2016.9.30）
(14) 同上

【参考文献】
・北原糸子「災害にみる救援の歴史」『震災・核災害の時代と歴史学』青木書店、2012 年

- 池田恵子「災害・復興の経験を『災害に強い社会の構築』に活かす──大津波からインドネシアは何を学んだか、日本は何を学ぶのか」『ジェンダー研究』第17号、2014年
- 山本悠三「社会局設置経過について」『東京家政大学研究紀要』第36集、1995年
- 隅谷三喜男「国民的ヴィジョンの統合と分解」『近代日本思想史講座』第5巻、筑摩書房、1960年
- 佐藤正広『国勢調査と日本近代』（一橋大学経済研究叢書51）岩波書店、2002年
- 内務省衛生局編『月島調査』光生館、1970年（生活古典叢書6）解説：関谷耕一
- 法政大学大原社会問題研究所編『大原社会問題研究所五十年史』法政大学大原社会問題研究所、1971年
- 末弘厳太郎「帝大学生救護団の活動に就いて」『改造』(5-10)、1923年10月
- 「特集 福田徳三とその時代」『一橋論叢』一橋大学一橋学会一橋論叢編集所編　日本評論社、2004年10月
- 内藤貞子「ミルク配給の記」『婦人之友』1923年11月

〔付〕大正期の社会調査
——罹災者カード調査の背景

　関東大震災時に各種の罹災者調査が行われ、この調査結果をもとに救援物資の配布や支援活動が公平にスムーズに行われた。この背景には、大正期に入り「社会」という概念が認識され、多くの社会調査が実施されてきたことがある。

① 内務省に社会課、社会局の誕生
　内務省地方局救護課は、賑恤(しんじゅつ)救済事務を専門的に扱う独立の課として1917（T.6）年8月に新設された。初代課長は田子一民（1881-1963）で、当初は新しい社会行政の前駆として社会課の名称を予定していた。内務大臣の後藤新平も賛成であったが、寺内正毅首相が「役人が社会なんて言葉のついた課で働くといふ事は以ての外だ」と反対したために救護課となった。寺内は陸軍大将であり、初代朝鮮総督（陸軍大臣兼任）で、16年10月の寺内内閣では、外務大臣、大蔵大臣をも兼任していた。だが、18年7月の米騒動の責任をとって寺内内閣は9月に総辞職し、平民宰相の原敬内閣となった。
　この救護課が、19年12月に当初の予定通り、社会課と改称された。「社会」という文字が、初めて中央政府の課に用いられた。田子は、慈善とか救済、救護ということが社会自身の仕事として、私たちの社会のこととして考えられるようになった、と述べている。
　20年8月には社会課を昇格させて、内務省社会局を新設した。これによって、従来の「慈恵」に代わって「社会事業」という用語が国の法令上に明記され、国が初めて社会事業を行うことを明示した。18年6月に内務省に新設された救済事業調査会は、21年1月に社会事業調査会と改称された。社会局では、要保護世帯や貧困、児童保護などの調査が行われた。
　新設された社会局で、第一課長（主に労働担当）、第二課長（主に社会事業担当）を兼務していた田子は、早くも9月には、海外で社会事業の訓練を受けた女性たちを嘱託として採用した。9月17日付けで、児童保護の専門職として、

林ふく（「Ⅴ-2　活躍した人びと」参照）と甘粕鍋子を任命している。22年1月に田子は社会局長に就任し、11月には、社会局を内務大臣直轄の内務省外局の社会局に昇格させ拡充強化した[(1)]。

　これからの社会事業を担う女性の人材育成ということで、21年9月に日本女子大学校に4年制の社会事業学部（児童保全科、女工保全科）が開設された。これに先だち、日本女子大学校では成瀬仁蔵校長（1858-1919）晩年の18年に、各学部の共通選択で社会事業講座が開設されていた。この講座の講師を引き受けた生江孝之（1867-1957）は、従来の慈善事業を踏み越えて社会事業へと進展するには、指導者、とくに女性指導者の養成が不可欠であると考えていた。社会事業学部開設後は、教授としてその中心となって、社会事業に携わる女性の養成に努めた。

　学部開設にあたり、内務省より2,000円の奨励金が交付された。このことからも、期待の大きさが知られる。50人の募集に対し、全国から参集した64人が入学したことからも、関心の高さがわかる。カリキュラムは充実し、「社会事情調査法」と「個人調査実習」の科目があった。これらの調査方法を学び、実習することで、社会事業の実態を知ることになった[(2)]。

　社会課、社会局の誕生の重大な動機となったといわれる米騒動に対して、救済事業に携わっていた人びとは、民衆がみなハングリー（hungry）からアングリー（angry）に変わって、その姿はすさまじく、大きな時代の動きを感じたという。これを契機に労働運動は急激に発展し、19年の労働争議件数は過去最高の数字を示していた。この状況をみて、家族主義によって救済していくとか、慈善家の篤志を俟つという生ぬるいことでは解決せず、国が責任をもって、「社会診察」を基礎とした政策をたてて社会事業を行い、社会連帯の実現に乗り出すときがきた、との判断で、社会局が設置された[(3)]。

② 地方での社会課、社会局の設置

　1918（T.7）年7月の米騒動をきっかけとして、10月に大阪市では方面委員制度を創設した。大阪府知事の林市蔵が、府の救済事業指導嘱託として東京から招いていた小河滋次郎の協力を得て創設した社会事業行政補助制度である。地域（方面）ごとに無報酬の方面委員を置き、各委員が地域内で生活状況の実態

調査をし、「方面調査カード」に記載して、個別救護などの実務にあたった。17年に岡山県知事の笠井信一によって創設されていた済世顧問制度とともに、現在の民生委員制度の始まりとされている。これが全国各地に広がり、東京市は20年10月に方面委員規定を制定し、まず12月に下谷区に、翌年1月に深川区に設置した。方面委員は土地の名望家、資産家で、女性はひとりも任命されていなかった。25年5月に二葉保育園の徳永恕が四谷区方面委員に任命されたのが、女性初といわれる。

東京府では、内務省に先駆けて19年11月に社会課を設置した。東京市は19年12月に社会局を設置し、総務、公営、救護の3課を設け、20年10月には労務課を増設した。市は社会局に女性を採用し、林かつ子、河本亀子らが女性に関する種々の調査活動を行っている[4]。

林かつ子が東京市初の女子判任官（正式採用）として、新設の労務課に迎えられた。林は群馬県女子師範卒業後に教師となるが、亀井孝子設立の家庭職業研究所に入って働いていた。

新婦人協会で活動した河本亀子は、21年1月から労務課の嘱託職員となり、婦人労働問題に関する調査を行った。内職調査、女工とその工場主へのアンケートも行い、主任の林の談話が新聞に載っている。

河本は震災時には市社会局救護課の職員として上野にテントを張り、婦人相談所を開設し、罹災者の世話を泊まり込みで担当した。バラックの一角に「婦人保護協会」の看板を掲げて授産所とし、罹災女性への内職仕事の斡旋にも力を注いだ[5]。なお、河本は、9月28日の東京連合婦人会結成の第1回会合に参加しており、市社会局の職員として活動をともにしていたと思われる。

1道3府32県におよんだ米騒動後には地方レベルで、社会運動の激化という「大害」を避けるために社会の動きに目を向け、人びとの要求を取り込んで、意思の疎通を図るという方針が一般化し、社会局や社会課が設置された。

③ 国勢調査の実施

国勢調査は1902（M.35）年に「国勢調査ニ関スル法律」が施行され、3年後に第1回が予定されたが、日露戦争に伴う戦費調達で、国家財政が逼迫したため延期され、結局、1920（T.9）年10月1日に第1回国勢調査が実施された。

このときの「国勢調査員必携」には、国勢調査の目的を「国家社会の実況を調べ、其の国に於ける社会組織の内容と、国民生活の実情とを審らかにし、善政の基礎を作るのが目的」とある。

　国勢調査は10年に1回実施されることになっていたが、激しい人口移動によって、10年目には現状を示さぬデータとなるため、5年に1回の実施とした。

　調査を周知徹底させるための広報活動が派手に行われ。記念絵葉書や記念切手の発行、宣伝唱歌、標語や短歌、川柳も一般公募された。「是ぞ皇国の基本調査、其の調べのない国は、国とは言どさりながら、半開未開野蛮国」と歌われ、第一次世界大戦の戦勝国で、世界の五大強国としての国威発揚をかけて、この調査に取り組もうとしていた政府と国民の高揚感が伝わる。

　調査は「戸単位」ではなく「世帯単位」でなされ、社会や人びとの関係を世帯で把握することを目的とする。「家」制度では戸主中心であったが、2男、3男が都市に出て所帯をもつようになるなかで、世帯単位で調査することが必要になった。この「世帯」という用語は、当時一般に用いられた言葉ではなく、"household"の訳語として、国勢調査に独特の造語であった。一般住民にはなじみがないため、「国勢調査申告書」には、世帯主に「うちのしゅじん」、世帯に「うち」という意訳のふりがなが付けられた。

　日本が手中にしていた外地と称される台湾（1895年）、樺太（1905年）、朝鮮半島（1910年韓国併合）、南洋群島（1919年）などの各植民地でも実施され、植民地やアイヌの人びとを対象として、民族を記入させる「民籍」の調査もされた。調査もまた、あらたな統治の技法として効力を発揮していく。

　この第1回の調査結果は、内地のみの人口は5,596万3,053人（うち男2,804万4,185人、女2,791万8,868人）で、世帯数は1,112万2,120世帯、1世帯当たりの人員は4.9であった。外地も含めると約7,700万人となる。

　佐藤正広『国勢調査と日本近代』で、わが国初の事業が手慣れた様子でスムーズに行われ、「異常ともいえる順調さは、何に由来するのか」と疑問を呈し、3つの理由を示している。①官庁に統計学の専門家が養成され、欧米視察と実務経験によるノウハウの蓄積、②地方官庁の担当者が実務経験を積み、統計講習会の広範な実施、③調査される一般住民側にも、市町村での所得調査の実施などでの経験の蓄積、これらが国勢調査の実施に大きな意味をもったようだ。

このように、世帯単位で行われた国勢調査の経験を経ることにより、調査される国民の側にも、「調査」ということがどのようなものであり、どのような意味をもつものであるか、という一定程度の周知理解がされたと考えられる。これにより、大震災後の東京連合婦人会の世帯単位の罹災者カードによる聞き取り調査への協力もスムーズであったものと思われる[6]。

④ 官と民の社会調査について

第一次世界大戦後の不況と米騒動のなかで、社会政策、社会研究、社会調査の領域で、官と民の対抗がみられる。櫛田民蔵は「調査（アンケート）」は「民本的思想の産物」といい、「防貧の根本策」を欠いたまま行われる政府の調査を批判する（『大阪朝日新聞』1918.1.3～4）。

当時の調査として特筆されるのは、「月島調査」と大原社会問題研究所（以下、大原社研）の一連の調査である。「月島調査」は官から依頼の調査ではあるが、学者や医師、社会運動家ら民間の主導によるものとして、高野岩三郎（1871-1949、東京帝大教授、社会統計学者）を中心に、1918（T.7）年11月から20年5月にかけて実施された。また大原社研（現 法政大学大原社会問題研究所）は、岡山の実業家により19年2月に大阪で設立された民間の調査研究機関である。

「月島調査」と呼ばれる東京・月島の住民を対象にした大規模な社会調査は、正式には「東京市京橋区月島に於ける実地調査」というもので、内務省衛生局に設置された保健衛生調査会を母体に行われた初の都市における衛生状態の調査であった。

この調査を企画・推進したのが、のちに大原社研の初代所長となる高野岩三郎で、調査員として権田保之助（社会学者、民衆娯楽研究者）、星野鉄男（医学士）、山名義鶴（社会運動家）らが参加した。なお、権田、山名ものちに大原社研の研究員となる。このような研究者集団による共同調査は、先駆的な試みであり、現地の家屋を借りて調査事務所を設け、調査員が住み込んでの調査は住居状態、家計調査、児童の健康診断、出生・死亡・疾病の調査、教育状況や娯楽などの調査で、実証的な都市社会調査の先駆といわれる。高野は、単なる保健衛生調査ではなく、経済的社会的調査を包含した「社会生活殊に大都会の労働者生活の調査」としての調査を行った[7]。

大原社研は、岡山県倉敷の素封家に生まれ、倉敷紡績（株）の成功で財を成した実業家、大原孫三郎により設立された。岡山孤児院創設者の石井十次との親交から救済事業に関心を寄せ、石井の強力な後援者となる。石井の死後、17年に大阪市に設立した石井記念愛染園に、18年には救済事業研究室を付設した。ここに、アメリカで児童保護、社会事業を研究して帰国した高田慎吾が迎えられ、大原救済事業研究所に発展する。

　大原は、社会的弱者の救済だけでは不十分で、その根源を調査し、解決策を研究せねばならぬと考えていた。そこへ、この18年7月の米騒動の勃発である。

　大原は京大の河田嗣郎らに相談し、さらに京大の河上肇から高野岩三郎を紹介された。11月末から急速に具体化し、翌19年1月に高野は入所を了承し、2月に大原社研を創立した。その後、6月に大原救済事業研究所を合併する。救済事業として発足し、高田らの参加で社会事業の研究へと推移し、さらに河田、高野の参加により、社会問題の科学的研究へと発展し、大原社研は誕生した。

　大原社研では、労働者の立場からの調査と報告を継続した。大原は20年には自社の倉紡の女性労働者を対象とする深夜業調査（わが国初）を大原社研の暉峻義等らに委託調査した。これを機に翌21年には労働衛生の調査研究を行う倉敷労働科学研究所を設立した。20年から『日本労働年鑑』、『日本社会事業年鑑』、『日本社会衛生年鑑』が刊行され、23年8月には機関雑誌『大原社会問題研究所雑誌』が創刊された[8]。

　このように社会調査が普及していくなかで、前述のように21年には日本女子大学校に社会事業学部が開設され、調査方法を学び実習を経験した社会事業の専門家の女性たちが輩出されるようになる。

　震災後、社会事業学部3年、2年および家政学部師範科有志70人は、東京市の依頼を受け、23年11月11日に浅草公園、玉姫町の牛乳配給所付近十数町の乳児の戸別訪問調査を行った。この調査は「3-(2)-②東京市社会局の各種調査」の「配乳スベキ乳児幼児ノ調査」中の玉姫町と浅草町の分担調査であると思われる。社会事業学部学生たちの経験と知識は、日本女子大学校や桜楓会を通して、東京連合婦人会の罹災者カード調査にも反映されていったと思われる。

【注】
（1）山本悠三「社会局設置経過について」『東京家政大学研究紀要』第36集、1995年

⑵ 日本女子大学社会福祉学科五十年史編纂委員会編『日本女子大学社会福祉学科五十年史』1981 年
⑶ 山本悠三「社会局設置経過について」『東京家政大学研究紀要』第 36 集、1995 年
⑷ 『婦女新聞』1069 号、1920 年 11 月 14 日
⑸ 清水和美「河本亀子――社会局勤務から派出婦人会経営に」折井美耶子・女性の歴史研究会編著『新婦人協会の人びと』ドメス出版、2009 年
⑹ 佐藤正広『国勢調査と日本近代』(一橋大学経済研究叢書 51)岩波書店、2002 年
　佐藤正広『国勢調査 日本社会の百年』(岩波現代全書 061)岩波書店、2015 年
　青柳まちこ『国勢調査から考える人種・民族・国籍』明石書店、2010 年
　内閣統計局『大正九年国勢調査報告 全国の部 第一巻』東京統計協会、1928 年
⑺ 関谷耕一解説「高野岩三郎と月島調査」内務省衛生局編『月島調査』(生活古典叢書 6)光生館、1970 年
　川合隆男『近代日本における社会調査の軌跡』恒星社厚生閣、2004 年
⑻ 法政大学大原社会問題研究所編『大原社会問題研究所五十年史』法政大学大原社会問題研究所、1971 年

東京連合婦人会の部活動

はじめに

織田　宏子

　東京連合婦人会は1923（T.12）年9月28日に発足した。出席者は久布白落実、守屋東、河井道、羽仁もと子、上代タノ、林ふく、石川静、宮川静枝、川崎正子、大沢豊子、河本亀子らであった。

　10月6日、第2回会合で団体加入者数が40を超えたため、組織化することになった。10月27日の発会式で4つの部に分かれて活動することになり、4つの部の活動方針を次のように決めた。

〔社会事業部〕　ミルク配りをした団体を中心として教育部と連携して戸別調査とカードを作成し、戸別訪問し明確な調査をする

〔研究部〕　各人、各種団体の代表者の集いを開き公娼廃止などの調査研究をする

〔職業部〕　女性失業者に職を与えることを協議する。女性失業者と学校との関係を教育部と連携して調査する

〔教育部〕　社会事業部と連携して戸別調査カードを作成する
　　　　　今後の女子教育方針を協議する

東京連合婦人会組織図

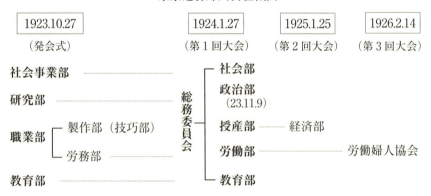

発会式

1923年10月27日、42団体が参加して東京婦人ホームで発会式を開催した。発会式の各部の部員は以下のとおりである。

社会事業部—井上秀、塚本ハマ、吉岡弥生、大江スミ、小崎千代、上村露子、河井道、羽仁もと子、田村松枝、林玉ル、矢島楫子

研究部—山川菊栄、平塚明（らいてう）、山田わか、三宅やす子、西川文子、守屋東、新妻伊都子、坂本真琴、久布白落実、河崎なつ

職業部—ガントレット恒子、福岡安子、大江、亀井孝子

教育部—安井てつ、羽仁、吉岡、井上、大岡つたゑ、斯波安

先の組織図の示すとおり職業部は間もなく（10月下旬頃）製作部（技巧部）と労務部に2分化した。研究部も11月9日には政治部と改称した。

第1回大会

1924年1月27日、第1回大会で総務委員長に河井道が就任した。社会事業部は社会部に、研究部は政治部に、製作部（技巧部）は授産部に、労務部は労働部と改称した。総務委員は以下のとおりである。

社会部—河井、守屋、徳永恕

政治部—久布白、新妻、金子しげり

授産部—福岡、田村、亀井、ガントレット

労働部—山田やす子、村上秀子、田上静子

教育部—塚本、斯波、田中芳子、河崎なつ

この第1回大会で総務委員長も決まり、会の体制が整った。

第2回大会

1925年1月25日、第2回大会で役員選挙が行われ、総務委員長に守屋、会計に田中、徳永が就任した。授産部は経済部と改称した。総務委員は以下のとおりである。

社会部—守屋、植田タマヨ、小出貞子、小林珠子、徳永、正田淑子

政治部—金子、新妻、久布白

経済部—田村、ガントレット、亀井、福岡、加藤タカ

労働部—山田、村上、小沢豊子、田上、永島暢子、大橋豊喜
教育部—河崎、中西しな子、田中、木内キヤウ、斯波、塚本

各部は個人と団体の2つの単位で活動してきたが、婦人参政権獲得期成同盟会や、全国公娼廃止期成同盟会を立ち上げたことで、団体の仕事と両立しないことが多くなってきた。女性団体の連合として、協力によって相互の発展を期すことになった。

第3回大会

1926年2月14日、第3回大会で組織改編を行い、部を廃止し会員資格は団体のみとなり、これまでの組織は解消された。これを機に労働部は労働婦人協会と改称し、東京連合婦人会の1団体として、所属することになった。

以下、各部の活動について詳述するが、各部の名称はもっとも活発に活動した時期の名称で記述した。

各部所属の人びとの名前は、当時はまだ機関誌が発行されていないため、新聞などの報道によるもので、正確ではないことをお断りしておきたい。

1　社会事業部

永原　紀子

　東京連合婦人会結成のきっかけとなった東京市社会局から依頼のミルク配り。1923（T.12）年9月30日からの「煉乳配達を率ゐる一団を社会事業部と命名した」と守屋東が記している（「帝都復興と東京連合婦人会」『婦女新聞』1228号1923.12.23）。

（1）ミルク配りと布団収集

　このミルク配りに参加したのは、日本基督教婦人矯風会、基督教女子青年会、桜楓会、鷗友会（府立第一高女同窓会）、婦人平和協会、自由学園、愛国婦人会、実践女学校、東京女子大学、婦人協会、二葉保育園、霊南坂教会、バプテスト教会、本郷教会、クリスチャン教会等の各婦人会、関東罹災者救護婦人会の16団体、134人であった。

　ミルク配りの詳細については、「Ⅲ-1 始まりはミルク配りから」を参照していただきたいが、その後の社会事業部の活動につながる部分について、ここで述べる。

　調査カードに記入しながらミルクを配ることで、生活状態や栄養状態を細かく把握でき、その結果は市社会局に報告されて、救護に反映された。

　当初1週間の予定が、好評によりもう1週間の延長を依頼されたこと、東京市が計画中の妊産婦と乳児の調査依頼もあったことが、1923（T.12）年10月6日の第2回会合で報告された。参加したメンバーたちも、戸別訪問で実情を見聞きして、カードによる戸別調査の重要性を認識した。

　10月20日の第4回会合では、もっとも主要な事業として、社会事業部が母性保護、児童保護を行ううえで基準となる罹災者の家族調査を女性の手で一斉に行うことが決議された。この調査カードの作成は、東京連合婦人会顧問となったメリー・ビーアドや内務省社会局の林ふくのアドバイスを得て、教育部と連

携して行うことが決まった。なお、カード調査の詳細については、「Ⅲ-3 罹災者カード調査」を参照していただきたい。

10月27日の発会式での社会事業部メンバーは、井上秀（桜楓会）、塚本ハマ（婦人平和協会）、吉岡弥生（東京女医会）、大江スミ（家政研究会）、小崎千代（矯風会本部）、上村露子（婦人協会）、河井道（基督教女子青年会）、羽仁もと子（自由学園）、徳永恕（二葉保育園）、田村松枝（家庭製作品奨励会）、林玉子（実践女学校）、矢島楫子（矯風会）である。このうち井上、吉岡、羽仁は教育部にも属し、大江は職業部にも属している。社会事業部の活動は、毎週土曜日10時から12時に会合し、調査活動についての協議が中心であった。

1923（T.12）年11月初旬までの市社会局委嘱の罹災者カード調査（調査カードC）により、布団希望者がもっとも多いことが判明し、全国に提供を求めることになった。

全関西婦人連合会は10月15日の第5回大会決議に基づき、11月9日から15日に「布団デー」を催して布団募集を行う。9日に羽仁と守屋は参加して協力に感謝した。順次送られてきた布団類は、各区に分けられ、担当の団体のメンバーが、このカードによって配布した。全関西婦人連合会から送られた寝具は、同会の結果報告によると、布団9,720枚、毛布1,471枚、子どもマント889枚であった。蚊帳1,673枚は東京朝日新聞社を経て配布された。

上記「調査カードC」による調査がほぼ終わった11月14日からの「調査カードB」による東京連合婦人会独自の調査でも、布団の不足が明らかであった。

この頃に社会事業部は社会部と改称され、社会部主催の「隣人の愛」布団デーが12月21日から23日に行われた。これは、焼け残った山の手や郊外の人びとに布団の寄贈を求める活動で、自由学園、基督教女子青年会、霊南坂教会婦人会、同胞母ノ会等の社会部加盟団体の女性たちが、荷車を引いて戸別訪問して集めた。その結果は27日の布団デーの報告会で、1,031枚の布団と布団代寄附1,996円75銭を集めたことが報告された。河井率いる女子青年会は牛込区を担当し、青山学院の学生たちも荷車引きに協力した。大きい門構えの家での門前払い等の苦い経験をするなかで、払方町の西洋建築の邸に住む穂積歌子（枢密顧問官穂積陳重の妻で、重遠の母）が関心を寄せ、自身の還暦内祝いの費用600円を布団代として寄附したことに感謝の報告をしている。歌子は渋沢栄一の娘

で、父の慈善事業に協力し、婦人慈善会等で活動していた。これら布団デーで集めた布団も同様に、カードに基づき配布された。

（2）児童相談所

　1923（T.12）年10月20日の第4回会合で、ビーアド夫妻を通して、米国クリスチャン・サイエンス（Christian Science）教会より寄贈の5棟の組立バラックについて協議された。それは10月末に到着の予定で、児童保護事業のための寄贈とのことなので、東京市に寄附して建てさせ、児童相談所として社会事業部が委託されることになった。

　それを受けて、11月2日に児童保護部新設のための下相談会が帝国ホテルで開かれた。児童相談所の事業を始めるにあたって、児童保護部を設けて市当局との協力体制を整えるためで、メリー・ビーアド、林ふく、元社会局嘱託の呉（甘粕）鍋子、松岡久子、聖路加国際病院長のR.B.トイスラー（Rudolf B. Teusler）、同院看護婦学校長のセント・ジョン（Alice C. St.John）、東京市医の岡崎医師、佐藤医師、吉岡弥生、井上秀等が意見交換した。

　11月3日の第5回会合で児童保護部新設が議題に挙がっており、11月20日付け『東京朝日新聞』が各部の活動を紹介し、児童保護部も組織はまだだが、幼稚園やミルクステーションの設立等が進む、とある。

　東京市社会局発行の11月15日付け「非常災害救護情報」（以下、「情報」）には、このバラック5棟を上野、九段、日比谷、青山、芝の5カ所に、ミルクステーションと児童相談所にすべく建設中であり、17日までには完成の見込みと記されている。12月12日付け「情報」に、建設中であったミルクステーションと児童相談所が12月8日に完成し、上野公園でトイスラー院長等を招待して開所式を行った、とある。また、開所後は両方とも好成績をあげていることも報告されている。

　だが、24年1月27日の第1回大会では、社会部、授産部、労働部、政治部、教育部の5部で組織され、児童保護部は成立できなかったようである。

　これ以後、社会部として児童衛生等についての活動は続けるが、児童相談所の活動については年次報告に記述がないので不明である。

（3）救援物資の調査

　芝浦港は、全国各地から海上輸送されてきた救援物資の陸揚げ地点となった。「人夫」の不足と不熟練、艀船や車馬の不足が陸揚げ作業を滞らせていた。本職「沖仲仕」を雇用するのは至難の状況であり、市としては罹災民に職を与えることも急務だったので、上野や日比谷など集団バラックの避難民から志願者を採用した。

　また、芝浦埋立地は地震による亀裂が走り、自動車の運行が困難で人力で後押しする始末で、倉庫から各地に物資を配給するのも困難であった。芝浦においては、陸揚げ・配給の能力に対して救援物資の集積が過剰であり、物資が滞り、腐敗が進む状態であった。

　10月末に、10団体の代表委員が羽仁もと子を責任者として、芝浦倉庫へ出向き、山積する救援物資を女性の視点で調査し、カードによって、必要な物品を必要なところへ配ることも、布団の配布とともに継続して行った。

（4）組織成立後──街頭募金も行って

　1924（T.13）年1月27日の第1回大会では、23年度社会部の事業報告は羽仁もと子が行っており、羽仁がこの時期までの社会部の活動の中心的役割をしていたことがわかる。24年度社会部からの総務委員は、部長の河井道、守屋東（矯風会東京支部）、徳永恕の3人が出ており、河井は総務委員長に、小林珠子（桜楓会）は会計に選任されている。久布白落実は、羽仁、河井、徳永等が「一貫して社会部の配給事業其他に力を尽くされました」と記している。

　ミルク配り、カード調査、布団の配布等の「最も表立つた事をつゞけ」た社会部は、24年も1月から7月、外国より寄贈の救援物資を各団体を通して、市内バラックへの配給を行っている。

　配給事業の落ち着いてきた4月からは、26日の児童衛生に関する講演会を手始めに7月まで、各区小学校で巡回衛生講演会を開催する。大震災から1年目の9月1日には、東京朝日新聞社後援で、同愛会と共催の震災共同基金募集

に有志が参加して街頭募金活動を行ったが、これも社会部が中心の事業である。久布白、河井らが陣頭指揮をとり、募金総額は3,577円41銭5厘となった。

また、林ふくが主任で母子研究会を発足し、母と子どもの問題についての研究調査も行っている。児童相談所の件は不明であるが、このように、児童保護部の活動と目されていたものは、社会部で継続されていたことがわかる。

25年1月25日の第2回大会では、24年度事業報告は徳永恕が行っている。25年度社会部からの総務委員は、守屋、植田タマヨ、小出貞子、小林珠子、徳永、正田淑子となっており、守屋は総務委員長に、徳永は会計に選任された。

25年度は児童と娯楽問題を中心として研究を進めることとし、毎月第1土曜日午後5時からの例会には、正田淑子による「チャイルド・スタデイ」の講座を行っている。

また、社会部研究会として、2月には梅山一郎による「活動写真一般」を、4月には警視庁の後藤による「少年と活動写真」を開催している。

26年1月の組織改編案作成には、守屋、河井、植田、正田、徳永と社会部メンバーが多く関わっている。2月14日の第3回大会で、各部が廃止されたため、以後、社会部としての活動はない。

参：『婦人之友』（24.1）、『婦人』（24.12）、『女子青年界』（24.2）
　　内閣府　中央防災会議「災害教訓の継承に関する専門調査会報告書」『1923 関東大震災　第2編　救護と救済』2006年7月
　　http://www.bousai.go.jp/kyoiku/kyokun/kyokunnokeishou/rep/1923-Kanto DAISHINSAI

2　授産部

織田　宏子

　1923（T.12）年10月13日の第3回会合で4つの部に分かれて活動することを申し合わせる。職業部・社会事業部・研究部・教育部である。職業部は女性の失業者に職を与えることを協議する、また女性の失業者と学校との関係を教育部と提携して調査するという2つの目標を挙げた。10月27日の発会式で職業部にはガントレット恒子、福岡安子、大江スミ、亀井孝子が所属した。

　10月30日現在職業部は、製作部（のち授産部）と労務部（のち労働部）に2分化して活動していた。製作部の活動は毎週水曜日14時から16時で、臨時震災救護事務局に失業女性に職の斡旋を依頼し、布団を製作する。市社会局からの布団縫製、華族同情会からの約4万枚のネル襦袢製作は10月11日に引き受けた。

　11月20日現在の各部の活動として、技巧部（製作部）の田村松枝とガントレット恒子が罹災女性の授産のために、将来は労務部と連携し職業紹介事業もすると報告した。

　24年1月27日の第1回大会で製作部（技巧部ときに手芸部と称した）は授産部と改称し、委員長に福岡安子、総務委員に田村、ガントレット、亀井がなった。「婦人ニ対スル産業奨励、経済思想ノ涵養ノ為ニ……生産技術ノ補導……、時勢ニ適応セル授産ヲナス」と授産部の規約第3条にある。

（1）授産部主催家庭文化展覧会

　神田北神保町の女子青年会館で、1924（T.13）年3月27日から29日までの3日間、手芸の向上進歩と家庭生活改善、家庭副業の普及と服装改善を目的として家庭文化展覧会を開催した。内容は内職の実演、副業に関する活動写真、講演、各団体の製作品即売（学用品、子供服など）があり、値段も安く連日入場者は非常に多かった。

参加団体（者）は家庭職業研究会（亀井孝子）、家庭製作品奨励会（田村松枝＝副業実演）、家政研究会（大江スミ＝木綿絹物毛織物の家庭洗濯実演）、編物研究会（早坂閑子）、新装普及会（福岡安子）、服装研究会（ガントレット恒子＝洋服の着方）、女子青年会職業部、桜楓会＝文化的台所の実物出品ほかで、東京府家庭副業会、農商務省副業課が後援した。

（2）授産場の開設と内職

東京府の調査 1923（T.12）年 11 月 15 日によると、市内の女性失業者は 19,494 人にのぼった。

24 年 1 月、東京府社会局は失業女性、罹災女性の経済的救援策として市内 5 カ所に大規模な授産場の設置を計画し、神田橋中央職業紹介所は砲兵工廠焼け跡地に建設するバラック 3 棟のうち 1 棟を、女性失業者のための授産場にする予定であると報道された。

東京府が 5 月 8 日に開設した千駄ヶ谷授産場は、主任に福岡安子がなり、仕事の種類は和服裁縫、ミシン裁縫、レース編物などであった。目白授産場は 7 月 10 日に開設し、亀井孝子が主任となり、仕事の種類は和服裁縫、ミシン裁縫、毛糸編物、フランス刺繍、レース編物、熨斗折、貼袋などであった。

授産の希望者は東京府農林課内家庭副業奨励会事務所へ申し込んで、授産場規則と申込書を請求することになっていた（『婦女新聞』24.5.11）。

YWCA は授産部を開設し、罹災者と失業女性のため和洋裁と編物の仕事を設けた。2 カ月間の参加者は延べ 4,500 人、支払った工賃は 4,565 円であった。この事業と職業紹介は継続する予定である。

失業女性に内職を斡旋することも重要で、田村松枝の母彰子が会長を務める麻布笄町の家庭製作品奨励会は、アメリカへ輸出するハンカチの刺繍を内職として紹介した。ハンカチの隅にちょっと簡単な刺繍をあしらうだけで、1 ダース 75 銭の工賃で、早い人になると 2 ダースもできるという。道具も要らず、素人でも 2 日から 3 日通って習えば、あとは自宅でできるので、内職ものとしては非常に有利であった。会社員や官吏の妻たちをはじめ、女学生まで 50 人以上も従事していたという。

授産部は 1925（T.14）年 1 月 25 日の第 2 回大会で経済部と改称し、新たに加藤タカが加わった。目的は女性の経済的思想の涵養で、毎月 1 回経済時事研究会を開くことにした。
　2 月 19 日、女子青年会館で第 1 回講演会を開催した。講師は東京商業会議所副会頭の星野錫が「不景気と婦人」との演題で講演し、3 月 28 日は女子青年会館で「貧乏退治」と題して法学博士森本厚吉が講演した。
　部員はそれぞ独自の活動母体をもっているため、東京連合婦人会の活動に積極的には参加できなかった。
　参：『女子青年界』（1924.4.15）

3　労働部

織田　宏子

　1923（T.12）年10月27日の東京連合婦人会発会式で、社会事業部、研究部、職業部、教育部が発足した。職業部にはガントレット恒子、福岡安子、大江スミ、亀井孝子が所属する。10月30日現在、職業部は、製作部（ときに技巧部または手芸部と称した）と労務部に2分化し活動していた。

　24年1月27日の第1回大会が帝国ホテルで開催され、製作部は授産部、労務部は労働部とする体制ができる。労働部は部長に山田やす子、総務委員に村上秀子、田上静子がなり、ほかに小沢豊子、永島暢子、大橋豊喜も参加する。労働部は女性労働者の意識改革のための啓蒙と指導者の養成を目的として活動することとした。

　目的に沿って労働講座、研究会、労働運動の指導者のための養成講座などを開催し、その活動を24年10月10日発行の小冊子『跡』（10銭）にまとめたと『婦人と労働』（24.10）で宣伝している。また「募金券」を発行し「資金募集をして積極的な活動に入ろうということになった。」とあるが、この2点については、奥むめお関連資料や国会図書館などで調査したが、未見のため詳細については不明である。

（1）意識改革のための啓蒙活動

　労働部は女性労働者の意識改革のために労働講座や研究会を企画し、1924（T.13）年4月2日、23日の18時30分から東京婦人ホームで研究会を開催した。23日の講師は遠藤亀之助「消費組合について」で会費は20銭だった。また、労働者の声を世間に広めるための婦人職業問題大講演会を開くことにし、次のような案内文を出し呼びかけをした。

　　「……今春は震災で傷いた我が帝都復活の為に『婦人も出でゝ働け』といふ与論は逡巡してゐた若い婦人達に記録破りの職業熱となつて現れました。

……実際職業に従事する婦人の真の叫びを聞くことは必ず新らしい社会の興味を呼び起すことゝ思ひます。」

婦人職業問題大講演会（東京連合婦人会労働部主催）は5月9日（金）18時から入場料30銭で芝公園内協調会館で開催し、司会を労働部長の山田やす子が務めた。

第1部は唯岡富士子（タイピスト協会　京浜電力のタイピスト）「婦人職業と私の感想」、鈴木たつゑ（煙草専売局淀橋工場の女工）「私の要求」、鈴木よし（タイピスト協会、新妻伊都子の妹）「タイピストの立場から」、武川孟子（長野県山十組女工監督）「労働婦人の教育問題」、平田のぶ（池袋児童の村小学校教師）「婦人職業問題としての女教員問題」の講演に続き、特別講演「職業婦人として」をILO東京支局の市川房枝が行った。予定されていた安川きん子（誠和婦人会幹事　中央電話局勤務）の講演はなかったと思われる。

第2部は日本労働総同盟書記の赤松克麿「婦人労働組合に就いて」と慶應義塾大学教授の向井鹿松（1888-1979）の特別講演があった。

聴衆は約500人で、うち男性は100人くらい、煙草専売局淀橋工場の従業員、東京連合婦人会関係者、職業婦人社、矯風会の人びとで盛会だったとあり、400人もの女性が集まった。

協調会の矢次一夫は「初め、三人は……立場の趣旨は本人にすらも判りかねやうといふ程度……中には性の社会的地位や、労働―資本の関係にまで―職業婦人としての一言及したものも、ないではなかつたが、まだまだはつきりしない程度のもので、何れかと言へば、知識として持つてゐるに過ぎぬと言へやう」と感想を述べている。

また警視総監赤松濃は「婦人職業問題講演会に関する件　労秘甲第五〇八号」（5月11日付け）で、矢次一夫とほぼ同様の受け止め方をし「市川房枝ヲ除キテハ何レモ処女演説ニ等シク男子聴衆ノ弥次ニ遭ヒ気後レシテ論旨徹底セザル感アリシモ此種会合トシテハ相当気勢昂リ婦人解放運動ノ真剣味ヲ呈シテ来レル傾向アリ」と見解を述べている。女性たちが400人も集まり、世間の関心が高まったことでこの見解を出したと思われる。

この講演会の開催について山田は、私たち職業婦人は「男子に数百歩の遅れをとつてゐる。もう宣伝の時ではない」として「実際運動を起こさせる機会を

与へることが緊急を要すること」と語っている。

労働講座

　労働部は、女性たちの意識改革のための労働講座や研究会を次々と開催した。「労働問題講座」は5月29日から6月18日まで神田青年会館で4回開催された。
　5月29日（18:00～芝協調会館）賀川豊彦。6月2日（18:00～ 神田青年会館）為藤五郎（1887-1941）「婦人問題私見」会費20銭。6月16日（19:00～ 芝協調会館）賀川豊彦「労働組合と罷工支配権について」。6月18日（18:00～ 神田青年会館）本間久雄（1886-1981）「婦人運動の第一期　第二期」会費20銭で、講師陣は労働運動家や教育者を揃えて行われた。

（2）女性の労働運動指導者養成講座（チュウトリアルクラス）開設

　労働講座設立趣意書によると労働部は、「我が国の労働運動は混沌とした状態ではあるが十数年を経て将来に期待するものもあるが、婦人の労働運動指導者を社会に送ることは労働部の使命である。指導者養成の一機関として数年間継続の講座を計画し次の通り開催する」として、労働運動の指導者を養成するために労働講座を開催することにした。

第1期チュウトリアルクラス労働講座

　3人の講師によって3科目計12回開催した。9月12日から12月12日までの毎週金曜日か火曜日（18:00～21:00　牛込区の成城小学校）定員50名、会費は全科目3円、1科目1円、1回30銭である。
　藤井悌（？-1931）「近世経済思想史」、林癸未夫（1883-1947）「社会立法＝労働法制、社会政策」、三輪寿壮（1894-1956）「労働組合及び労働組合運動史」という顔ぶれで、経済学者、弁護士などであった。
　山田は、婦人労働者の現状を変えるために労働講座を開設したことについて、『東京日日新聞』（1924.11.24）で、「……現在の日本は百万を越へる婦人労働者を有するにもかゝはらず……」従来この種の講座には「……出席者は自分自身

の問題であるに拘はらず女子よりも男子がおほかつたのである。……労働講座を開設してからは婦人聴講生が多数を占めて来た事は何よりもよろこばしい事である。」と語っている。

特別講座

婦人労働講座として職業婦人に根本的知識を付けるための労働講座、第1回特別講座は1925年2月2日（18:00～21:00）会費30銭、牛込区の成城小学校で、友愛会創設者の鈴木文治（1885-1946）が「英国に於ける労働婦人運動」と題して講演した。

第2期チュウトリアルクラス労働講座

1925年2月～12月、毎週火曜日（18:30～21:30）牛込区成城小学校で開催する。会費は1年10円、1カ月1円、1回30銭である。科目は6科目あり、講師には佐倉重夫（1892-1986）「経済学大意」、八木沢善治（1892-1986）「近世産業史」、藤井悌「社会主義及社会運動」、安井英二（1890-1982）「労働組合の理論と実際」、石原修（1885-1947）「労働衛生」、平野義太郎（1897-1980）「労働立法」らが講演した。

経済学者、社会思想家、衛生学者、社会局労務部長、法学者など、その道の第一人者が協力している。「現在の社会問題の主な原因は労働者と社会資本家の二つの組織にある。労働運動など未経験な婦人労働者を、運動の指導者として社会に送り出したい」という、チュウトリアルクラスの案内文が示すことに講師陣は共感し、また評価もしていたと思われる。

（3）労働クラブ（月曜クラブ）を設ける

東京連合婦人会労働部では、「小さい自分達を充実させて、もつともつと社会を向上させていくため」に、お互いのためのクラブをつくる相談会を1924（T.13）年9月16日、本部事務所で開催した。

婦人労働組合促進のため、そのリーダーの養成を目的として一般職業婦人、労働婦人のため労働クラブを設け10月下旬より実施する。

入会は誰でも自由。会費は毎月10銭。実行案の骨組は「社会人として」「母性として」の責任を果たしていくことを目的とする。そのために研究会、実習実演会、娯楽会、協議、見学等をする。

　規約には「本クラブを月曜クラブと称へ本部を東京連合婦人会労働部におき、顧問1名、幹事1名、当番若干名」とあるが、名前などは不明である。

　部として啓蒙活動や労働運動指導者を養成するための講座、職業婦人の月曜クラブを作るなどの事業をしてきた。

　これら1年間の活動を小冊子『跡』（10銭）にまとめて発行することにした。その内容は規約・宣言に続いて、山田やす子「労働婦人の教育」、奥むめお「新しい価値を見い出しませう」、与謝野晶子「歌」、村上秀子「開講の日」、小沢豊子「歩みの跡」、武川孟子「クラブ設立に就て」、田上静子「おたより」である。先に述べたとおり『婦人と労働』（1924.10）で宣伝もしているが、この冊子は未見である。

　また、25年1月から職業婦人社発行の『婦人と労働』（9月号から『婦人労働』と改題）を労働部の機関誌にすることに決定し、講座の募集など労働部関連の記事が多くなった。

　25年4月22日には実際労働に従事する女性と連携を計るため、市バスの女性車掌と連絡をとり、第1回の協議会を開いた。さらに25年度はこれらの事業をするための資金集めにも努力してきた。

　労働部長の山田が労働問題研究のため渡英することになり、5月23日有志で送別音楽会を開き収益金300円を贈り、7月23日出発した。

　労働部では暮れ頃から組織についての話し合いがもたれ、26年2月14日東京連合婦人会の組織改編により、労働部は労働婦人協会と改称し、東京連合婦人会を形成する1つの団体となった。

（4）労働婦人協会成立

　労働部の活動について小沢豊子は、外に向かって活動し、一段高いところから、指導者らしいことをしようとしてきた。小さくても基礎の固い団結で学び

あい、いざ運動という時、自信のある行動ができるようにしておくことが行くべき道であると、誰もが気付いた、と述べている。したがって労働部は組織を改め、目的を書き換え、新鮮な気持ちで1926（T.15）年1月から新たな一歩を踏み出そうということになり、名称を労働婦人協会とする申し合わせをした。

26年1月9日夕、中野の八木沢若菜（夫は八木沢善治）宅に十数人が集まり、暮れのうちにだいたい決めておいた申し合わせの採決をしたり、23日に開く新年会の計画を立てたりした。

1月23日17時30分から主婦之友社別室で部員26人と八木沢善治、市川房枝が出席して新年会を開いた。村上秀子の司会で食卓につき、引き続き過去1年の報告や、労働部がなくなり新しく労働婦人協会が発足する経過などが報告された。八木沢と市川の挨拶、出席者の自己紹介、手品などの余興があり、21時30分散会した。

2月14日の東京連合婦人会の組織刷新により、労働部は労働婦人協会と改称し、東京連合婦人会に加盟。婦人労働法制の理論と実際の研究、世論の喚起を申し合わせる。

代表に村上が就任した。山田がイギリスに滞在中のためすべてが決定してはいないが、会員は同人と普通会員の2種とし、趣旨は婦人労働問題の解決である。そのためには労働婦人の啓発が必要であり、毎月1回研究会を開く。ほかに雑誌を出す計画もあった。

会費は同人1カ月1円、普通会員は1カ月20銭とし、村上、小沢、大橋が主として活動し、事務所は当分小沢宅（小石川区原町12ろの2号）に置くことにした。

①労働婦人協会申し合わせ
　　○労働婦人相互の啓発向上を目的とする
　　○同人及び会員をもって組織し、同人は月額金1円の会費を負担し本会に対して無限の責任を負ふ
　　○会員は本会の主旨に賛同して月額金弐拾銭以上の会費を負担す
　　○私達の目的を達する為に婦人労働問題の理論と実際の研究、与論の喚起等の為めに働く
　　○同人は毎週土曜日夕方、研究会其他の為に集合する習慣を持つ

（同人）
村上秀子　永島暢子　田上静子　大橋豊喜　八木秋子　熊谷きさよ
唯岡富子（富士子）（ママ）　八木沢若菜　河井律子　鈴木鈴子　山田安子
加藤絹子　小沢豊子

　また東京連合婦人会に対しては、村上、大橋の2名が代表者としてつねに出席し、連絡をとることになっている。

②会の活動
　2月21日19時から藤井悌宅で読書会を開き、7人参加する。28日も同様に読書会を開く。3月7日19時から家庭製作品奨励会託児所で、時事問題研究会を公開し12人が集まった。労働農民党の麻生久（1883-1947）を講師に迎え、無産政党についての歴史と現在の様子を学んだ。3月20日機関誌についての話し合いと工場法の研究について話し合う。4月25日藤井宅で読書会を開くが出席者は5人で、ほぼ毎週読書会や学習会を予定していたが、集まる人も少なくなり、流会になることもあった。5月4日の委員会報告で、講演会を予定しているとの報告があるが、予定で終わっていると思われる。

　『連合婦人』創刊号（1928.5.1）に村上は「労働婦人協会は今水曜クラブと変つて、単に研究のみを続け従って連合婦人会も脱退しました」と「事務室から」に載せている。

　女性労働者の教育のため講演会や研究会などを開催してきたが、労働運動の指導者をつくることに重点が置かれていた。職業をもつ女性たちの教育には役立ったが、広く働きかけがなかったため、運動として広がらなかった。「大正15年連合婦人会の組織変更と共に名称を労働婦人協会と改称して、労働婦人の法制上の保護等にも活動するやう伝へられたが、只少数のグループの研究会として終り、いつの間にかなくなってしまつた」（『最近の社会運動』協調会　1929年）とあり、労働婦人協会の終わりは定かではない。

　参：『婦人運動』第4巻第1号（1926.1）第3号（1926.3）
　　　婦選会館 市川房枝記念会女性と政治センター図書室資料

4　政治部

矢次　素子

　震災後50日余りで活動を始めた政治部は、部の組織づくりと同時に公娼廃止を訴えるために、全国公娼廃止期成同盟会を発足させる。そして、焼失遊廓の再興不許可の議案を帝国議会に提出するも審議未了となった。全国公娼廃止期成同盟会としての活動は1924（T.13）年9月に行った講演会にとどまり、28年5月に発刊された東京連合婦人会の機関誌『連合婦人』第1号に加盟団体としての名はない。

　しかし、政治部として、研究会や講演会の企画および開催に力を注ぐ。さらに、婦人参政権の獲得に向けて、思想や宗教などの壁を超えた団体の組織化に力を注ぎ、婦人参政権獲得期成同盟会設立の原動力となる。

　この2つの運動は、45（S.20）年選挙法の改正による婦人参政権の実現と、56年の売春防止法成立で実を結んだ。2016（H.28）年には選挙法改正で選挙権が18歳からになったが、当時からすれば隔世の感であろう。

　この部の活動について、2つの同盟会の発足当初を軸にたどってみる。

（1）女性の声を復興に反映

①　考え方や宗教の違いを超えて

　ミルク配りから始まった活動のなかで、1923（T.12）年10月26日に第1回の集まりをもったのは研究部。出席者は石井幸子、大沢豊子、金子しげり、川崎正子、竹中繁子、西川文子、羽仁もと子、宮川静枝、三宅やす子、守屋東、山川菊栄である。部会は毎週金曜日に東京婦人ホームで開かれ、第2回の11月2日には公娼廃止のために具体的な活動が話され、研究だけではなく、実践して社会を変えていこうという意識が共有されたのだろう。この部には、災害救済婦人団や日本基督教婦人矯風会（以下、矯風会）で救援活動を行った人たち、さらに、新聞記者や社会主義者など多彩な人が集まった。

東京連合婦人会は当初、団体での活動であったが、さまざまな救援活動を行うには、専門的な知識や経験のある人も必要とされ、とりわけ研究部は個人での参加もあった。新妻伊都子は「湧き出た同情と、社会的意義ある仕事として自発的」に集まった人たちといい、山川は公娼廃止の仕事に熱心な三宅ともども、進んで部員になったと自ら書いている。

　山川は「再生の東京と婦人の要求」(『婦人新報』第312号 1923)と題したなかで次のように語っている。復興計画で「当局を鞭撻」して実現させるのが市民の義務であり、女性の側から改革を要望する緊急の問題は、公娼制度の全廃、母子保護、職業教育、失業救済、労働条件の改善である。そのなかでも、公娼制度がこれまで存続したのは「婦人側の無智無気力の結果」ともいえ「要は、婦人が起って全国の世論を喚起する」ことが必要である。そして、貧困が「売笑婦」を生じさせる原因ならば、上記の問題点解決のために、女性が一致行動を取り、当局を動かす。「再生の東京に遊廓と貧民窟とを再生せしむるな」という標語のもとで活動するのが、母としての、市民としての、女性の使命である、と。

　ここにあげられた事柄を、東京連合婦人会では具体的に実現しようと動いていた。母子保護は「一週間療院」、職業教育や失業救済は授産部、労働条件は労働部、そして、公娼廃止はまさに研究部の活動であった。

② 多様な問題に目を向ける

　発足するやいなや、公娼廃止に向けての運動を進め、全国公娼廃止期成同盟会を設立させ、部としての組織を整える。11月9日の第3回部会で研究部から政治部に名称を変更した。東京連合婦人会の会則起草委員として金子、新妻、宮川が、政治部の部則起草委員には金子、坂本真琴、新妻、宮川、山川が決まる。さらに、24年1月の東京連合婦人会の大会を控えて、政治部としての総務委員は久布白、新妻、金子とし、部長・副部長をあえて決めずにこの3名を代表とすることを12月21日に決定した。

　また、11月23日には、12月10日召集の第47帝国臨時議会(以下、第47議会)への提出議案として焼失遊廓の再興不許可は提出するが、婦人参政権についてはどうするかを検討している。

議題として、大杉栄とともに殺害された甥でアメリカ国籍をもつ橘宗一について部で討議するべきかとの提案に、久布白、林ふく、金子、河崎なつを担当にして任せることにした。

さらに、アメリカ合衆国での日本人移民に対する排日問題は大きな問題であるとして、部としてはどう対応するかを、研究課題とした。東京連合婦人会主催で、24年6月23日に日米問題についての演説会を開催し、政治部から久布白、三宅、金子、坂本が話し、決議文も出した。

③ 次の目標は婦人参政権

東京連合婦人会第1回大会で、各部は目的や規則を設けて、これからの活動を明確にした。政治部の目的は婦人の地位向上のために政治経済の方面から諸問題を研究すること。部への加入は、目的に賛成して事業を助け、例会を3回以上傍聴したのち、委員会で認められた人が可能となる。

1月18日には時事、政治、民法の研究会を設け、講師は千葉亀雄や鈴木文四郎や片山哲などへの依頼を検討しているし、中国、ロシア、ドイツ、インドの最新事情について話してもらうことを7月に決めている。週1回で始めた部会を、毎月第2金曜日は本来の政治部の部会、第4金曜日は全国公娼廃止期成同盟会の例会とすることを4月に確認している。このように全国公娼廃止期成同盟会は政治部内に作った組織なので、部員はかなり多忙になったと思われる。

9月19日には、世界の女性および子どもの売買を、人道的立場から否定する国際婦人保護協会幹事のエディス・C・グレイ（Edith C. Gray）の茶話会について話し合っている。

これらの活動をしつつ、第47議会への提出を見送った婦人参政権については、実現に向けて進める必要があると考えていた。大阪の飛田遊廓廃止を訴える矯風会などの運動が実らなかったのは、女性が「国是を定むる政治に関し全く無能力者」であったから、というのが実感だった。今回の焼失遊廓の議案も、既成政党の男性議員が理解し議案賛成者を増やさないかぎり、同じ轍を踏むことになってしまう。普通選挙法案が成立しそうなこの24年こそ、女性にも選挙権を、と婦人参政権獲得運動は動き出すのである。

（2）公娼制度の廃止を
——「全国公娼廃止期成同盟会」の発足

① 廃娼の声を！

　廃娼の活動は、主としてキリスト教の団体である矯風会や廓清会や救世軍により1880年代から行われていた。9月1日の大震災により、廓を取り囲んだ高い塀で逃げられなかった娼妓が、吉原公園の池で圧死、焼死、水死した。この惨劇に強い憤りを覚えた上記団体は、全焼した吉原と洲崎両遊廓の再興を阻止しようと考えた。9月半ばには、山本権兵衛首相や後藤新平内相、永田秀次郎東京市長、湯浅倉平警視総監を訪れ、新たな遊廓を設置しないこと、芸妓町を表通りに置かないことを申し出ている。10月1日に吉原で追悼会を催し、午後には「帝都建設の都市計画中に吉原及これに類する営業区域を絶対に加へ」ないことを訴えた決議文を再度届けている。しかし、楼主たちからの仮営業の申し出に対して、警察はすでに許可をし、すぐに仮営業をしていた。

　飛田遊廓廃止の運動に力を注いだ林歌子は「知識階級の婦人がナゼ義憤の涙を流さぬか」（『大阪朝日新聞』23.9.23）と、廃娼の実現のために、大阪から大きなうねりを起こそうとしていた。そして、宮川静枝は「我等は公娼制度を排す」（『婦人新報』第311号　1923）のなかで女性は参政権をもたないが「力は衆人の叫び」といい「世論」で社会を動かそうと表している。

② 山川菊栄の宣言文

　11月2日に公娼制度の廃止が議題になり、全国的な組織にするために、支部を盛岡から鹿児島まで22の主要都市に作り、会員は女性で、会費は月に10銭とし、機関誌を月2回発行し、講演会を催すことなどが話し合われている。

　そして、翌3日に行われた東京連合婦人会の第5回会合で政治部の活動として「全国公娼廃止期成同盟会」は提案、承認され、正式に発会。山川が起草した宣言文「国民に訴ふ」（252ページ参照）は、公娼制度の全廃を強く主張し、この同盟会への賛同、参加を促している。綱領は、1、消失遊廓の再興不許可、2、貸座敷・娼妓の新規開業不許可、3、半年の猶予ののち、貸座敷業者・娼妓の営業禁止の3点である。発起人は、政治部のみならず東京連合婦人会の部員

や嘉悦孝子、竹越竹代、与謝野晶子などが加わっている。山川は関西に移ったため、11月9日の出席が最後であるが、その後は電報で連絡することもあった。

宣言文「国民に訴ふ」は、次のようなタイトルで『婦人新報』と『婦女新聞』に掲載されている。『婦女新聞』の「国民に訴ふ―公娼の全廃に就て―」は「国民に訴ふ」とほぼ同じ文面で、『婦人新報』に掲載のものは少し表現を変えている。11月のものは「賛同」を訴えているが、1月には「参加」という言葉で多くの女性読者層の意識改革と実行を訴えている。

「参加せよ人道の戦に！」（『婦人新報』第312号 1923.11.10）、
「国民に訴ふ―公娼の全廃に就て―」（『婦女新聞』第1223号 23.11.18）、
「多数同志の加名されんことを！」（『婦人新報』第313号 24.1.1）

11月30日には、会の趣旨を広め、入会者を増やすためにパンフレットを1万冊印刷する趣旨を決定し、担当委員は新妻、坂本、宮川に決めている。これは、山川の論文『公娼全廃せよ』（1924.1.1）で、16ページの冊子として定価5銭で発行された。ちょうど、川村女学院を創設した川村文子から1,000円の寄附があり、これで作成した。奥付けのページには「会友として男子の方の御入会」をと、男性の入会を募っている。

③ 廃娼デーに参加

第47議会が復興に関しての臨時議会なので、関連法案として遊廓の再興を不許可にする議案を提出することに11月16日に決めた。そして、廓清会と矯風会とが、25日に行う予定の廃娼デーに参加することを、政治部の全国公娼廃止期成同盟会だけでなく、東京連合婦人会の他の部にも呼びかけた。

当日の具体的な相談として、23日には署名集めに立つ地域の分担や人数、公娼全廃教育運動資金と表に書かれた「五銭袋」（久布白が考案したカンパ袋）を売ることを決めた。また、女性向け雑誌の出版社に募金を依頼に行った。

25日は午前8時から午後4時まで東京市内の要所で宣伝ビラ5万枚を配布し、署名活動では9,486人から廃娼賛成の署名をもらった。廓清会からは安部磯雄、高島米峰、三輪田元道、山室軍平、松宮弥平、伊藤秀吉らが参加。同盟会からは日比谷に新妻と東京女子大の学生、東京駅丸ビル前に坂本など、九段坂下に伊藤と大妻の学生、早稲田に田中と河崎など、四谷塩町は三宅など、大塚駅に

久布白など、本郷3丁目に宮川など、渋谷道玄坂に服部数子とブラックモアなどが立った。集めた署名は24年1月22日に「公娼制度廃止請願書」として廓清会の伊藤秀吉が起草した趣意書を付けて内務大臣に提出。公娼制度廃止の理由としては、人道上、反社会的反法律的、風紀政策上、社会衛生上をあげている。廓清会、救世軍、矯風会、同盟会の4団体12名が代表者となり、同盟会からは新妻と河崎なつ、宮川の名がある。久布白、ガントレット、守屋は矯風会の理事として名前を連ねている。

④ 第47議会への対応

政治部の結成から1カ月以上たち、会計は石本静枝と坂本、出版部は新妻と宮川、宣伝部は河崎と金子、調査部は服部に決まる。なお、服部は有給書記として週3日勤めることになった。12月14日は矯風会の臨時大会最終日で、全国公娼廃止期成同盟会と廓清会の人びとが矯風会に招かれて建議案提出後の運動方針を相談した。

議会には、22日午後2時半「焼失遊廓再興不許可に関する建議案」が上程され、提出演説、賛成演説がなされたが、委員付託となり、翌23日に委員会は開催されたが、委員が定数に満たず審議未了で24日に閉会となってしまった。

その閉院式の行われた24日夜、矯風会の事務所で松山常次郎、星島二郎、田川大吉郎が集まり、第48議会への対応を相談。「公娼全廃案」、「新しく娼妓となるものを禁ずる案」、「婦人の市町村公民権獲得案」の3件を提出することを決め、「正正堂々と、事成就」までたたかうということが決まった。そのことは矯風会会頭の小崎千代と本部幹事の久布白落実の連名で『婦人新報』（第314号 24.2）に23年12月27日の日付けで報告している。しかし、第48議会は解散、総選挙となり、護憲3派の立憲政友会、憲政会、革新倶楽部が圧勝して、第50議会に衆議院議員選挙法改正への期待が高まった。政治部としては婦人参政権獲得のほうへ軸足が移ることになる。

その前に、全国公娼廃止期成同盟会は、24年9月20日に、エディス・グレイとの茶話会を帝国ホテルで主催している。河井道、羽仁もと子、三宅やす子、山田わかなど40余人が参加し、熱のこもった講演を聞き、意見や質問が出て有益な会合であった。女性や子どもの保護のために宗教、人種、国家を超えて女

性自身が協力する必要があるとして、世界各地で視察や講演をしているグレイの姿は、枠を取り払ってつながる東京連合婦人会の成り立ちを見るかのようである。

このあと公娼廃止の運動は、矯風会と廓清会が中心になって進められる。なぜなら、政治部は、全国公娼廃止期成同盟会を発足させて活動してきたが、優先する問題として、婦人参政権問題が浮上したからである。全エネルギーを婦人参政権獲得に注いだので、全国公娼廃止期成同盟会は「有名無実」であったと久布白が書いている。

とはいうものの、キリスト教系の活動であった公娼廃止の運動に、宗教にとらわれない、多くの女性団体や個人が参加できる仕組みを作ったこと。さらに、署名活動やパンフレットなどで、全国の多くの女性に公娼の問題を広く知らせ、考えるきっかけをつくったことは大きな一歩であった。

（３）普選とともに婦選も
――「婦人参政権獲得期成同盟会」の発足

① 婦人参政権獲得の動き

婦人参政権獲得の運動は、1922（T.11）年の第45議会で新婦人協会の努力が実を結び、治安警察法第5条第2項の改正が実現し、政治参加への一歩を記した。しかし、その年の暮れに新婦人協会が解散して、活動した人びとは異なる道で婦人参政権獲得の運動に進んだ。こうして分散していた運動を婦人参政権獲得にしぼって、いくつかの団体と個人が集まり、23年2月2日に婦人参政同盟が組織された。

矯風会は21年に日本婦人参政権協会を組織していて、この婦人参政同盟には参加しなかった。そして、23年の第46議会には松本君平が提出者になり、婦人参政権について初めてとなる「婦人参政ニ関スル建議案」を上程したが、委員付託となり議会は閉会してしまった。

② 男子普選運動の高まりの影響

婦人参政同盟は婦人参政権獲得を掲げて設立したが、23（T.12）年4月の臨

時総会で次期議会の開会まで活動を休止することを決めた。

24年4月に、矯風会の第33回大会が岡山で開かれ「婦人参政権を各地に徹底する方法如何」は議題のひとつだった。ガントレットは、大震災で女性が結集して東京の建設に尽くそうとしたが、「遺憾を感じたことは婦人に参政権のないこと」で、何をするにも不都合を覚えさせられたと話した。城のぶは「東京連合婦人会の政治部や坂本真琴氏の婦人参政同盟」も同じ目的なので、これらの団体と提携あるいは合同して進む考えはないかと質問。久布白は「未だ機が熟してゐないが将来はさうした時機」がくるだろうと答えた。この大会に合わせて久布白は『婦人参政権叢書1　公娼廃止より婦人参政権まで』（日本婦人参政権協会　1924.4.1）を書き、自身の歩んだ道に沿いながら、婦人参政権獲得を説いている。

この頃、政治部内では「自然の裡、無意識の間に、新組織への準備」（『新使命』1926）が進められていたと坂本は書いている。24年1月中旬にアメリカから帰国し、ILO東京支局で働く市川房枝に、政治部の金子と労働部の山田やす子は婦人参政権運動を再出発させようと誘ったのもそのひとつである。

10月下旬に久布白は、婦人参政権を獲得するために動くときがきたと感じた。そこで、第50議会向けに「婦人参政権の要求」と「市町村に於ける婦人公民権の承認」の提案理由をまとめ、11月13日に婦人参政権などに関する懇談会を開く案内状を、11月2日付けで出した。近県や市内の有力な女性たち、矯風会の会員、新聞記者など350余人宛てで、差出人は日本婦人参政権協会の代表者の久布白とガントレットである。

この懇談会は「婦人参政権並に対議会運動懇談会」と呼ばれ、11月13日に大隈会館で開かれ、約60人の出席をみた。婦人参政権の必要なことは明らかなので「小我を捨てて大我に就」いて尽力することで一致した。実際の活動のために、婦人参政権獲得を唯一の目的とした連合委員会を組織することになり、その委員を指名するための指名委員会をその場で結成した。

指名委員会の委員は有志の集まりで、久布白落実、ガントレット恒子、市川房枝、河崎なつ、金子しげり、川崎正子、橋本美代（橋本美枝子？筆者）、坂本真琴、中村しづ子、吉永文子、荻原真子、河本亀子、宮川静枝、守屋東、衆樹安子、八木橋きいである（婦選獲得同盟、中央委員会ノート）。

③ 議論を尽くして新組織に

連合委員会の人選のために設けられた指名委員会は、13日の懇談会後の話し合いでまとまらず、14日の夜に第2回目が行われた。委員を選ぶ以前に、新しく作る連合委員会は、どうすれば参加者の一致協力できる組織として成立するか、が議論された。意見は分かれ、日本婦人参政権協会としては「自由なる有志の研究的団体」とし「連絡的に直接運動」をしようというもので、他方、婦人連盟と坂本、市川、金子の意見は「既成団体を離れ」て新たな団体を組織し「一意目的の貫徹」をはかろうというものであった。

そして、第50議会での婦人参政権獲得運動を柱とし、既成のどのような団体に属するか否かとは関わりなく、一個人として自由に参加できる団体にすることで落ち着いた。指名委員会は目的を果たせなかったため、やむをえず創立委員会を組織することになった。

18日に東京婦人ホームで指名委員会の報告会が行われ、協議ののち「婦人参政権獲得期成同盟会」という名のもとに発会式をあげることが決まった。そして、この夜の賛成者と、13日に出席した人から新たに組織する婦人参政権獲得期成同盟会について賛否をとり、賛成の人には発起人になってもらうことにした。

賛否を問うために出した手紙の発信人は、先日の指名委員以外に川渕歌子、新妻伊都子、吉永安芸子、青木とし子、奥むめお、田房あい子、中谷清子、山内輝子、田中芳子である。

また、創立委員会は規約の草案や案内状の発送など、発会式に向け準備会を開いた。委員長は久布白、書記は金子、宮川、会場委員は中沢美代、荻野好子、通信委員は河崎、吉永文子、財務委員は坂本、山内、宣言規約草案およびプログラム委員は久布白、市川である。

いよいよ婦人参政権獲得の大きな運動が始まることになる。

④ 創立総会

12月6日付けで発送された創立総会の案内状には、こう記されている。婦人参政権獲得の問題に興味と責任を感じている人たちが集まり、意見交換をして

「共同の目的の為に一致してやらう」ということになった。そして、「婦人参政権獲得期成同盟会ともいふべき」団体の組織にいたった。目的は「婦人参政権獲得のため、議会に対しての直接運動と一般に対しての世論を喚起する運動を行ふこと」で、12月13日の設立総会への参加、並びに趣旨に賛同してこの「大同団結」に参加してほしいと。創立委員は主として、11月13日に大隈会館に集まった人たちの約8割の50人である。

　この案内は3,000人ほどの東京にいる女性に出し、出欠とともに、会への賛否も返信してほしいと述べている。

　「婦人参政権獲得期成同盟会」(25年4月19日の総会で「婦選獲得同盟」と改称)の創立総会が24年12月13日に丸之内保険協会で催され、135人の出席をみた。第1部の司会は金子しげりで、経過報告のあと、議長に河崎なつ、書記に吉永文子、宮川静枝が決まり、議事に入った。規約草案の説明は市川房枝、宣言(253ページ参照)、決議の説明は久布白落実、役員選挙は指名委員を決めて任せることになった。第2部の司会はガントレット恒子で、茶菓と出席者の3分演説が行われた。役員は総務理事が久布白、会計理事は中沢、会務理事は市川で、議会運動部、宣伝部、財務部は各3人で、選ばれた中央委員のほとんどが政治部の部員であった。

　この日、福岡からは「コクミンハンスウノシカバネニイノチヲフキコメ、ワダクニトミ」(和田邦子、富子)という激励の祝電を受け取った。女に生まれただけで、屍のように意志を社会に表すことができない。命を吹き込んで、生き生きと活動したいという思いのこもった電文である。この和田富子はのちの高良とみであり、当時九州帝大医学部の助手であった。

　政治部としての活動は、個人参加の婦人参政権獲得運動に移行したが、まさに婦人参政権獲得期成同盟会の誕生は政治部の果たした大きな活動であった。

　1通の手紙がある。1926(T.15)年1月28日付けで、差出人は政治部常務委員の久布白・新妻・金子の連名。25年の本部総会以後「婦選獲得同盟」の創立に力の大部分を使い、政治部の活動が休止状態になっていたという。

　大震災以後の東京の復興を願って活動を始めた政治部は、それまでキリスト教系の団体が活動していた公娼廃止の運動を、全国の女性に広く知らしめ、女

性ばかりか男性にも理解を求めていった。さらに、女性が自由に生きる社会の実現に欠かせない権利、それを手に入れるための婦人参政権獲得運動を、多くのしがらみを排して開始する力となった。

　政治部が、こうした大きな組織である全国公娼廃止期成同盟会と婦人参政権獲得期成同盟会を誕生させ、発展させられたのは、さまざまな個人や団体が結集し、ひとつの目的のために前に向かったからである。

　政治部についてまとめるにあたって、主に参考にしたのは、婦選会館図書室が所蔵する婦人参政関係史資料のなかにある「政治部」と表書きされたＡ５判のノートである。少し黄色くなったノートに、さまざまな筆跡で、部会開催の日付、出席者名、議題や内容が記され、当時の空気がひしひしと伝わってくる。政治部の動きを手に取るように追えたことは当時を知るうえでなくてはならない大変貴重な資料の新発掘であった。これらの資料を空襲から疎開させた市川房枝の先見の明には、頭が下がり、あらためて資料保存の重要さ、そして公開の大切さを感じるばかりである。

　政治部のメンバーを特定するために、1923年10月26日から24年9月19日までの部会出席者を記す（「政治部」ノートによる）。
　石井幸子　大沢豊子　金子しげり　川崎正子　竹中繁子　西川文子　羽仁もと子　宮川静枝　三宅やす子　守屋東　山川菊栄　木崎花子　坂本真琴　新妻伊都子　河崎なつ　小泉礼子　久布白落実　服部数子　林ふく　村岡花子　田中芳子　沼幸　間野千代子　村田千代野　伊藤きむ子　石本静枝　柿園八重子　細田よし　山口てる子　碧川かた　山内輝子　林歌子　岡部萩子　小沢豊子　国民婦人会の人びと
　参：竹村民郎『廃娼運動』中央新書　1982年
　　　久布白落実『公娼廃止より婦人参政権まで』日本婦人参政権協会　婦人参政権叢書1924年4月
　　　政治部　ノート
　　　婦選獲得同盟　中央委員会　ノート

5　教育部

永原　紀子

はじめに

　守屋東は『婦女新聞』1228 号（1923.12.23）の「帝都復興と東京連合婦人会」に、社会事業部、職業部、研究部と続き、「引きつゞいて生れ出たのが教育部である。此部は女子高師の桜蔭会が熱心各団体の集合につとめ、十八団体を初めとして教育部が出来た」と記している。

　桜蔭会の入会は 1923（T.12）年 10 月 22 日なので、教育部は 4 つの部会のなかでは最後の成立であり、26 日の教育部主催「震災後の女子教育は如何なる点に最も力を注ぐべきか」研究の集会が初会合である。

　発会式前日のこの集会が教育部成立の日だと思われる。この日の出席者は、羽仁もと子（自由学園）、三谷民子（女子学院）、斯波安（桜蔭会、文華高女）、吉岡弥生（東京女医学校）、河口愛子（小石川高女）、木内キヤウ（小学校教師）、東京府女教員会および同窓会、錦秋高女、精華高女、実践高女の代表者らである。

　10 月 27 日発会式での教育部メンバーは、安井てつ（東京女子大学）、羽仁もと子、吉岡弥生、井上秀（日本女子大学校、桜楓会）、大岡つたゑ（日本女子大学校、桜楓会）、斯波安の 6 人。活動日は毎週金曜 18 時～21 時で、今後の女子教育方針の検討と社会事業部と提携しての罹災者調査カードの作成が、当面の主な活動内容である。

　もっとも早く成立した社会事業部により、「調査カードＣ」による罹災者世帯調査は 10 月 23 日から自由学園が始めており、教育部成立の発会式以後、両部が協力して、桜楓会、桜蔭会、基督教女子青年会、霊南坂教会婦人会、ガントレット服装研究会、鴎友会、二葉保育園などの団体が参加して行われた。その結果、罹災者がもっとも求めているのは布団だとわかり、全関西婦人連合会から送られた布団を調査カードにより困窮者から配布した。

(1) 罹災児童愛護デー

1923 (T.12) 年 12 月 8 日には、教育部主催の罹災児童愛護デーが開催された。これは、斯波が罹災小学校を視察して、その惨状に驚き提案したもので、守屋らの賛同を受けて実施された。早朝 7 時半から 15 時まで、70 余カ所で、各女学校の教師や生徒約 1,000 人が各班に分かれて募金活動を行った。「市民が一日の煙草代、一掛けの半襟代を割愛せんことを希望」と募金した総額は 13,763 円 91 銭にのぼり、罹災の公立小学校 118 校、私立小学校 16 校にすべて配分され、校庭の遊具などの設置に使われた。

24 年 1 月 11 日には、初顔合わせ会を開いて、本年の事業方針を相談した。部長は塚本ハマで、事業方針は女子の体育奨励、社会教育の監視、児童愛護の 3 問題に集中することに決定。出席者は斯波、河崎なつ、木内ら十数人であった。

(2) 女性の問題に関する連続講演会

1924 (T.13) 年 1 月 27 日の第 1 回大会では、部長の塚本より事業報告がなされ、教育部からの総務委員は斯波、河崎、田中芳子（鷗友会）が紹介された。

4 月 26 日から、教育部主催の婦人問題連続講演会（全 8 回）の開催が始まる。会場は東京女子青年会館で、14 時から。第 1 講は帆足理一郎「恋愛問題」、第 2 講は本間久雄「結婚問題」、第 3 講は新教育法ドルトン・プランを広めるためにアメリカより来日中のヘレン・パーカースト (Helen H. Parkhurst)「我子の教育」、第 4 講は片山哲「母子問題」、第 5 講は片山哲「家族問題」、第 6 講は「女子教育問題」、第 7 講は市川房枝「婦人職業問題」、第 8 講の最終回 7 月 25 日の「婦人参政権問題」まで続けられた。

(3) 「母姉の授業参観[*]」と男子中学校の入学難問題

9 月から 12 月まで毎週火曜日に「母姉の授業参観」を下記の中等学校で実施している。当時、父兄会の名の通り父兄が対象であった授業参観の対象を母

姉とし、母親に子どもの教育への理解をもたせるための画期的な企画であった。実施校は日本女子大学校附属高女、武蔵野高女、自由学園、府立園芸学校、府立第五高女、府立工芸学校、成女高女、府立第一商業学校、女子聖学院、岩倉鉄道学校、府立第五中学の11校で、約半数が男子校であることも注目される。

　この企画については、9月20日に帝国ホテルで開催の「ミス・グレイ（Edith C. Gray）との茶話会」（全国公娼廃止期成同盟会、矯風会の有志主催）で高く評価された。買売春横行の現状のなかで、同性を救う根本的な道は、まず母親を教育することである、というグレイの話に参加者は共感し、この授業参観を母親を教育する場として評価した。

＊「母姉の授業参観」実施校の紹介
【日本女子大学校附属高等女学校】現 日本女子大学附属中学校、高等学校
1901（M.34）年成瀬仁蔵による日本女子大学校開学時に、文京区目白台に開校。
【武蔵野高等女学校】現 武蔵野中学校、高等学校
1922（T.11）年高橋ときにより北区西ヶ原に開校。「良妻賢母」的女子教育ではなく、社会に役立つ人材を育てようと「婦人の新使命の確立」を唱えて設立。
【自由学園】178ページ参照
【東京府立園芸学校】現 東京都立園芸高等学校
1908（M.41）年花卉園芸、蔬菜、果樹等の園芸分野限定の教育を行う全寮制の男子校として、現在地の世田谷区深沢に開校。全国から生徒が集まる。
【東京府立第五高等女学校】現 東京都立富士高等学校
1918（T.7）年 尾張屋銀行（買収・合併を経て現 みずほ銀行）4代目峯島茂兵衛の妻・喜代が東京府に女子教育強化のため女学校の設立をはたらきかけ、資金50万円と土地3,400坪（大村藩邸跡地）を提供。20年豊多摩郡淀橋町字角筈（現 歌舞伎町新宿東宝ビル）に校舎落成。36年中野区富士見町へ移転。
【東京府立工芸学校】現 東京都立工芸高等学校
1907（M.40）年京橋区築地に開校。関東大震災により焼失し、27年本郷区元町の現在地に移転。
【成女高等女学校】現 成女高等学校
1899（M.32）年麹町区二番町に創立し、1906年現在地の新宿区冨久町に移転。23年第3代校長宮田脩が就任し、生徒立案による自治共存制を開始。教育方針は「良妻賢母」でなく、女性の社会進出を推奨した斬新なもの。
【東京府立第一商業学校】現 東京都立第一商業高等学校
1918（T.7）年 東京府立商業学校として豊多摩郡渋谷町に開校。男子のみ。
【女子聖学院】現 女子聖学院中学校、高等学校

1905（M.38）年米国プロテスタント教派女性宣教師が、女子聖学院神学部として築地に設立。07年豊島郡滝野川に校舎を建て移転。08年普通部本科設立。

【岩倉鉄道学校】現 岩倉高等学校
1897（M.30）年私立鉄道学校として神田錦町に開校。1901年現在地、台東区上野に移転。03年鉄道創設に貢献した岩倉具視にちなんで、岩倉鉄道学校と改称。

【東京府立第五中学校】現 東京都立小石川中等教育学校（旧 都立小石川高校）
1918（T.7）年小石川区同心町（現 文京区本駒込）に創立。初代校長伊藤長七は、『東京朝日新聞』に「現代教育観」を記し、「全人的教養主義」を唱え、単独でアメリカ大統領と会見を開くなど先進的教育者として名高かった。自由主義的な教育を理想として、「立志、開拓、創作」の三校是のもと、自発性を尊重した。

「男女共教」の観点から、女性教師を次々と採用した。「詰襟制服は胸元を圧迫し自由な思考を阻害する」と、画期的な背広とネクタイを制服とした。理化学研究所に隣接していたこともあり、理数教育の充実は一線を画していた。伊藤の教育理念は継承され、今日まで、自由な校風が連綿と受け継がれている。

1924年11月1日から2日に、児童図書推薦展覧会を日本図書館協会と提携して行い、部内に読物研究委員を置いた。

25年1月25日の第2回大会では、部長は塚本、総務委員は河崎、中西しな子、田中芳子、木内、斯波。教育部の目的は、教育事業を理想的にすることで、本年の目標は中等学校の入学難問題で、目下の事業は入学相談所である、と報告された。2月8日には中等学校入学指導講演会を神田青年会館で開催する。

入学相談所では、2、3月の火木土の午後1時より女子青年会館内の教育部事務所で相談業務を行い、面会や手紙の返事に多忙をきわめる。2月の相談件数は60件、書面での問い合わせは80件にのぼった。

そして、9月18日には、教育部、東京府市教育会、帝国教育会、茗渓会、桜蔭会、桜楓会、その他25団体で、中等学校入学試験撤廃期成連合会を組織し、試験撤廃の声明書を発表して実際運動を開始した。

翌26年1月には東京連合婦人会の改造案が作成され、2月の第3回大会で組織改編が承認され、各部が廃止され、教育部の活動も終了する。ただし、入学相談所の事業は、事務所を女子青年会館から主任の田中芳子宅（小石川区高田豊川町）に移転し、継続して相談に応じている。

参：斯波安「震災当時教育部の活動」『連合婦人』第52号 1933年11月
　　『桜蔭会史』1940年

主な活動団体と
活躍した人びと

はじめに

永原　紀子

【活動団体について】

　ここでは、初期に中心的役割をした5つの活動団体—日本基督教婦人矯風会、日本基督教女子青年会、桜楓会（日本女子大学校同窓会）、自由学園、桜蔭会（東京女子高等師範学校同窓会）を中心に取り上げている。なお、作楽会（東京女高師附属高女同窓会）と有隣園は付随的に取り上げた。

　1923（T.12）年9月28日、矯風会の久布白落実の最初の呼びかけに集まったのは、12団体34人であった。桜楓会、自由学園、鷗友会（府立第一高女同窓会）、愛国婦人会、実践女学校、日本基督教女子青年会（YWCA）、バプテスト教会、本郷教会、クリスチャン教会、霊南坂教会、聖公会補助会、香蘭女学校の12団体と呼びかけた矯風会を合わせて13団体である。

　久布白の呼びかけは、女性団体幹部や女学校の校長に宛てた約40通の手紙であった。この住所録を提供したのが、国民新聞の記者、梅山一郎である。梅山は、何度試みられても成功しなかった東京の女性団体の連合が作られる日のために、「趣味で作つて置いた東京知名婦人の住所録」を渡し、同じく国民新聞記者の金子しげりを伴って、第1回大会までの半年間、活動を支援した[1]。

　そして、9月30日のミルク配りには、16団体134人が集まった。上記団体のうち聖公会補助会と香蘭女学校は参加していないが、東京女子大学、婦人平和協会、二葉保育園、関東罹災者救護婦人会、婦人協会が新たに加わった。愛国婦人会はミルク配りのみの参加と思われ、以後は不明である。

　ミルク配りを終える頃に女性職業団体が加わり、桜蔭会の入会で教育部が発足し、学校関係の団体も加わって、10月27日の発会式の時点では42団体に上っていた。翌年1月27日、第1回大会には44団体300余人が参加した。ここに東京の44女性団体が糾合し、まさに東京連合婦人会となった。

　参加団体は、矯風会本部、矯風会東京支部、東京婦人ホーム、YWCA、バプテスト教会婦人会、本郷教会婦人会、クリスチャン教会婦人会、霊南坂教会

婦人会、聖公会補助会、同胞母ノ会、東京婦人禁酒会、親隣館、桜楓会、自由学園、鴎友会、東京女子大学、桜蔭会、作楽会、同志社女学校同窓会有志会、香蘭女学校、斎香女塾同窓会、東京府女子師範同窓会、日本女子実務学校同窓会、女子学院、篁会（府立第二高女同窓会）、二葉保育園、有隣園、婦人平和協会、関東罹災者救護婦人会、婦人協会、帝国婦人協会、婦人救護会、日本女医会、国民婦人会（国民新聞社内）、家庭製作品奨励会、家庭職業研究会、編物研究会、新装普及会、ガントレット服装研究会、家政研究会、家庭料理研究会、職業婦人社、四谷婦人共同会派出婦会、婦人家庭派出婦会など44団体。

　東京連合婦人会第2期の始まり、1926（T.15）年2月14日の第3回大会では、組織改造がなされ、従来の個人参加は認めず、団体のみの参加となった。23団体にまで減っていた加盟団体は、新加入もあり32団体となった。新聞には、従来とだいぶ顔ぶれが変わった、とある。この時点で去就が注目された婦選獲得同盟は、会の目的に婦選の獲得を入れることを条件に加入した。

　これ以後、入れ替わりがあり、次第に体制的団体が増えて、会の性格も変わっていった。1942（S.17）年12月8日の解散時には62団体となっていた。改組改名した大東亜生活協会は個人組織のみとなった。

【活躍した人びとについて】

　東京の主な女性団体が糾合した東京連合婦人会、結成時には「在京知名婦人を悉く連合させよ、人材の一人をも捨てゝ置くな」と叫ばれたという[2]。「日本に於ける婦人の中枢機関が出来上がつた」と、久布白落実、守屋東、ガントレット恒子、河井道、羽仁もと子、井上秀、三谷民子、安井てつ、吉岡弥生、平塚らいてう、山川菊栄、西川文子、三宅やす子、奥むめお等、各分野の女性たちの参加を新聞が伝えている[3]。

　ここでは、中心的活動をした各団体の代表とともに、当時活躍したが現在では知られていない女性たちを多く取り上げるよう心がけた。

　後半には、そのほかに東京連合婦人会で活動した女性たちと、会の活動に共鳴して支援した男性たちについて、短い紹介文を掲載している。

〔注〕
(1)(2) 梅山一郎「東京連合婦人会創立当時の思出」『連合婦人』52号 1933年11月
(3)「すっかり組織立つた東京婦人の大合同」『国民新聞』1923年10月30日

1　主な活動団体

日本基督教婦人矯風会（にほんきりすときょうふじんきょうふうかい）

矯風会の創立

　世界婦人矯風会のマリー・G・C・レビット（Mary Greenleaf Clement Leevitt）の来日を機に、1886（M.19）年12月6日、東京婦人矯風会として発足した。発起人は矢島楫子、湯浅初子、佐々城豊寿など21人、初代会頭には矢島が就任し、翌87年には「一婦一夫の建白書」を元老院に提出した。また公娼廃止を主張し、90年に発足した全国廃娼同盟会に加盟して「貸座敷引手茶屋及娼妓出稼の営業禁止」「在外売淫婦取締」の請願などを行った。91年10月28日に起きた濃尾大地震は、死者が9,700人余にのぼる大惨事であったが、医師1人、看護婦2人、付添補助1人を派遣して救援活動にあたった。

　93年4月3日、全国組織の日本基督教婦人矯風会となる。女性をとりまく社会の弊風を取り除くことを目的として取り組んだ運動は、一夫一婦制の確立、公娼制度の廃止と女性の国会傍聴実現などである。女性の福祉施設として、94年には新宿・大久保に慈愛館を設立した。1901年には鉱毒地救済婦人会を起こし、足尾鉱毒問題にも積極的に関わった。救世軍などとともに娼妓解放運動を行い、11年吉原遊廓焼失ののちの再建反対運動や、大阪飛田遊廓設置反対運動などを行った。

　会の機関誌として1888年『東京婦人矯風会雑誌』を発刊、93年には『婦人矯風雑誌』に、95年には『婦人新報』となり、今日まで続いている。

　創立以来会頭を務めた矢島楫子は、1921（T.10）年4月の第29回大会で高齢のため辞任し、小崎千代が就任し、23年6月には財団法人となる。

関東大震災時の活動

　関東大震災によって、矯風会の赤坂の本部は全焼した。久布白落実らは老齢の矢島を連れて大久保の東京婦人ホームに避難した。以来この婦人ホームは、震

災救援活動の中心地となった。早くも4日には罹災失業者の職業紹介を始めている。9月14日には教派を超えて基督教震災救護団が結成され、救護、児童保護、伝道、慰問の4つに分かれて活動を開始した。矯風会は救護のなかの被服部を受け持ち、全国各地から衣類や布団などを集めて、洗濯し仕立て直しをして被災者に分配した。また青山女学院内に収容された100人以上の迷子・孤児たちの世話をも引き受けている。

9月26日、久布白が救護団本部のある神田青年館に行くと、東京市から救援依頼があったと伝えられた。その足で東京市のテント事務所に出向くと、子どもたちへのミルクの配給に、100人くらいの女性たちの手を借りられないかという話だった。さっそく河井道、羽仁もと子ら女性団体の幹部や女学校の校長宛に40通の手紙を書き、手分けしてこれを配った。28日には12団体34人が集まり、100人以上の人手が確保された。この席上「これは東京連合婦人会ぢゃありませんか」という声があり、女性団体の大同団結が行われることになった。以後、東京連合婦人会本部は大久保百人町の矯風会東京婦人ホームに置かれ、矯風会は東京連合婦人会の中心的な存在として活躍することになった。

9月30日、東京市社会局に集まったのは、矯風会のほか基督教女子青年会、桜楓会、婦人平和協会、自由学園、愛国婦人会、二葉保育園など16団体134人であった。被災地をいくつかに区分けし、それぞれが分担することになった。できるだけ戸別に5歳以下の乳幼児のいる家庭を訪問し、3日ごとに1缶ずつのミルクを配ることになったが、その際、産婦や傷病者、高齢者、迷子の保護、衣服・食料の状態、台所などの衛生状態などを調査カードに記入し、市社会局に報告することになっていた。

10月初旬には東京市後援の事業として、震災のショックで母乳が出なくなった母子を療養させるため「一週間療院」を、内務省社会局嘱託の林ふくを主任とし、赤坂本部焼け跡に設置する計画を立てた。実際の開院は翌年2月9日となったが、群馬からきた看護婦の金谷、薬剤師の塚本、矯風会会員の本山らが協力し、利用者が多く大変感謝された。

また全国組織の強みを生かしての各支部からの見舞金、救援物資、またアメリカの矯風会からも1,000ドルが送られてきて、救援活動に大きく役立った。矯風会独自の活動としては、①婦人ホームの一部を日赤に提供して産院とした。②

表門前を帝大基督教青年会の家庭購買組合に提供し、一般の人の便宜をはかった。③婦人ホームの洗濯場を百人町住民の食糧配給所に提供したなど、多方面での活躍が行われた。

　震災後の活動でもっとも力を入れたのは、焼失した吉原遊廓復興反対運動であった。矯風会は廓清会とともに10月3日、内務大臣宛に公娼廃止の請願書を提出した。その後、東京連合婦人会内の研究部を中心に11月3日、全国公娼廃止期成同盟会を結成し、吉原復興反対の運動とともに、一般の人びとにも呼びかけて公娼廃止の運動を繰り広げた。期成同盟会の綱領は、1、焼失した遊廓の復興を許さぬこと。2、全国を通じ今後貸座敷および娼妓の開業を新たに許可せぬこと。3、今後半カ年の猶予期間を附し、現在の貸座敷業および娼妓の営業を禁止することであった。

　12月には廓清会と協力して、第47帝国臨時議会に「焼失遊廓再興不許可に関する建議案」を提出した。矯風会はもとより東京連合婦人会に集まった女性たちも、多くの代議士の賛成を得るため手分けして訪問した。上程日は当初18日で、多くの女性たちが傍聴席に詰めかけたが、急きょ22日に変更、その日の賛成者は118人に上った。当日、建議案は復興3案とともに委員会付託となったが、23日議会最終日、賛成者は160人となったが委員会で審議未了となり議会は終了してしまった（活動記録参照）。

矯風会の戦中・戦後

　矯風会ではその後も一貫して公娼廃止運動を行い、東北地域の凶作に際して娘身売り防止運動や、救出した娼妓のための慈愛館の運営に力を注いだ。また婦人参政権運動にも協力した。一方1943（S.18）年には「大東亜新秩序建設の国策遂行に挺身し併せて本矯風会としての職域奉公を全うせん為、行的、思想的錬成を主眼として」矯風会幹部錬成会を開催したり、植民地地域にも支部を設けるなど、戦争への協力姿勢をとり続けてきた。

　戦後は、会として戦争協力への責任を自覚し反省。売春禁止法制定の運動や純潔教育の推進などを行った。売春防止法制定以後は風俗営業法の問題やアジア女性の出稼ぎ問題などに取り組んだ。また戦争への反省から平和部を設置、原水爆禁止運動、安保条約改定反対運動、靖国神社法案反対運動、ベトナム反戦

運動などにも積極的に関わってきた。

　日本ではもっとも歴史の長い女性団体であり、現在も東京・大久保を本部とし日本キリスト教婦人矯風会として活動を続けている。　　　　　　　　（折井）

　参：日本キリスト教婦人矯風会編『日本キリスト教婦人矯風会百年史』ドメス出版、1986年

日本基督教女子青年会(にほんきりすときょうじょせいねんかい)
(日本YWCA)（にほんわいだぶりゅしーえー）

　日本YWCAは、1898(M.31)年創立のキリスト教に基づく組織の世界YWCAに属している。1905年9月29日に日本YWCAが、11月25日に東京YWCAが設立する。その違いは、組織全体を運営する日本YWCAと、会員が実際に活動をする地域に密着した東京YWCAである。設立前の04年に機関誌『明治の女子』を発刊して、聖書研究や活動を広めている。日本YWCAの幹事であり、東京YWCAの初代会長も兼ねた津田梅子は「未来の国民の母たる青年女子の精神上、智識上、体格上、社交上の進歩を謀ること」(『明治の女子』第2巻第9号 1906.1)が世界の列強に加わった日本として必要と述べ、すでに活動していた日本基督教青年会（日本YMCA）のような事業をめざしていた。『明治の女子』は元号改正により『女子青年界』と名称変更し、その後『YWCA』となっている。東京YWCAでは『地の塩』と名づけられた機関誌が発行された。

　地域支部や学校に設けられた学校支部があり、女子学生のための寄宿舎の開設、世界YWCA大会への出席、上野駅における女性保護案内事業、東北凶作や桜島大噴火のときの慰問袋作製、女性の就職のために計算員養成科の新設、キリスト教の修養会、指導者養成などがなされ、会員はボランティアとして関わっている。

関東大震災時の活動

　関東大震災では、日本YWCA（神田区駿河台袋町）と東京YWCA（神田区北神保町）の両会館を焼失。しかし、残った寄宿舎などを拠点に地震直後からYWCA独自の救済活動をしながら、基督教震災救護団や東京連合婦人会に参加

している。1929（S.4）年2月には東京YWCAが駿河台会館を再興している。

東京連合婦人会にはミルク配りから参加。23（T.12）年9月30日から毎日、月島方面、築地方面、芝方面へ30人以上の会員で1週間届けた。その数は月島が680缶、築地が86缶、芝新網町と港町が108缶で合計874缶（3日に1缶の割合）。

12月21日から24日までの「隣人の愛」布団デーにも牛込区担当として参加。集めた布団を運んでくれる14、15人の青山学院の生徒と一軒一軒を訪問した。その結果、613円余りの寄附と布団350枚、座布団73枚が集まった。24年1月からは、日本YWCAの総幹事である河井道が、総務委員長を務めている。同年9月の震災共同基金募集デーにも参加。YWCAは神保町、須田町、丸ビルを受け持ち、道を行く人から募金をしてもらった。26年2月に組織改編をした東京連合婦人会にも団体として加盟し、志立タキ、加藤タカ、酒井愛子などが委員となり、尽力している団体である。

大震災時にYWCAの活動として、牛込区納戸町の寄宿舎を使って、和洋裁縫と編物の仕事を提供し、1日80銭以上を罹災女性や失業した女性が得られるようにした。2カ月間で延べ4,500人が参加し、支払った工賃は3,560円であった。また防寒用のセーター、ジャケット、肩かけなどの編物や、子ども用の和洋服を有志の者が作製し、京橋区と深川区の一部と被災した会員に配り、残ったものは月島と北神保町の焼け跡で廉売した。北神保町の焼け跡にテントを張り、近隣の人たちに無料宿泊所を提供し、10月10日より12月31日までに延べ2,038人が利用したほか、浴槽に四斗樽を使った無料の簡易浴場は延べ2,634人が利用した。12月には日曜学校協会の敷地を借りてバラックを建て仮事務所とした。

「月島事業」

この事業は、内務省の依頼により1924（T.13）年12月から25年7月22日まで行われた避難民救済事業である。若い女性対象には、裁縫や編物を教えて品物を製作し、生活の足しになるように工賃を支払い、永続的な収入が得られるようにした。幼児には、午前中は幼稚園のように、午後は託児所のようにして預かる場所を設置し、午後6時まで母親が仕事に携われるようにした。その地域を健全なところにするために日曜学校などを催し、クリスマスには基督教

震災救護団と一緒に音楽やプレゼントを贈った。

　24年5月になると、月島の工場が復興して地域に活気が出てきたので、当初の救済事業から持続的なものへと変わっていく。事業に参加した1日当たりの人数は、開始時と1年後では、幼稚園部55人→45人、裁縫部20人→10人、クラブ（お話と行事）20人→12人、日曜学校70人→80人と全体に減ってきている。この事業に精力的に関わった横浜YWCAの光静枝は25年3月末に辞め、この事業は7月で中止となる。

　現在まで多くの地域YWCAと中学・高等学校YWCAが日本で活動し、地球的かつ女性の視点で平和や人権の問題を考え、行動しつづけている。

（矢次）

参：日本YWCA100年史編纂委員会編『日本YWCA 100年史　女性の自立をもとめて　年表1905—2005』日本キリスト教女子青年会、2005年
　　東京YWCA100周年記念委員会編『年表　東京YWCAの100年』東京基督教女子青年会、2005年

桜楓会（おうふうかい）

　1901（M.34）年4月、成瀬仁蔵により開校した日本女子大学校の同窓会。第1回生は卒業の1年前から、3年間の修学の後も母校と連携を保ち、学んだことを卒業後に発展させたいと、同窓会設立を計画した。組織についての相談会を開き、会を桜楓会と命名し、機関紙発行や委員を決め、03年4月20日に発会式を行った。翌年の第1回卒業式の翌日、4月10日に第1回総会を開催した。会長は成瀬校長、副会長は麻生正蔵学監が就任した。

　会員は、家庭部、教育部、社会部の3部からなる研究部のいずれかに入って研究に着手する。04年3月2日発行の最初の機関紙『女子大学週報』は謄写版刷りで3号まで、次いで、6月25日にタブロイド判8ページで隔週発行の『家庭週報』を創刊した。1回生の小橋三四、橋本八重が編集・発行を担当。刊行に関わるすべてが女性の手になることは画期的であった。以後、51（S.26）年4月まで若干の休刊はあるものの第1633号まで続刊し、以後は月刊『桜楓新報』と改称して現在にいたる。

13（T.2）年6月には社会部の仕事として、小石川区久堅町の「氷川下細民部落」付近に託児所（2歳以上6歳未満）を20人の託児で始めた。15年には府下下巣鴨宮下町に移転し、託児80人の桜楓会託児所へ。20年に府下日暮里に桜楓会第二託児所として日暮里託児所を開所する。

　20年の総会で組織変更し、8月に社団法人桜楓会として成立。支部は8支部でスタートしたが、20年には56支部となる。研究部は一新して、思想研究部と実際問題研究部を設けた。定款には「細民生活状態ノ調査並ニ託児所ノ経営」が事業の一つに明記されている。

関東大震災のときの活動

　震災後初めて第3種郵便の取り扱いが開始された1923（T.12）年10月5日、『家庭週報』第724号が発行された。この号は震災特集号ともいえ、「震災記 動揺の十日間」「上野に開いた児童救護部」「上野の天幕食堂」「下谷区を受持つてミルク配給をした或る日の感想」など、見出しから会の実際的な活動がうかがえる。

　桜楓会は震災後に、いち早く震災救護部を設置し、これまでの経験から市社会局と協議のうえ、児童救護部と被服救護部とを設置し、救護事業に参加した。

　宮内省からの下賜金500円を児童救護部の資金とし、9月19日から12月28日まで上野公園小松宮銅像の傍らにテント張りの児童救護所を設け、栄養不良に陥っている避難児童のための昼食提供を行った。食券を配布し、1日400人内外に給食した。また、10月17日から12月28日まで、浅草玉姫にも児童栄養食供給所を設けて活動した。12月29日以後はいっさいが市社会局の手に移るが、桜楓会員9人は社会局が市内各所に設けた救護部の主任として働いた。

　9月11日には被服救護部が設けられ、市社会局を経て全国から集まった衣類は、貨物自動車に山と積まれて毎日平均約3,000点が届けられ、消毒や縫い返しを行って、市内各所の罹災者に届けられた。こうした様子は、『写真で綴る桜楓会の100年』（2004.12）に収められており、マスクをつけ、手拭いを姉さんかぶりにし、白割烹着姿で働く女性たちの懸命な姿がとらえられている。

　12月には内務省救護局からの2棟のバラックが上野公園内に完成し、1棟は児童救護所の場所で、一部を2歳未満の乳児40人収容の乳児預り所（8時～16

時、無料）にして、12月8日から開始した。もう1棟は見晴台の一角で、婦人授産部にあてた。

　また、大阪毎日、大阪朝日両新聞社が罹災乳幼児のために、ベビー服と帽子のセット8,000組、ベビー服3,000枚を配布した。これらのベビー服は、桜楓会がデザインして作製したもので、東京市が配った。24年3月に東京市社会局発行の『震災後に於ける児童保護事業概況 其二』に、ベビー服を着た乳児、縫製の様子などの写真とともに報告されている。

東京連合婦人会での活動

　「わが桜楓会も連合して組織した東京連合婦人会」と、『家庭週報』第725号（1923.10.19）に記されている。東京連合婦人会結成の日となる1923（T.12）年9月28日の最初の会合に、桜楓会からは日本女子大学校英文学部教授の上代タノ（のち第6代学長）が出席している。上代は翌年には米英に留学し、27年帰国なので、このときだけの参加であろう。

　東京連合婦人会最初の仕事は、9月30日に東京市役所に集合し、市の嘱託による乳幼児へのミルク配りを行う。会員と在学生有志で、上野署を中心とした下谷一帯に散在するバラックを戸別訪問し、実情調査のうえでミルクを配った。

　10月1日に参加した英文学部の有志数名は、谷中警察の案内でめぐり、そのときの正式名称を「市社会局後援東京連合婦人会救護班」としている。訪問するのは女性であるのがもっともよい、と感想を述べている。

　6日に開かれた大久保の東京婦人ホームでの第2回会合に参加し、ミルク配りの報告を行い、前週に続いてのミルク配り、妊産婦の保護など次の仕事の打ち合わせをした。各団体が非常な熱心さで活動を続けている、と記す。

　10月27日の発会式では、桜楓会理事長の井上秀は社会事業部（のち社会部と改称）と教育部に所属し、両部は提携して罹災者調査カードの作成に関わる。また、11月2日には、児童保護部を設けて市当局と子どもの保健等で協力するために開いた下相談会に井上が出席する。ただし、同部は成立していない。

　東京連合婦人会が東京市社会局から委嘱を受けた罹災者カード調査（調査カードC）では、本所区内を受け持った。11月2日午前5時半、白の割烹着に手拭いをかぶって、校庭に集合した。日本女子大学校の麻生校長はじめ、教職

員、寮監、指導者、桜楓会役員の60余人が、大学と附属高女4、5年の有志約800人を引率して調査を実施した。約30人の学生を1班とし、主任（引率者から2人）が付き添い、2人一組で約40世帯を調査した。調査の終わった家の入口には用意のラベルを貼り、記入を終えた調査カードは揃えて、主任が本所区役所に提出した。当日終わらない班は4日にも行い、終わっていた班の有志学生は浅草区役所の依頼で区内の一部の調査を約80人で行った。

12月3日と8日、東京連合婦人会独自のカードによる罹災者カード調査（調査カードB）での分担は、上野集団バラック全部1,500世帯で、桜楓会会員有志延べ40余人で行った。調査内容は布団配給の参考のためだが、乳児保育の状況と職業の有無および種別を調査し、今後の児童問題、女性職業問題、授産の参考とするものであった。

24年3月27～29日、授産部の家庭文化展覧会に、桜楓会はベビー服や文化的台所の実物を出品している。5月11日の教育部主催の「ダルトン教授法の講演会」は、アメリカのヘレン・H・パーカースト（Helen H. Parkhurst 1887-1973）によるものだが、日本女子大学校附属高女では、この来日を期してドルトン・プランの新教育法が導入され、2年間実施するので、この講演会の企画は井上秀、桜楓会によるものかと推察される。

また、9月に教育部主催の「母姉の授業参観」の実施校の一つに、「日本女子大学校附属高女」とあるので、この企画にも関わっていると思われる。

その後、28（S.3）年2月の第5回総会の出席者に、「桜楓会など加盟34団体の代表全て60余人」とあり、41年7月の『連合婦人』の「7月定例委員会報告」には、桜楓会（出野柳子、佐久千代）の報告が掲載され、この間の「定例委員会報告」にも報告しているので、42年12月の解散まで加入していたものと思われる。

その後の活動

女性団体を統合し、1942（S.17）年2月発会の大日本婦人会について、その「生みの親」のひとりである桜楓会会長の井上秀は、桜楓会と大日本婦人会との関係について、次のように述べている。「職能団体や同窓会の如き特殊のものはそのままとしてゆく」ので統合せず、「桜楓会は研究団体として……大東亜共栄

圏の婦人の今後の文化指導等に……貢献し、新婦人団体との協力を一層密」にする、とした。

　戦後、桜楓会の再出発をめざし、いちはやく46年1月15日に『家庭週報』を復刊。年4回の発行だが、戦後の混乱期に会員相互を結ぶ絆として、大いに組織再生への役割を果たした。会長の井上は戦後公職追放となり（51年解除）、会長は第5代校長（48年より学長）の大橋広が就任する。

　48年3月、日本女子大学校は文部省令による新制大学に昇格し、4月に日本女子大学となった。『家庭週報』は51年4月まで刊行し、5月26日に月刊『桜楓新報』を創刊し、機関紙としての役割を継ぐ。時代の要請に沿って、さまざまな研究会・研修会・講演会を開催するなど、活動を続けている。

（松下、永原）

　参：中村政雄編『日本女子大学校四拾年史』日本女子大学校、1942年
　　　『家庭週報』第724号（1923年10月5日）～第735号 1924年2月15日
　　　日本女子大学編『日本女子大学学園事典──創立100年の軌跡』2001年

自由学園（じゆうがくえん）

自由学園の創設

　自由学園は、羽仁吉一・もと子が理想とする女子教育を実践するために『婦人之友』（1921年2月号）にその創立を発表した。毎年婦人之友社が運動会を開いていた運動場（北豊島郡高田町雑司ヶ谷、現 豊島区西池袋）に校舎を建てることにし、設計をフランク・ロイド・ライトと遠藤新に依頼した。

　1921（T.10）年4月15日、校舎は未完成のまま開校する。本科1年生26名の少女、新しい教師、父母たちによって自由学園は始まった。もと子の家の8畳と6畳の部屋を使用し、5月5日、高等科59名の入学式を行った。22年6月9、10日に校舎落成報告会を開き、新入生は125名であった。園長のもと子はキリスト教の精神に基づき、自由で実のある学問を実践する。33（S.8）年久留米村南沢（現 東久留米市）に校舎を移転することにし、34年9月11日、落成した新校舎で始業式を行った。35年4月には男子部が発足する。

関東大震災時の救援活動

自由学園としての活動

軽井沢で関東大震災を知ったもと子一家は2日に吉一が帰京し、もと子は5日にようやく自宅に帰ることができた。幸い学園の建物はガラス1枚の損傷だったため、16日（日曜日）を始業式とし特別な学期を始めることにした。この日から山手線が開通し60余人かが集まった。先学期までの委員制度の組織を改めて、常務委員、整理委員、奉仕委員の3委員会をつくった。奉仕委員はとくに社会奉仕の方法について考えることにした。その結果当分の間朝8時から3時間の授業にし、もと子の指示のもと救援活動にかかることにした。

① **着物の仕立て**（高田町雑司ヶ谷上り屋敷に避難している人びとのため）

生徒を通して、いろいろな布類の寄附を受け、毎日毎日持てるだけ運んでくるので、置き場が山のようになる。3時間の勉強の後、手ほどきを受け、洗ってのりをつけ張り板に張ったり、縫ったりと一生懸命働いた。もと子は約100枚の着物ができたとき、上り屋敷に避難してきた人たちと話し合い、子どもたちの母親から寄附された布を、丹精を込めて縫い上げた着物で2枚と同じ物はない。どれを誰に上げるかで不公平にならないために、売る考えです。そのお金を綿代にして次は布団を作るといい、この考えに賛同を得て、30家族に96枚の着物と帯や紐、シャツなどを販売し、お金のない人の相談にものった。

② **布団づくり**

30家族のために70枚の布団をつくることに。着物の売上金は120円余りで70枚の布団の綿を買うには不足と聞くと、綿やお金の寄附があり、綿屋は職人を世話してくれた。布団は1枚1円から1円70銭まで、平均1円30銭ぐらいで、1枚も残らず完売した。残った布は布束にして配り、さらに100枚の雑巾にして学校で使用することにした。

収入は310円（売上220円・寄附90円）、綿と職人の手間賃等を除いた残金を太平小学校の給食のために寄附した。9月21日から布集めを始めて終わったのは10月20日だった。

③ **太平小学校（本所）の昼食づくり**

できそうなことは何でもしなくてはと思っているもと子に、末弘厳太郎（東

京帝大教授、帝大内に東京罹災者情報局設置）は太平小学校で児童に昼食を食べさせるようなことはどうかと提案した。

　もと子はここで200人の子どもたちに100日間昼食を食べさせようと考え、東京市の了解を得て準備をしていると、この話を知ったメリー・R・ビーアドが自分たちのために用意したいろいろな缶詰やチーズ、ジャム、砂糖などの食料を提供してくれた。10月15日の最初の給食日にビーアドを招待した。

　費用は1人15銭。1日200人平均で30円かかる。100日で3,000円、準備に500円かかるとして3,500円、費用の半分をもと子の知人たちの寄附で、あと半分は婦人之友社を通じて母親たちに協力を依頼した。

　東京市も文部省も貧しい児童の栄養のために昼食を食べさせることを考えているという。その先駆になることを有志の婦人に許可してくれたことにもと子は感謝した。東京府から東京連合婦人会に提供された3つのバラックの1つを太平小学校の臨時食堂のために建てられることになった。食堂は60坪の広さである。

④　臨時の小学校

　町内の小学校が休校しているため、学園の周囲で毎日遊んでいる地域の子どもたちを集め、10月初旬から11月下旬まで1日3時間の授業をした。生徒数は約150人で小学校の復習程度で、学園の教師と卒業生や上級生が担当した。

東京連合婦人会と連携した活動

①　ミルク配り

　東京市社会局の依頼でミルクを配ることになり、9月30日から2週間東京連合婦人会の1団体として本郷区内（現 文京区役所あたりと下谷池之端方面）を受け持った。1軒ずつ訪ねて対象となる家のカードを作った。ミルクの配給は3日に1度であり、3分の1をまわればよいので効率がよくなった。毎日20人くらいの先生と生徒が本富士署でミルクを受け取り4班に分かれて配り、延べ300人くらいで700人に1,955缶を配った。

　なお、賀川豊彦のセツルメントでもミルク配りを手伝った。断続的だったが雪が降る頃まで長い間手伝った。

②　布団の配給

11月23日から25日まで全関西婦人連合会から東京連合婦人会に贈られた布団を、受け持ち区域の本郷区301世帯に405枚を配布した。「隣人の愛」布団デー（12月21～23日）では布団とその材料、現金募集では高田町を受け持った。集まった布団247枚を227世帯に無償で配布した。集まった現金1,022円5銭を244枚の布団にし、30銭から1円50銭くらいで売り、その売り上げ収入は254円80銭だった。これを子どもの慰安会の費用にあてた。

③ **調査活動**
　本郷区の乳幼児、妊産婦調査を行う。536世帯。10月23、24日市社会局より委嘱の罹災者カード調査を分担の本郷区並びに高田町で行う。本郷区3,837世帯、高田町905世帯。

現在の自由学園

　創立当時の理念を現在も継承し、キリスト教精神に基づく「生活即教育」を実践している。幼児集団（幼稚園）から最高学部（大学）まで少数主義の一貫教育で、10万㎡におよぶ広いキャンパスで約1,000人が学んでいる。（東久留米市学園町1-8-15）　　　　　　　　　　　　　　　　　　　　　　（織田）

　参：『羽仁もと子著作集 第十四巻』婦人之友社、1928年
　　　『自由学園の歴史』自由学園女子部卒業生会、1985年

桜蔭会 （おういんかい）

　東京女子高等師範学校までの前身校、並びに付設教員養成所の卒業生とお茶の水女子大学卒業生の同窓会。1903（M.36）年8月に結成され、12月に『桜蔭会々報』第1号を発行、翌年1月に発会式を行った。1914（T.3）年には校内（本郷区湯島）に敷地を借りて桜蔭会館を新築し、文部省の認可を受けて社団法人として発足した。
　23年9月1日の関東大震災で会館は焼失したが、仮事務所を巣鴨の文華高等女学校（桜蔭会会員の戸野みちゑ、十文字こと、斯波安の共同出資で22年創立）内に設置して、被災後第1回主事会を9月17日に、第1回評議会を9月22日に開催して活動を開始した。

10月20日、東京連合婦人会の第4回会合に出席した主事の斯波と十文字は、参加者たちの「唯もう現在をどうしたらよくして行かれるか」と、熱心に協議する様子を見、22日に評議員会を開いて加入を決定し、当日に入会した。委員として斯波、十文字、沼津孝、作間晴、佐々木君代、土岐安の6人が参加し、主に教育部の活動を担った。

　守屋東が「女子高師の桜蔭会が熱心各団体の集合につとめ、十八団体を初めとして教育部が出来た」と述べているように、桜蔭会は教育部の中心的存在であった（「Ⅳ-5 教育部」参照）。主な活動は、罹災者カード調査と罹災児童愛護デーの募金活動である。

罹災者カード調査

　東京連合婦人会が東京市社会局から依嘱を受けた罹災者カード調査（調査カードC）では、小石川区を担当した。罹災者数最多の区を担当するため、東京女子高等師範学校の茨木清次郎校長に交渉して許可を得、在校生と附属高等女学校専攻科生徒の延べ700余人の援助により、桜蔭会は1923（T.12）年11月4、10、11日の3日間で、戸別訪問による罹災状況のカード調査を行った。

　陣頭指揮は、斯波安と佐々木君代がとった。区内77町を17班に分け、調査カードにより行う。世帯数6,123、罹災者数17,886人の罹災状況を把握することができた。その結果、罹災者がもっとも希望するのは布団と判明し、12月2、12日に関西より寄贈の布団500枚を調査カードにより、困窮者、老人、乳幼児、病人を優先して配布した。また、小石川区役所に山積する救護品も、このカードにより12月25、26日に必要なものを必要なところに配った。

罹災児童愛護デー

　教育の復興計画が後まわしにされ進まないため、沢柳政太郎ら茗渓会により組織された教育復興同志会に桜蔭会も加入し、主事の斯波が東京市学務課長らと罹災小学校を視察して、その惨状に驚き、東京連合婦人会に報告し、救済の急務を説いた。即座に賛同した守屋東は、桜蔭会を中心として催すことを提議し、1923（T.12）年12月8日に罹災児童愛護デーの開催を決定した。

　当日は各区内の駅前で都下各女学校生徒らも参加して街頭募金を行った。募

金合計額は 13,763 円 91 銭にのぼり、東京府、市の学務当局と協議し、公立小学校 118 校、私立小学校 16 校にすべて配分された。

これらの活動については、『桜蔭会史』の「第四章 東京連合婦人会に加入して」、および東京市役所発行の『東京震災録 別輯』に詳細に記録されている。『桜蔭会史』によると、「東京市役所から大正十三年末に東京市震火災史編纂資料を徴集せられたにより回答した」とあり、他団体に比して格段に精緻な記録である。なお、震災で焼失した東京女高師の校舎と桜蔭会館は、1932（S.7）年に現在地の小石川区大塚（現 文京区大塚）に新築移転された。

また、当時、桜蔭会仮事務所となっていた文華高等女学校に、罹災者救護の目的で、裁縫・編物を主とする実務女学校を 11 月 24 日に開校した。授業は土曜の午後と日曜のみで、無月謝・無試験で、翌 24 年 3 月まで継続。これが、桜蔭会経営の桜蔭女学校として同月に設立し、26 年 4 月に 5 年制の桜蔭高等女学校の設立（現 桜蔭学園）となった。

1945（S.20）年 4 月の空襲により、桜蔭会館が再度焼失した。

戦後、49 年に国立学校設置法の公布により、お茶の水女子大学が設置された。61 年、当時の会員の寄附金により桜蔭会館を新築し、現在にいたる。

（永原）

参：『桜蔭会史』1940 年、『お茶の水女子大学百年史』1984 年

作楽会（さくらかい）

東京女子高等師範学校附属高等女学校とお茶の水女子大学附属高等学校卒業生の同窓会。1891（M.24）年 4 月に結成され、1904 年 3 月に会誌『作楽』を発刊。作楽会の名称はかつての学校所在地が、お茶の水「桜の馬場」跡地にあったことと、同窓会の楽しみを作る意を合わせて命名された。

1914（T.3）年、お茶の水の高女敷地内に作楽館を新築する。この作楽館では、20 年に平塚らいてう（作楽会会員）らによる新婦人協会の政治法律夏期講習会が開催されている。

関東大震災で、校舎とともに作楽館は焼失するが、現在地の小石川区大塚（現 文京区大塚）に新築移転した高女敷地内に、1935（S.10）年新築する。

作楽会は、東京連合婦人会での1923年11月の罹災者カード調査には、専攻科在校生は参加しているが、作楽会としての参加はない。大震災1周年目の24年9月1日の震災共同基金募集デーでは、打ち合わせの段階から参加し、当日は渋谷駅前を担当し408円4銭を集め、被服廠跡に次いで2番目の成績であった。募金総額3,577円41銭5厘。

　1945年4月の空襲で、作楽館が再度焼失する。58年に作楽会館を新築し、現在にいたる。　　　　　　　　　　　　　　　　　　　　　　　（永原）

　参：『作楽会百年のあゆみ』1992年、『桜蔭会史』1940年

有隣園（ゆうりんえん）

　有隣園は、大森兵蔵・安仁子夫妻によって1911（M.44）年8月、新宿・淀橋に設立された。幼稚園、授産所、徒弟夜学校、図書館などを兼ね備えた、当時としては珍しい総合福祉施設（セツルメントの先駆け）だった。

　園長の大森安仁子は、1856年12月7日アメリカ・ミネソタ州で生まれた。旧名はアニー・シェプリー・サージャント（Annie Shepley Seargeant）といい、学校教師をしていたが画家を志してフランスに学び、帰国後は画家として活躍していた。彼女の家にアルバイトとして雇われた留学生大森兵蔵と知り合い、困難を乗り越えて2人は結婚した。兵蔵は31歳、アニーは50歳だった。1908年夫とともに来日したアニーは日本に帰化、大森安仁子と名乗った。

　兵蔵は岡山県出身、同志社大学に学び、のちアメリカに留学し、帰国後は東京YMCAの体育部主事となった。彼は日本人の体位向上のため体育の啓蒙と指導、さらに児童青少年のための運動場などを含むセツルメント事業を構想していた。安仁子は夫の志に賛同、「有隣婦人会」を組織し、子どもたちの体位向上を目指す有隣園を開設した。しかし夫は1912（T.1）年、日本が初参加したストックホルムオリンピックに選手団長として参加、そののち体育事業視察のために渡ったロサンゼルスで13年に病死した。

　安仁子は同行していたが夫の遺志を継ぐため日本にもどり、篤志家の寄附に私財を加えて有隣園を拡大し、少年・少女のために卓球、演劇などのクラブをつくり自主運営させ、お話会や演芸会など多彩な活動を行った。17年には「商

店の小僧さん、工場の小職工……昼間学校に行けない子守役の子ども達」のための徒弟夜学校、22年には診療所も開設し、次第にセツルメントとして発展していった。安仁子の事業を支えたのは、兵蔵の姪である澄江とその夫松田竹千代などであった。

　大正の半ばになると社会事業に対する世間の認識も深まり、大森安仁子の名も知られるようになりその評価も高まって、東京府・市、内務省などの補助金も下りるようになっていった。21年、有隣園創立10周年の記念式典には、後藤東京市長も来園、千数百名の参加者を得て盛大に行われた。

　関東大震災に際しては、東京市の委託で9月11日有隣園内に迷児収容所を設け、10月には東京府による千駄ヶ谷のバラック近くに託児所や職業紹介所を開設するなどの救助活動を行った。その後昭和恐慌時には、政府払い下げ米や古着の廉売など、困窮家庭への救援も行っている。1933（S.8）年には大森兵蔵記念図書館を開設。生活に困っている高齢者用の住宅なども構想していたが資金難のため実現しなかった。

　戦時下、日米関係の悪化や、本人の老齢化などで安仁子は苦しい立場にあったが、困難ななかで率直でひたむきにさまざまな活動を続ける彼女を敬愛する人びとは多かった。1940年、紀元二千六百年記念社会事業大会で、功労者として表彰されたことは、あの時代、信じがたいことでもあった。

　その翌41年8月3日、84歳になった安仁子は、河口湖の別荘で亡くなった。自分の生まれた国と、愛する夫の国、2つの祖国の戦争、また生涯をかけた有隣園の空襲による焼失を見ることなく安仁子は逝った。

　現在、新宿・淀橋の有隣園跡地に松田夫妻の娘、松田妙子らによって碑が建っている。

　安仁子は、日本に帰化して以来、日本人として生活し、アメリカ人として扱われることを好まなかった。画家としての彼女はその後も精進し、帝展に入選したこともあるし、日本の古典『更級日記』を土居光知とともに英訳出版などもしている。

（折井）

参：五味百合子編著『社会事業に生きた女性たち』ドメス出版、1973年
　　松田妙子『私は後悔しない』主婦と生活社、1984年
　　新宿区地域女性史編纂委員会編『新宿　女たちの十字路』ドメス出版、1997年

2 活躍した人びと

井上　秀 （いのうえ　ひで）1875（M.8）―1963（S.38）

　社会事業部（のち社会部と改称）、教育部所属。日本女子大学校教授、家政学部長、桜楓会理事長。のち日本女子大学校第4代校長、桜楓会会長。

　兵庫県氷上郡生まれ。1894（M.27）年京都府立第一高等女学校卒業。豪農井上家を継ぎ結婚。99年第1子を出産。1901年日本女子大学校家政学部1回生として入学し、同時に寮監を兼ねる。04年、1回生として卒業し、同年同窓会として発足した桜楓会の幹事長に選出される。05年附属高等女学校の教員となる。

　08年5月から米国コロンビア大学で家政学・栄養学を、シカゴ大学で社会学・経済学を学び、欧州を視察して10年3月に帰国し、日本女子大学校教授となる。家庭管理を社会科学と位置づけ、家政学の確立・発展に貢献。12年に第2子、13年に第3子を出産。19（T.8）年に家政学部長に就任する。

　20年に桜楓会が社団法人改組で理事長となる。22年日本婦人平和協会理事長に就任し、ワシントンでの世界婦人軍縮会議に出席。

　23年9月の関東大震災後に結集した東京連合婦人会には、桜楓会理事長として加わり、30日からのミルク配りでは、桜楓会は下谷一帯を担当した。社会事業部と教育部に属し、10月の戸別訪問による罹災者カード調査では本所区を担当し、学生と高女生徒有志の支援を受けて実施した。

　一方、桜楓会はいち早く市社会局と協議し、9月19日から児童救護部と被服救護部とを設置して救護事業に参加する。10月からは上野に婦人職業部と児童診療所を増設した。

　1931（S.6）年、第4代校長に就任後は公職を歴任。41年、大日本青少年団副団長となり、戦後公職追放となる。51年、日本女子大学理事、評議員に復帰する。56年に小田原女子短期大学学長に就任。1963年7月19日に88歳で死去。

（永原）

参：中村政雄編『日本女子大学校四拾年史』日本女子大学校、1942年
　　日本女子大学編『日本女子大学学園事典――創立100年の軌跡』2001年

小沢　豊子（おざわ　とよこ）1901（M.34）―1950（S.25）

　労働部所属。会の有給書記。東京赤坂に生まれる。忍岡高等女学校卒業後、東京市水道局に勤務する。理想とする家庭と職業との両立は現実には難しい世の中で、職業に就くことで、家庭をもち母となる幸福を得られない半分の幸福であるという一文を「奪はれた半分の幸福」と題して『婦人と労働』（1934年4月号）に載せている。

　国民新聞社の梅山一郎の紹介で、水道局を退職して東京連合婦人会労働部の一員となる。ある程度会の形が整った頃で、雑務を引き受けるのが自分の役目と思っていた。間もなく労働部の書記を引き受ける。皆はほかに仕事をもっているため会務に没頭しているわけにいかず、役員会で有給の書記を置くことになり、村上秀子の推薦で東京連合婦人会と労働部の書記を兼務することに。「大同団結による婦人の力が社会的に勃興していく有様を、身に沁みて感じることが出来る時代」であった、とのちに感想を述べているが、会の方針と自分の意見が合わなくなり、1年ほどで書記を辞し、後任に永島暢子がなった。

　1926（T.15）年2月14日の第3回大会で組織が改編され、各部を廃止し労働部は労働婦人協会と改称し、東京連合婦人会の1団体となる。とりあえず事務所を小沢の自宅に置き活動することになった。

　25年労働事情調査所を設立した矢次一夫が、27（S.2）年春、藤井悌や小野武夫と雑誌『社会運動』を創刊したとき、藤井の紹介で豊子が手伝い、その縁で28年に結婚し、矢次豊子として夫の仕事に参加する。「婦人も自分の力を出来るだけ社会的に働かせる方が、自分にとっても社会にとっても幸福であるといふ信念」を貫いた。『労働週報』（1925年創刊）の今日あるのは豊子のおかげと創刊10周年の席で一夫は語った。婦人経済会会員、日本婦人団体連盟委員を務め、さらに労働事情調査所、国策研究会などで要職に就いた。

　1950年10月24日49歳で死去。　　　　　　　　　　　　　　　　（織田）

　参：『連合婦人』第52号　東京連合婦人会　1933年11月
　　　矢次一夫編『菊の香り　矢次豊子追悼録』1952年

金子しげり（かねこ しげり）1899（M.32）―1977（S.52）

　総務委員（政治部）・書記。社会運動家。金子姓は結婚した1919（T.8）年からで、42（S.17）年に金子しげりは山高茂に改名との告知を『連合婦人』に載せた。山高しげりでの活動が長い。

　三重県津市生まれ。父は山高幾之丞、母はとみ。両親ともに三重県師範学校の教師であった。1916年に東京女子高等師範学校に入学するが病気などの理由で18年に中退。19年に金子従次と結婚し、翌年に子どもが生まれる。米騒動後の不景気な世の中で、家計を助けるためにと国民新聞社の家庭部の記者になり、国民婦人会の担当となる。関東大震災で国民新聞社は全焼し、女性記者の出る幕はなく、9月24日に設立された災害救済婦人団（26ページ参照）に加わる。

　東京連合婦人会との関わりは、10月初旬に国民婦人会の担当として東京婦人ホームでの会に出席したときが初めてであった。ミルク配りは終わり、参加しなかった婦人団体にその活動を知らせて、これから先のことを考えるための会合であった。しげりは『連合婦人』第52号で「何とかいふ市のお役人が、ミルク配給の報告をしてゐられました。」と書いているように、第2回の会合に出席した。しかし、しげりのところへは第1回目の会合の案内も届いていた。婦選会館の図書室資料に「拝啓　東京市民罹災者全体に救護の手のゆき届くため、市より婦人連合の団体をつくり今月29日頃よりこの団体を通して日々百人位の人々を供結して貰ひ得れば非常に幸ひとのことに御座候　さればその下相談として来る28日（金）午前11時より2時迄左記の所へ御足労願ひ度此の談御願ひ申上候」という9月26日の日付のある、久布白落実から「金子茂子様」宛の手紙がある（240ページ参照）。その当時、災害救済婦人団が設立され、活動を開始する時期と重なり、残念ながら第1回の集まりには出ることがかなわなかったのかもしれない。しかし、同僚の梅山一郎記者は東京の婦人団体がまとまるのを望んでいたので、東京連合婦人会の発足当初は力を惜しまなかった。

　しげりは新聞記者として働きながら、東京連合婦人会の研究部（11月9日か

ら政治部に名称変更）に属し、夜は東京婦人ホームへ通って、東京のこれからのために話し合い、活動した。『国民新聞』に10月以降、東京連合婦人会や女性の活動記事が多く見られるのは、しげりや梅山が取材をしやすい立場にいて、記事を書いたと思われる。24年6月に国民新聞社を退社し、婦人之友社に移る。

　12月13日に婦人参政権獲得期成同盟会（25年4月婦選獲得同盟と名称変更）が設立され、しげりは中央委員となる。そして、この頃から市川房枝との行動が多くなる。

　その市川は、21年7月に新婦人協会から離れて渡米し、24年1月に帰国。開設された国際労働機関（ILO）の東京支局で庶務・会計をしていた。そして、初秋、しげりや労働部の山田やす子に、参政権運動を再出発させようと誘われ、市川も必要性は承知していたのでその流れに参加した。そして、市川も婦人参政権獲得期成同盟会の中央委員となるのであった。

　属していた政治部は、東京連合婦人会の組織改編とともに消滅となる。

　しげりは25年の初夏に体調を崩し、市川の手を借りて療養生活をし、33（S.8）年には協議離婚が成立する。人生の大きな転機に市川とめぐり会えたことをしげりの妹は「大地を得て種子は生命を生か」せたのではないかと語っている。

　27年4月からは婦選獲得同盟の有給幹事となり、主に組織や政治教育の方面を受け持つ。その後、ガス料金値上げ反対運動や東京市のゴミ問題などに取り組み、さらに母子保護の運動にも深く関わる。

　48年に結成された東京都地域婦人団体連盟、52年に設立された全国地域婦人団体連絡協議会の初代会長に就任。この協議会は親睦・隣近所の助け合いを目的とした伝統的住民組織で、同一地域の主婦という共通事項でつながっているが、同じ48年に結成された消費者としての主婦のパワーを集め、不良マッチ追放をきっかけとした主婦連合会とは成り立ちも活動も対照的である。

　62年、参議院議員選挙全国区に無所属で立候補し、繰り上げ当選。参議院議員を2期務める。念願としていた母子福祉法は64年に成立した。

1977年11月13日78歳で死去。　　　　　　　　　　　　　　　　　　（矢次）

　参：山高しげり「私の履歴書」『日本経済新聞』日本経済新聞社、1975年
　　　山高しげり『女性の建設』三省堂、1944年
　　　山髙東『溶岩流──若き日の山髙しげり』ドメス出版、1983年

上村　露子（かみむら　つゆこ）1892（M.25）―1980（S.55）

　社会部所属。婦人協会、日本婦人協会、婦人救護会の代表。人形作家。熊本県生まれ。戸籍名ツユ。20歳で上京し雑誌社に勤める。雑誌記者の傍ら、新婦人協会に入り女性運動をスタートする。民法親族編の研究会に出席し、治安警察法第5条第2項改正後の婦人政談演説会に参加している。協会解散後は、婦人連盟を経て婦人参政同盟に参加し、実行委員として活躍する。1923（T.12）年5月に女性労働状態の改善を目的とした婦人協会を設立する。

　関東大震災後に組織の東京連合婦人会の乳児へのミルク配りでは、担当地区を決めず、「婦人協会上村露子は任意応援」で参加している。一方、震災後すぐに、女性運動はもっと実際的な仕事に乗り出さねば駄目だと創立した日本婦人協会は、「授産、宿泊、人事相談、教育、教化研究、貸費」を目的・事業とし、芝の巴町に婦人寄宿舎を作り、授産部を設けて40数人の女性を預かって被災女性の救援に立ち上がった。同時期には婦人救護会も設立し10月に東京連合婦人会の加盟団体となっている。

　24年春には婦人参政同盟の関西遊説に坂本真琴と参加し、その後内縁の夫、NHKの前身東京放送局の局員宝田道元とともに欧米諸国をめぐり、人形の制作を研究して26年に帰国。自ら制作した人形を「フランス人形」と名づけて、銀座伊東屋で売り出した。フランス人形の普及に努め、第一人者となる。

　戦後は、新日本人形会会長、婦人経済連盟常務、東京商工会議所婦人部常務、工芸協会理事などを歴任し、経済界でも活躍。69（S.44）年の「新婦人協会創立五十周年記念小集会」に参加し、「婦人の解放には経済力を持つ事が大事だと近頃しみじみ感じ」る、と語っている。1980年5月30日に88歳で死去。

（永原）

参：高木正江「上村露子――婦人運動から『和製フランス人形』の創始者へ」折井美耶子・女性の歴史研究会編著『新婦人協会の人びと』ドメス出版、2009年

亀井　孝子（かめい　たかこ）1887（M.20）―1954（S.29）

　総務委員（授産部）。府立目白授産場主任。1887年2月28日神田区生まれ。三省堂創業者の亀井忠一、万喜子の4女。1905（M.38）年に東京府立第一高等女学校（現　都立白鷗中高一貫校）を卒業後、女子英学塾（現　津田塾大学）で学ぶ。結婚せず自立を考え、働くのは人として当然であるが、仕事として何をするかを考える。

　17（T.6）年から18年頃の物価の高騰で主婦に内職希望者が増え、内職する人の側に立った組織をつくりたいと考えるようになった。高等女学校時代の恩師市川源三の励ましもあり、東京府の慈善協会（現　社会福祉協議会）に相談し、本所や深川などの貧困家庭の児童から、その家での内職の種類や状態を聞いて調査した後、19年8月に家庭職業研究会を神田表神保町2番地で設立。

　入会は年齢・性別を問わず、入会の時期はいつでもよく、会費もない。手に職のない人には講習会をして教え、内職するものを取次し、できあがった物の集配、そして販売まで行い、仲介の利益を減らして内職をした人がなるべく利益を得られるようめざしていた。

　内職の展覧会を19年9月17日から21日まで、赤坂の三会堂で開催。鼻緒・折紙・ミシン縫など300種を展示し、1日あたりの仕上げ高や工賃も示して、30種類は実演も行った。およそ5万人が訪れ、そのうち1万人ほどは入会の申し込みをした。多くが中流家庭かそれ以上の家庭の人で、女性1,000人に対して男性20人であった。希望者が多いのは誰にでもできる雲母剥ぎで3,108人、いちばん希望者の少ないのは造花の123人であった。驚くばかりの反響で、内職は気恥ずかしいと思われてきたが、生活が厳しくなっており、時間を有効に使いたいと考える人が多くなったからではないかと亀井は述べている。

　23年の関東大震災では作業場を全焼したうえ、秋に向けて作った約1万円相当のセーターやショールが神田和泉橋際の倉庫もろとも燃えてしまった。つねに2,000人近くに内職を提供していたため、仕事がなくては困ると思い、自宅の一部を作業場にし、手狭だったので12月には寄贈された60坪の大きなバラッ

クを建て、毛糸編物の内職を再開する。

　23年10月11日に東京婦人ホームで行われた東京連合婦人会の失業女性を救済するための会合に出席する。守屋東、福岡安子、田村松枝らとともに職を求めて奔走する。配給品の乳児服の仕立てやバザーの開催など、ともかく忙しかったと、当時を振り返って『連合婦人』に書いている。孝子が東京連合婦人会に関わったのは23年から25年で、授産部の委員であった。また、卒業した東京府立第一高等女学校は浅草区七軒町にあり、校舎は新館を除いて焼失し、同窓会の鷗友会では十数名の死者と1,000名近くの罹災者を出したが、ミルク配りでは地元の七軒町を石川静を中心に担当し、乳幼児にミルクを届けた。

　24年1月に東京府社会局は大震災善後会からの交付金で、失業女性・罹災女性の経済的救済策を始める。東京府家庭副業奨励会を設立し、授産場を経営することであった。5月8日に千駄ヶ谷授産場は主任が福岡安子で開始し、和服裁縫、ミシン裁縫、レース編物などが作られた。目白授産場は5月に創立され、7月1日に開始。主任は亀井孝子。和服裁縫、ミシン裁縫、毛糸編物、フランス刺繍、レース編物、熨斗折、貼袋を作った。経験のない者には無料で教えたのち、仕事をして工賃を得られるようにした。家庭職業研究会はこの授産場にすべて引き継がれ、授産場が目白から中野に変わってからも責任者として活躍し続けた。

　社会的な仕事に携わりたいという希望をもつ孝子は、家庭職業研究会を立ち上げ、東京連合婦人会の授産部を経て、東京府の授産場の主任へと女性の視点で女性の立場を良くするための仕事を続けていった。32（S.7）年発足の小石川区婦人会では常任幹事に就いている。

1954年67歳で死去。　　　　　　　　　　　　　　　　　　　　　（松下・矢次）

　参：「鷗友会より」石川静子『校友　震災記念』東京府立第一高等女学校、1924年3月1日

　　「内職奨励の効果で大人気の雲母剝ぎ　新しく1万5千人が来月からコツコツと」『東京朝日新聞』1919年9月26日

河井　道（かわい　みち）1877（M.10）―1953（S.28）

　総務委員長（1924年度、社会部）。教育者。恵泉女学園創設者。三重県生まれ。父は範康、母は菊枝。代々伊勢神宮の神官であったが、明治維新の緊縮政策で職を解任された父は、家族とともに北海道の函館へ移住した。
　宣教師で教師のサラ・スミスに出会い、札幌に設立されるスミス女学校へ入学のため札幌へ移る。在学中に、札幌を訪れた井深梶之助牧師から洗礼を受ける。1895（M.28）年に卒業後、小樽の静修女学校で寮母兼教師として働く。
　札幌で出会った新渡戸稲造の勧めで98年に渡米。英語を習得したのち、ブリンマー大学に入学し卒業。「すべてを越えた神の国」に属していることを実感したという。
　1904年に帰国後は、女子英学塾で15年まで教師をし、自分のもてるものを生徒に惜しみなく与え、ともに教会へ出かけた。また、05年の日本基督教女子青年会（以下、YWCA）設立に関わり、12年には日本人初の総幹事に就任。
　大磯で関東大震災の激しい揺れを体験。戒厳令の布かれた東京へもどることは容易ではなかったが、清水港から船で汐留に着く。東京連合婦人会の最初の集まりに出席し、ミルク配りをしたあとは、社会部に属して12月の「隣人の愛」布団デーなどで積極的に活動する。24（T.13）年度の総務委員長を務め、24年10月の1周年記念祝賀会と25年1月の第2回大会では司会をしている。
　YWCAの地震で焼失した会館再建などに力を注いだが、26年9月にYWCAを辞職。当時の女性としては珍しい雄弁力、文章力、行動力を発揮し、YWCAの発展・確立に寄与した。29（S.4）年には聖書（キリスト教）・国際（世界的視野）・園芸（命を尊ぶ心）を柱とした恵泉女学園を開設。戦後は文部省の教育刷新審議会委員となり「教育基本法」の制定に関わり、日本の短期大学制度の発足にも尽力した。
　1953年2月11日75歳で死去。　　　　　　　　　　　　　　（矢次）

　　参：河井道『わたしのランターン』恵泉女学園、1968年
　　　　関根文之助『河井道の生涯』新教出版社、1954年

川崎　正子（かわさき　まさこ）（生没年不詳）

　職業部、政治部所属。日本基督教婦人矯風会理事、家庭部長、麹町支部長。家庭料理研究会（1922年創立）代表。新潟県生まれ。牛込区在住の矯風会麹町支部の会員で、1916～21年には、矯風会東京部会の会計係を担当。23（T.12）年6月に財団法人となった矯風会の理事に選任され、家庭部長を兼任する。

　東京連合婦人会で家庭部（過渡期）部長の川崎は、震災後の下町の惨状を見て清潔な食堂の必要を痛感し、市内に食堂を設け安価な食事を提供したいと委員会で提案し、内務省社会局へ申請することを決議。3万円の補助を申請し、社会局で受理され、新潟で食器類・鍋・釜を取り揃え、準備に奔走する。そのうちに、担当が東京府社会事業協会に移り、震災救済醵金で食堂を設置するので設計せよ、との指示で図面を提出するが延び延びで、結局沙汰やみとなった。

　しかし、2年後に東京府社会事業協会から連絡があった。郊外の4カ所に労働者のための公衆食堂を設けるので、受けるかとの打診があり、守屋らと相談のうえ「川崎が個人で受け」ることとなり、千住大橋の食堂を希望して着手した。25年12月末に「千住食堂」を開店する。初めは1,000円近くの欠損だったが、1年後は収支が合い、27年6月には1カ月の来客数450人、売上約1,800円となり、ガスの大釜や水道が整備された。この種の食堂は市内に17カ所、府内に4カ所となったが、そのうち女性主任は川崎ひとりであった。

　一方、26年6月に『公娼制度撤廃の是非──諸方面よりの総合研究』（婦人新報社）を出版（『女性のみた近代14』ゆまに書房、2000年復刻収録）。26年5月全国警察部長会議での「娼妓制度の存廃」に関する諮問討議が出版の契機とのこと。本書は各府県行政担当者に寄贈され、各新聞から時宜を得たものとして高評価を得、27年1月増補再版。5月には『公娼存続問題と時論』も婦人新報社から出版している。その後は、『婦人新報』27年6月に「簡易食堂に就て」があるほかには、32（S.7）年3月の「大会の前」を最後に消息は見当たらない。38年大会での理事に名前はなく、いつ辞任したかも不明である。（永原）

　参：『日本キリスト教婦人矯風会百年史』ドメス出版、1986年

久布白落実 （くぶしろ おちみ）1882（M.15）—1972（S.47）

　政治部所属。日本基督教婦人矯風会理事、のち会頭となる。
　1882年12月16日、熊本県で大久保真次郎、音羽（徳富蘇峰、蘆花の姉）の長女として生まれた。落実は母とともに2歳で洗礼を受けた。13歳のとき母方の大叔母矢島楫子の女子学院に入学、高等科を卒業したのち父母の伝道地アメリカ・オークランドに移住し、バークレー太平洋神学校に学んだ。1906（M.39）年のサンフランシスコ大震災に際して、売春宿で働く日本人女性の実態を知りショックを受け、これが生涯にわたる廃娼運動の原点となった。1910年、久布白直勝牧師と結婚し、シアトルの教会で伝道、その間2児をもうけた。13（T.2）年帰国し高松の教会に所属した。
　その頃『婦人新報』に「廃娼論」を寄稿、これを読んだ守屋東が矯風会の本部入りを懇望、16年上京して矯風会本部の総幹事となった。落実は長男の手を引いて、廃娼運動の趣旨を理解してもらうための「五銭袋運動」を始めたが、間もなく夫は早世した。生まれた長女を含む3児を抱えて、母の協力のもとに落実は運動に邁進した。
　関東大震災で赤坂の本部は焼失し、大久保の東京婦人ホームに移転した。落実らはただちに救援活動を開始、罹災失業者の職業紹介などを始めた。やがて基督教震災救護団が結成されるとその被服部を受け持ち、全国から布団や衣類を集め、洗濯し仕立て直して被災者に配給した。
　9月26日、東京市の非常災害救護事務所のテントに行き「何か手伝えることは？」と聞くと、「ミルク配りを手伝ってもらえないか。やはりミルクは婦人でないとね」といわれた。さっそく各方面に手紙を書き、28日には大勢の女性が東京婦人ホームに集まり、守屋東の指揮のもとに30日からミルク配りが始まった。これが東京連合婦人会の発端となり、その後も東京婦人ホームには東京連合婦人会の本部が置かれ、活動の要としての役割を果たした。
　震災によって吉原や洲崎の遊廓は全焼し、多くの娼妓たちが亡くなった。しかし吉原では早々にバラックでの仮営業を始めていた。9月13日には基督教震

災救護団が結成され、「大東京都市計画中に遊廓地を設けざること」などを決議し、政府や東京市に陳情した。10月1日、吉原公園で娼妓たちの追悼式が行われた。10月3日には廓清会とともに遊廓廃止の請願書を内務大臣に提出した。その後東京連合婦人会研究部（政治部）が中心になって全国公娼廃止期成同盟会を結成した。

また政治部のなかでは、婦人参政権問題が共通の課題として取り上げられるようになった。久布白はガントレット恒子と協議し、婦人参政権を唱える女性たちに手紙を出して、24年11月13日、大隈会館で婦人参政権並に対議会運動懇談会を開催した。ここには政治部のメンバーはもとより、市川房枝、奥むめお、荻原（児玉）真子ら60名ほどの人が集まった。その後、東京婦人ホームなどでたびたび会合が進められ、12月13日、丸之内保険協会ホールで婦人参政権獲得期成同盟会（25年婦選獲得同盟と改称）の設立総会が開かれた。久布白は総務理事に、市川房枝が会務理事に就任した。23日には、新渡戸稲造が「国際連盟と女性」と題して講演した。

この後、久布白は活動の中心を廃娼運動と婦人参政権運動におき、東京連合婦人会は守屋東に任せるようになっていった。しかし婦選獲得同盟と、矯風会が中心の日本婦人参政権協会の役員を兼ねることへの苦慮の結果、30（S.5）年婦選獲得同盟の役員を退いた。

久布白はアメリカで生活していたこともあり、海外での活動も積極的に行った。1922（T.11）年には、フィラデルフィアで行われた第11回矯風会大会に出席、そのあと婦人参政権問題研究のためヨーロッパ諸国を視察した。28年には、エルサレムでの第2回世界宣教会議に日本代表として出席、ヨーロッパをまわったのちソ連も視察した。戦時下には朝鮮、「満州」などを慰問のためまわっている。矯風会本部と婦人ホームはともに45年5月25日の東京山手空襲のため全焼した。久布白は世田谷・烏山の自宅で敗戦を迎えた。

46（S.21）年、戦後第1回の衆院選に自由党から立候補し落選、47年の参院選、50年には参院選全国区だったがいずれも落選した。「無所属だったらよかったのに」と人びとにいわれたようである。

1962年、矯風会の会頭に就任。1972年10月23日に89歳で死去。（折井）
参：久布白落実『廃娼ひとすじ』中央公論社、1973年

嶺山敦子「久布白落実と関東大震災」『福祉文化研究』21号　2012年
楊善英「関東大震災と廃娼運動」『国立女性教育会館研究紀要』8号　2005年8月

坂本　真琴（さかもと　まこと）1889（M.22）―1954（S.29）

　政治部所属。婦選獲得同盟中央委員。婦選運動家。染色家。戸籍名まこ。旧姓高田。静岡県三島のクリスチャンの家庭に育ち、幼い頃一家で横浜へ出ていく。1908（M.41）年ミッションスクールの共立女学校（現　横浜共立学園）を卒業後、英文速記者、英文タイピストとして商社に勤務する。11年頃ドイツ染料の輸入販売業の坂本勇吉と出会い意気投合するが、父の反対で、2人は東京に家出し、事実上の結婚生活へ。13年青鞜社に入社。12月第1子出産を機に入籍して坂本姓となる。14（T.3）年『青鞜』4-4に翻訳「女性間の同棲恋愛――エリス」を「野母」の名で寄稿。16年雑誌『ビアトリス』創刊に参加。

　20年発会式挙行の新婦人協会に評議員として参加。治安警察法第5条改正運動に力を注ぎ、22年同法第5条第2項の修正を実現し、女性の政談集会への会同・発起を獲得する。新婦人協会解散後も娘たちを育てながら、婦選運動の第一線で活動し、23年2月に婦人参政同盟を結成する。

　9月の関東大震災後にいち早く災害救済婦人団を平塚明（らいてう）、金子しげり、三宅やす子ら8人で結成し、地方演説会で義援金を集め小学校や図書館への図書の寄附を行い、12月末に小冊子『八つの泉』を出して解散する。

　一方、東京連合婦人会では山川菊栄、守屋東らとともに研究部に属し、婦人参政問題や廃娼問題などを扱う。24年6月の「日米問題に関する婦人講演会」で講演する。11月13日政治部中心で、婦人参政権並に対議会運動懇談会を大隈会館で開き婦選団体の大同団結を訴え、12月13日に婦人参政権獲得期成同盟会の創立に参加する。中央委員となり、毎年選任され議会運動部を担当する。25年3月の第50回帝国議会衆議院に婦選3案上程の「婦人解放デー」で山内輝子とともに奮闘し、200人余の女性傍聴者を集め、席を通常の4倍に拡張。3案は衆議院可決のみに終わる。30（S.5）年には会計理事、議会運動委員長などを歴任するが、32年、他の幹部と折り合いがつかず退く。戦後初の総選挙立候

補の久布白落実の選挙事務長を務めるが落選。1954年7月15日に65歳で死去。

（永原）

参：永原紀子「坂本真琴——熱意と実行力で治警法第五条改正を達成」折井美耶子・女性の歴史研究会編著『新婦人協会の人びと』ドメス出版、2009年

斯波　安（しば　やす）1876（M.9）―1954（S.29）

　総務委員（教育部）。女学校教師。桜蔭会主事のち理事。1876年3月福井県士族橋本知貞の長女として生まれる。97（M.30）年女子高等師範学校高等師範科を卒業後、福井県高等女学校教師兼舎監に就任。99年東京にもどり母校の教師となる。この年『萬朝報』の英文記者、斯波貞吉と結婚するが、教師は続ける。

　1905年には女高師同窓会「桜蔭会」の評議員となり、教師の傍ら同会の事務に携わる。14年の退職後も桜蔭会での活動は続ける。

　しばらく教職から遠ざかっていたが、22（T.11）年には同窓の先輩、戸野みちゑ、十文字ことの3人で共同出資し、巣鴨に文華高等女学校（37年3月十文字高等女学校と改称、現 十文字学園）を創立して、学監兼教師となる。校歌「身をきたへ心きたへて世の中に立ちてかひある人と生きなむ」を作詞する。貞吉も、ほかの2人の創立者の夫たちとともに、相談役に就任する。

　23年の震災当時は桜蔭会主事で、東京連合婦人会には、23年10月20日の第4回会合に十文字こととともに出席して状況を把握し、22日に評議員会を開いて東京連合婦人会への加入を決定した。桜蔭会からは斯波はじめ6人が参加し、斯波は教育部に所属し、総務委員に選ばれて中心的な活動を担った。

　とくに12月8日に教育部主催で行われた罹災児童愛護デーの募金活動は、斯波が茗渓会（東京高等師範学校同窓会）等の教育復興同志会主催の市内罹災小学校視察に参加し、その惨状を報告して救済の急務を訴えたことから実現した。

　25年6月に貞吉は東京大勢新聞社を創立、社長に就任するも、12月には辞して衆議院補欠選挙に憲政会から出て初当選する。

　26年1月の東京連合婦人会組織改造案作成には関わるが、新組織が部会廃止のため、活動状況が不明である。夫が代議士となったためか、安が桜蔭会理事

となったためか、10月の委員会に安の名はなく、桜蔭会は佐々木君代とあり、委員を交代したものと思われる。

東京連合婦人会創立10周年記念の『連合婦人』（33年11月号）に、安は「創立当時の思出」として「震災当時教育部の活動」を寄せている。また、「婦人界総覧　女子教育界」では、文華高等女学校の肩書で「女学校教育界」と題して、教育制度の改善と教員の質の向上の必要を説く。

34（S.9）年12月、戸野と2人で文華高等女学校の経営から離れるが、安は教師として残る。40年の段階でも、改称した十文字高等女学校の教職にある。東京民事裁判所人事調停委員などを務め、1954年1月10日77歳で死去。

（永原）

参：『桜蔭会史』1940年、『連合婦人』第52号　1933年11月
　　『大正人名辞典Ⅱ　下巻』1992年、『十文字学園五十年史』1972年

田村　松枝（たむら　まつえ）（生没年不詳）

授産部所属、総務委員（経済部）。家庭製作品奨励会を創立。

1921（T.10）年『タッチングレース』を出版。「私は働くことが好きでございましてね、忙しくてさへいれば幸せなやうな気がするのでございますよ」と語っている。

震災後の失業女性の救済を協議するため23年10月11日に東京婦人ホームで会合を開いた。その会合に出席した12団体の代表者、女性の内職・洋服の研究会の人びとと種々協議の結果、婦人職業団体連合会を組織して東京連合婦人会に加盟して活動することになった。まず内務省の臨時震災救護事務局、大震災善後会、華族同情会に向かって、失業女性に生業を与え職業を補導する資金として約50万円の調達を依頼することを協議し、守屋東、福岡安子、亀井孝子らとともに田村も担当者となった。

職業部が二分化され労務部と製作部となり、製作部は主として女性の内職、洋服の研究会など12団体からなっている。市社会局から工賃を出させて布団縫製の仕事を引き受け、華族同情会からも4万枚の襦袢縫製を引き受け、これ

らの仕事を婦人職業団体に分配して内職の材料に供している。これを分担しているのは、やはり製作部の田村たちの担当であった。「授産部 麻布区新堀町田村松枝方に事務所を置いている」の記事が『大阪毎日新聞』(1923.12.15) に載っている。製作部は 24 年 1 月 27 日の第 1 回大会で授産部と改称した。

　25 年 1 月 25 日、東京連合婦人会第 2 回大会で田村は授産部の報告をした。この大会で授産部は経済部と改称し、ガントレット恒子、福岡安子、加藤タカ、亀井孝子とともに田村も総務委員になった。

　失業女性の救済のために家庭製作品奨励会が行っているタッチングレースの技術を使い簡単にできる内職の斡旋をし、女性たちに有利な内職として大変喜ばれた。

（加瀬・織田）

徳永　恕（とくなが ゆき）1887（M.20）―1973（S.48）

　総務委員（社会部）、会計。二葉保育園新宿分園責任者、のち二葉保育園園長。東京牛込で徳永行蔵、よしの 2 女として生まれる。行蔵は播州（現 兵庫県）小笠原別家の家令として旧藩主とともに上京。恕は 1901（M.34）年に府立第二高等女学校（現 都立竹早高校）に入学。熱心なクリスチャンの長兄の影響で、高女 2 年のときに四谷荒木町の福音教会で洗礼を受ける。

　同級生に山川菊栄、三宅やす子らがいる。菊栄によると、恕はいつもニコニコ、ゆうゆうと構えており、同級生から「お父さん」と呼ばれ親しまれていた。また、高女 4 年の夏、菊栄は読書家の恕から当時評判の社会主義者木下尚江の小説『火の柱』などを借りて読みふけったとのこと。

　その同じ頃、05 年の夏、恕は四谷鮫河橋を通りかかり、空き地の標柱に書かれた「私立二葉幼稚園建設敷地」に心惹かれる。当時の幼稚園は普通の家の子どもたちには縁のないところであるにもかかわらず、東京三大貧民街のひとつのこの地の子どもたちのための幼稚園ができることに関心をもった。これが恕と二葉幼稚園との最初の出合いである。

　翌年、開園している幼稚園を見た恕は、ここで保母になる決心をし、07 年の高女卒業後は保母資格を取るために第二高女補習科に進む。夏休みの 40 日間を

同園で手伝い、野口幽香園長に卒業後の採用を頼む。

二葉幼稚園は、1900年1月に華族女学校幼稚園に勤めていたクリスチャンの野口幽香と森島美根により、貧しい子どもたちのための幼稚園として、麴町区二番町に設立された。広い園舎を求めていた2人に天皇家所有の土地446坪を9年半無料で貸す、という話があり、そのうえ、三井家の同族会が1,500円の寄附も決定した。これにより06年に、麴町からこの四谷鮫河橋に移転し、子どもたちの保育とともに親へも働きかけて地域の向上に尽くした。保育料は無料で、経費はすべて寄附で賄われた。

08年に補習科を卒業後、正式に二葉幼稚園の保母となる。10年には主任保母になり、16年に二葉保育園と改称され、博文館主の大橋乙羽の2,000円の寄附をもとにして、新たに開設された新宿分園の責任者となる。22年には園内で学童保育を開始し、夜間診療部を開設した。看護婦資格をもつ保母を中心に全員が交代で患者の世話をした。廉売部、夜間裁縫部も設置し、日本初の母子寮である「母の家」を開設した。1920(T.9)年創設の東京市方面委員制度が四谷区にも新設され、25年に東京初の女性方面委員として選ばれ、37年まで続ける。

23年9月、関東大震災により鮫河橋の本園は半壊し、新宿分園は焼失したが、半壊の本園に罹災者を約100名収容し、谷町青年会を助けて配給所を担当し、千駄ヶ谷東京罹災者収容所付設託児所、新宿御苑バラック付設託児所、王子古河家臨時託児所の3カ所に保母を派遣した。

東京連合婦人会には結成当初から参加し、9月30日からのミルク配りに二葉保育園の代表として恕も参加し、四谷署を中心にした四谷方面を担当した。罹災者カード調査の活動や布団などの配給も担った。所属の社会部から選出の総務委員として活動し、25年からは田中芳子とともに会計を引き受け、26年の組織改編後も続けている。37(S.12)年までは、会での活動を確認できる。

また、東京連合婦人会加盟団体の二葉保育園として、34年の函館の大火に際して、恕は2週間滞在して指揮をとり、現地に派遣した保母たちと臨時保育所を開設し、保育を行った。

一方、大震災被災後の二葉保育園は、大震災善後会と東京府より救済活動、復旧資金として3,000円が交付されたほか、政府委託事業としての補助金を受けて、25年9月には分園が、11月には本園と母の家も竣工する。恕は31年に野

口園長の後を受け2代目園長に、35年には財団法人二葉保育園とし、理事長に。
　戦況が進むとともに、戦争犠牲者の母子たちが本園、分園、母の家にも急増していく。44年4月に東京都は幼稚園閉鎖令を、6月には託児所閉鎖令を出した。45年3月の大空襲で、深川の母の家は焼け、21人が焼死。4月の空襲で本園も焼失する。戦後はかろうじて残った新宿分園で、戦災孤児を引き取ることから活動を始めた。募金活動による200万円をもとにして、50年3月に本園が再建された。1973年1月11日に85歳で死去。　　　　　　　　　（加瀬・永原）

　参：二葉保育園編『二葉保育園八十五年史』二葉保育園、1985年
　　　上笙一郎、山崎朋子『光ほのかなれども――二葉保育園と徳永恕』朝日新聞社、1980年

新妻伊都子（にいづま いとこ）1890（M.23）―1963（S.38）

　総務委員（政治部）。社会運動家、政治家。戸籍名イト。横浜市弁天通りで、鈴木栄次郎とクマの2女として生まれる。父は錺（かざり）職人、現在の貴金属商で、関内の外国人向けの富裕な商家であった。姉は夭折し、妹ヨシは12歳年下で、イトは家業を継ぐべく育てられた。外国人相手で語学の必要を実感する母は、イトに英語とフランス語を習わせた。母は13歳のとき、勉強したい一心で沼津から横浜に家出し、貧困家庭の子女を無月謝で教育するサン・モール修道会の菫女学校に入学する。この母の積極性と向学心は、娘たちに受け継がれる。
　同修道会は一般女子教育の場として、1900（M.33）年に横浜紅蘭女学校（現 横浜雙葉学園）を、09年東京築地に雙葉高等女学校（現 雙葉学園）を設立。イトは、この横浜紅蘭女学校の4回生として08年に卒業する。在学中には、家業を継ぐために職人の菊次郎との結婚を両親に強制されるが、交換条件に女学校卒業とヴァイオリン習得を出し、許される。
　結婚後は、帳場で英仏語の原書を読むイトは「弁天通りのフランス・マダム」と呼ばれ、店には若い新聞記者や文学青年たちが出入りし文学サロンと化した。
　ついに、イトは菊次郎と離婚して家督を譲り、16（T.5）年に渡米する。翌年、サンフランシスコ・ビジネス・カレッジのタイプ科と速記科を卒業。17年1月

の『婦人週報』に鈴木伊都子の名で女性参政権運動と禁酒運動のレポートを寄稿し、評論家として出発した。『日米新聞』記者の新妻莞と知り合って結婚し、19 年に帰国。新妻は東京日日新聞社に入り、伊都子は労働問題に発言して評論家として活動。東京で相互タイピスト女塾を開き、23 年 4 月にタイピストの妹の鈴木余志子らと相互職業婦人会を結成し、職業婦人の団結をめざす。

　東京連合婦人会の 10 月 27 日の発会式では研究部に所属。11 月に研究部の久布白落実、山川菊栄らと全国公娼廃止期成同盟会を結成する。同月改称の政治部から東京連合婦人会会則起草委員に選出。また、期成同盟会のパンフレット委員となり 1 万冊を製作する（発行者は新妻伊都子）。常務委員となり、出版部を担当する。

　24 年 1 月の第 1 回大会で政治部選出の総務委員に。政治部が中心で、11 月 13 日開催の婦人参政権並に対議会運動懇談会に出席し、12 月 13 日発会の婦人参政権獲得期成同盟会に参加。『婦女新聞』第 1288 号（25.2.15）の第 2 回婦人参政権特集号に、伊都子は「主婦と婦人参政権」と題して、衣食住および子どもの教育のすべてが政治に関係している、と婦選運動への参加を呼びかける。

　25 年 1 月の第 2 回大会でも総務委員、3 月結成の政治研究会婦人部では山川菊栄ら女性社会主義者と活動をともにする。翌年 2 月の東京連合婦人会の組織改編後は名前が見えず、退会したと思われる。

　27（S.2）年には労働農民党系の関東婦人同盟結成に参加し、執行委員長に推される。同盟解散後の 28 年に、相互職業婦人会を再出発させて職業婦人運動を進める。35 年に『女性と家庭新聞』を創刊し、43 年まで刊行。

　戦後第 1 回総選挙の際、夫の出身地北海道に疎開中の伊都子は、北海道 1 区から日本社会党公認で立候補し当選するが、翌 47 年の総選挙で落選。9 月新設の労働省婦人少年局（山川菊栄局長）の婦人課長に就任し、50 年 3 月まで在任。以降は家の光協会、全国農業協同組合連合会の講師として農村婦人問題に取り組む。1963 年 7 月 15 日に 72 歳で死去。　　　　　　　　　　（永原）

　参：江刺昭子「横浜ベル・エポックの女　北林余志子」『史の会研究誌』1996 年
　　　江刺昭子、史の会編著『時代を拓いた女たち　第Ⅱ集　かながわの 111 人』神奈川新聞社、2011 年

羽仁もと子 (はに もとこ) 1873 (M.6)—1957 (S.32)

　総務委員（社会事業部、教育部）。自由学園創設、同園長。青森県三戸郡八戸町に生まれる。旧姓松岡。1887 (M.20) 年八戸小学校高等科を卒業後上京し、府立第一高等女学校に入学する。高女在学中に教会に通いはじめ、洗礼を受ける。同校を卒業後、明治女学校高等科に入学。校長巌本善治のはからいで月謝免除となり、『女学雑誌』の校正に携わった。

　92年の夏休みに帰郷し、明治女学校にはもどらず、翌年八戸小学校の教師を経て盛岡のカトリック系女学校の教師になった。この頃恋愛結婚し、京都に行って住むが馴染めず、半年で離婚し再び上京する。生活のため女中になる決心をし、女医の吉岡弥生の家で働くことになった。もと子の生いたちを知った吉岡に、もっと良い仕事を見つけるようにと励まされる。

　『報知新聞』の校正係に応募・採用される。仕事ぶりを認められ女性記者の第1号になる。1901年、後輩で7歳下の羽仁吉一と結婚するが、職場結婚を認められず2人で退社する。03年夫と協力し『家庭之友』（08年『婦人之友』と改称）を創刊し、キリスト教精神に基づく家庭生活の創造をめざす。

　21 (T.10) 年自由学園を創設し「思想しつつ、生活しつつ、祈りつつ」をモットーに生徒たち自らが知識、技術、信仰を自発的に身につけるというユニークな教育を実践的に追求する。

　23年9月1日関東大震災発生。もと子一家は軽井沢に滞在していたが、ここもかなり揺れ、夜になってようやく東京の情報がわかる。2日に吉一が先に帰京し、5日にやっともと子も列車に乗ることができた。午後10時半頃自宅に帰る。幸い学園はほとんど被害がなかったため、始業式の予定だった11日には40人ほどの生徒が登校してきた。もと子はすぐに罹災者の救援活動を開始する。

　9月28日、東京市からミルク配給の依頼があり、集まったのは12団体34人で、配給を申し出た134人が組織もないまま配達を手伝うことになった。その後の話し合いで「東京連合婦人会」と称することになる。「理屈なしに実行から始めませう」というもと子のひと言が「東京連合婦人会」発足に弾みをつけた。

10月27日の発会式で社会事業部と教育部に所属する。リーダーシップを発揮し、自由学園も会の一員となり全校を挙げて救援活動を行う。

30（S.5）年『婦人之友』の愛読者による全国友の会が発足。31年には合理的な生活の実現を目的として、「家庭生活合理化展覧会」を全国の主要都市で1年間にわたり巡回する。満州事変勃発に際しては平和の立場を表明する。一方、全国友の会は婦選獲得同盟の後援団体として名を連ねる。

もと子は久留米村南沢（現 東久留米市）に、自由学園を中心とした新しい街を拓くことを計画した。まず30年に初等部の校舎が完成し、34年新校舎が落成した。35年には男子部をつくり、文部省の基準によらない独自の総合的教育を実現させた。

「非常時」が叫ばれ、軍部ファシズムが台頭するにつれ、もと子と全国友の会の家庭生活合理化運動は総動員体制へとのみこまれていく。『婦人之友』誌上でも国策協力・戦争協力を表明する。38年大蔵省の国民貯蓄奨励委員に就任する。

戦後は心機一転、自由学園の発展に努める。1957年4月7日83歳で死去。

（織田）

参：斉藤道子『羽仁もと子——生涯と思想』ドメス出版、1988年
　『羽仁もと子著作集』第十四巻　婦人之友社、1928年

林　ふく （はやし ふく）1891（M.24）—1988（S.63）

社会部・政治部に所属。林ふく子、林福。京都生まれ。

同志社女学校高等学部文科3年を1912（M.45）年に卒業。13（T.2）年7月上旬、看病学研究のために渡米し、ミネソタ州セントポール市のマカレスターカレッジで英語を学ぶ。14年にミネアポリス市のミネソタ州立大学の看護学校に入学。勉強は難しく「笑う間も、泣く間も、物言う間も」ないほどであったが、無事に卒業した。社会を広く見る力を養うことができたといい、友人からは「フーク」と呼ばれて愛された。その後はカナダのバンクーバー総合病院で看護婦として3年間勤め、20年に帰国。京都へもどるが、数カ月後東京へ移る。

9月17日付けで内務省社会局の嘱託に任命される。当時社会局の田子一民は、女性を採用したのは「社会の母となつて貰ひ、この事業に婦人の意見を入れ」るためとしている。社会事業の実施状況を全国的に調査し、21年には「子供をのんびりと、にこやかに」（『幼児教育』8月号）という記事を書いている。23年4月の婦人市政研究会の発会には、その知識がないので研究したいと思い、日本基督教婦人矯風会（以下、矯風会）の時事問題研究会にも出席したいと積極的に知識を吸収しようとしている。

　『婦女新聞』に「婦人の貞操問題に就て　彼女に罪なし　大野博士の事件に就いて」（『婦女新聞』23.4）や、7月には社説「女性よ　健かに　静かに」を書いている。後年、守屋東は、内務省に社会局が設置され、田子一民が活躍していた時代に、嘱託という立場でアメリカ帰りの林ふく、甘粕鍋子が母子保護法に力を注いでいたとつづっている。また、6月に創刊された『職業婦人』には、男女がともに働き、対等でいるために、人間の性別を認め合い、互いに尊重し自重していきたいと述べ、精神的、経済的に自立した人の姿が浮かんでくる。

　この頃、東京での生活は、弟妹と一緒に住んで自炊をし、ときにピンポンをして楽しんだようだ。

　　　はらからが　長屋住居の　ピンポンや
　　　押入れの　戸さへ役割り　ピンポン台

　ピンポン玉の跳ねる音が聞こえてきそうな俳句を同窓会の『同志社女学校期報』（以下、『期報』）に載せている。

　23年9月1日は、休暇で京都に帰っていて不在だった。17日に東京へもどるための証明書を京都府庁で発行してもらい、中央線で向かうが、上野原から与瀬の間は不通で、混雑している道中を歩いて18日に東京へ入った。そのことは、ミネソタ大学看護学校長ポウエル先生（Powell）に手紙で知らせている。安否を知らせる内容で、職場の社会局の建物は無事であったが、まわりの建物は焼失していた。悪夢を見ているようであるが、私はうまくやっているし、とても幸運なのだから、他の人のためにできることをする（Everything is just like a dream, and feel guilty myself if I cannot serve for others. Please do not worry for me, need not send me anything, I am all right and very fortunate one）。そして、被災者を訪問し、9月28日に東京の婦人団体が連合して、缶

詰のミルクを配ったと書き送っている。

その28日のミルク配りの相談に集まった人びとのなかに、林ふくの名前を見つけることができる。東京婦人ホームの住所を使っていることがあるので、矯風会や東京連合婦人会に密接に関われる立場にあったと思われる。9月30日発行の『婦女新聞』の消息欄に「迷児、殊に乳児及び乳児を有する母の為」に働きたいと書いている。

各部が組織された後は、まず社会部のために尽力。とりわけ、罹災者の救済方法について、「調査カードB」（116ページ参照）を作製して、確かな情報をもって行う必要があるというメリー・ビーアドの言葉を受けて、それまでに学んだことや経験を生かして手助けしたようだ。この当時「一心不乱」に働いている姿は東京連合婦人会のメンバーの心に強く残ったようだ。

さらに、地震による心配や生活の激変などから母乳が出なくなった母親や、疲れてしまった女性に「一週間療院（母子の静養のために）」として、ゆっくりと静養でき、健康回復を手助けできる場所の設置を提案していた。実行に移されるのは24年2月で、矯風会が運営したが、3月末日まで続けられた。

社会部の活動に携わっていたが、研究部（のち政治部）の会合にも3回目の11月9日から12月14日まで出席している。しかし、24年は9月19日の廃娼運動のためにシカゴにある国際婦人保護協会から来日した、エディス・グレイの講演会の相談に参加しただけである。

24年の1月15日に起きた神奈川県西部を震源とする大きな余震のときも「父の看護の為賜暇」を取り京都へもどっていた。したがって、東京連合婦人会の第1回の大会には出席できなかったのではないだろうか。『期報』によれば、東京連合婦人会へは同志社女学校同窓会有志会として直接間接に働き、これからも母心をもって互いに培い育てて、女性の使命を各方面からまっとうしたいと書いている。

その後、同年11月30日付けの『婦女新聞』に内務省の嘱託を辞職し、奉天にある満鉄病院で病人にとってやさしい友となっているという記事に出合う。その間の理由はわからない。25年には『期報』に講話が掲載されており、28（S.3）年は京都の住所になっている。

アメリカから帰国して24年までの4年間、大震災をはさんで、児童母子保護

について学んできたことをしっかりと社会に還元できたのではないか。「第一線に立つ女」の第1回（『東京朝日新聞』23.12.3）は林ふくが取り上げられている。論法の鋭さ、意志の強さが特色で、避難所でのトイレは性別で別にすべきと声を高くしている。魂まで打ち込んで愛せる人がいれば結婚するが、33歳まで独身なのはそういう人にめぐり合えないからとあり、ふく自身は、まだ力が足りないので、勉強を続けたいと語っていた。晩年は三重県のホームで過ごし、1988年97歳で死去。　　　　　　　　　　　　　　　　　　　　　（矢次）

参：『同志社女学校期報』同志社女子大学

三宅やす子（みやけ やすこ）1890（M.23）―1932（S.7）

　政治部所属。小説家、評論家。戸籍名安子。京都師範学校校長加藤正矩の娘として京都に生まれる。父の死後、伯父の加藤弘之（東京帝大総長）の庇護を受け、府立第二高等女学校に入学するが、女子高等師範学校附属高等女学校に転校し卒業。在学中から『女子文壇』等に投稿する。1910（M.43）年に昆虫学者三宅恒方と結婚し、3男1女（長男と2男は夭折）をもうける。結婚後も夏目漱石に師事するが、「あなたの書くものは大味だね。……もっと個性を出して書けませんか」といわれた、と随筆「夏目先生の印象」に書く。21（T.10）年31歳のとき夫を亡くし、2人の子どもを抱えて文筆生活を決心する。22年から24年に『主婦より』『未亡人論』『生活革新の機来る』『我が子の性教育』等を立て続けに発表する。

　23年関東大震災後の9月24日、災害救済婦人団結成に参加し、自宅を事務所に提供した。各地で講演会を催して募金活動を行い、小学校等へ図書を寄附。12月末、三宅やす子編の小冊子『八つの泉』を発行して解散した。

　10月11日、東京連合婦人会研究部に名前が初出。11月2日研究部に結集した久布白落実、山川菊栄らと全国公娼廃止期成同盟会を結成。

　また、11月には雑誌『ウーマンカレント』を創刊する。24年6月21日、東京連合婦人会主催の日米問題についての演説会で、排日問題などを論じる。

　26年には『大阪朝日新聞』に長編小説「奔流」が連載された。吉屋信子は

「芸術的に未昇華の生ぬるい中途半端な作品」で、新聞連載は「作品の実質よりも、理学博士未亡人の才色兼備というレッテル」からであり、「名流夫人文筆家」と評する。平塚らいてうは、三宅の評論は常識的で穏健なもので、新しい思想を説くのではなく、時代から一歩先に出る人ではない、とする。だからこそ、婦人問題講演会の「適切な」講師として各地に招かれ、「適切な」評論家として新聞雑誌の誌紙面を賑わしたのである。

1932 (S.7) 年1月18日に41歳で急死。死後、中央公論社から『三宅やす子全集』全5巻が出るほどに有名であった。　　　　　　　　　　　（永原）

参：吉屋信子「偽れる未亡人　三宅やす子と私」『自伝的女流文壇史』中央公論社、1962年
　　平塚らいてう「私の見た三宅やす子さん」『婦人公論』1925年1月

村岡　花子（むらおか　はなこ）1893（M.26）―1968（S.43）

政治部所属。東京連合婦人会「会歌」を作詞。翻訳家、日本基督教婦人矯風会理事、児童文学者。戸籍名はな。旧姓安中。山梨県甲府市の安中逸平・てつの長女として生まれる。

茶商の父が行商中にカナダ・メソジスト派教会に出入りするようになって、熱心なクリスチャンとなり、同派の牧師から幼児洗礼を受ける。5歳のときに一家で上京。父の悲願でカナダ・メソジスト派の東洋英和女学校に10歳で給費生として編入学し、高等科卒業までの10年間を寄宿舎で過ごす。カナダ人女性宣教師により英語を磨かれ、カナダの文化や教育に包まれた青春時代を過ごす。ここでの生活体験が、のちに『赤毛のアン』翻訳時の貴重な財産となる。

在学中から矯風会青年部のメンバーとして活動し、11年の全国大会では懸賞文に当選し、この大会報告に本部文書課の「新任課長」の肩書がある。会の機関誌『婦人新報』の編集に携わり、「安中花子」の名で童話や短歌、随筆や翻訳小説を掲載するようになった。

卒業後も寄宿舎に残り、矯風会の書記としての仕事と英文学の勉強を続ける。14 (T.3) 年に東洋英和女学校の姉妹校の山梨英和女学校に英語教師として赴任

するが、『婦人新報』、『福音新報』への執筆は続け、16年から『少女画報』にも童話や少女小説を執筆する。この年の夏、関西の実業家広岡浅子の御殿場の別荘での夏期講習に誘われ、名古屋の教師として参加した市川房枝と出会う。

19年に植村正久牧師の紹介で築地の基督教興文協会の編集者となり、山梨の教師を辞めて東京にもどり、赤坂新町の矯風会館の2階宿舎に下宿する。ここで守屋東、久布白落実ら矯風会メンバーと親しくなる。この興文協会で、横浜一の印刷会社、福音印刷の2代目で銀座店を任されていた村岡儆三(けいぞう)と出会い、熱烈な恋愛の末に半年後に結婚する。翌20年には第1子の道雄を出産する。

23年6月に財団法人となった矯風会の理事に選任され、文書部長を兼任する。9月の関東大震災で、親子3人は無事であったが、横浜の本社工場も瓦礫と化し、震災の混乱のなか福音印刷は倒産し多額の負債を抱えた。夫は事業再開のための準備に、花子は再び生活のための仕事に励んだ。『婦人新報』に翻訳小説を寄稿する、子ども向けの物語の翻訳も続けた。

東京連合婦人会での活動としては、10月から11月にかけ同会顧問で幾多の活動に協力したメリー・R・ビーアドの「帝都復興と婦人の活動に就て」の講演の通訳をした。また、24年1月の東京連合婦人会発会式で発表された「会歌」の作詞を担当している。

24年5月の矯風会大会で、健康上の理由と文筆活動（児童、少女の読み物の執筆）に集中のため、理事辞任が承認された。文書部長は継続する。26年には「青蘭社書房」を夫とともに設立。この秋、6歳の道雄を疫痢で失う。翌年『王子と乞食』として翻訳出版することになる作品の原書を失意のどん底で読み終え、家庭文学の翻訳という天職を見出す。

翻訳を続けていく一方、婦選獲得同盟主催の全日本婦選大会に参加するなど、婦人参政権獲得運動にも力を入れる。40（S.15）年に発足の女流文学者会（代表・吉屋信子）に入会する。同会は42年に日本文学報国会が発足すると女流文学部として合流し、花子も銃後を守る女性たちの協力呼びかけのために、大政翼賛会や大日本婦人会の会合や講演に駆り出された。

39年から翻訳を続けていたルーシー・M・モンゴメリの作品を52年5月に『赤毛のアン』の題で、三笠書房から刊行する。日本の読者に広く受け入れられ、次々とモンゴメリの作品翻訳を手がける。11月のマーガレット・サンガー来日

時には通訳を務め、53年には売春問題対策特別委員会副会頭に就任。
1968年10月25日に75歳で死去。　　　　　　　　　　　　　　　　（永原）

参：村岡恵理『アンのゆりかご──村岡花子の生涯』新潮文庫　2008年
『婦人新報』（復刻版）

村上　秀子（むらかみ　ひでこ）1894（M.27）─1967（S.42）

労働部所属。機関誌『連合婦人』編集責任者。労働婦人協会代表。政治家。
宮崎県延岡市日平で生まれ、戸籍名はヒデ。父は延岡藩士から鉱山業に転じたが、家は貧しく母が一身に苦労を背負うのを見て育った。高等女学校にも進学できず医者をしている親戚の家で家事一切を手伝いながら独学を続けた。
19歳のとき、いとこに同行して東京に行き近所の仕立屋で働く。やがて、父の死後、母も妹も上京し3人で昼も夜も仕事に励んだ。妹が女学校を卒業して職業婦人になって初めて内職の賃金の安さを知り、新聞の求人広告で証券会社に就職するが、1921（T.10）年会社が倒産し失業する。間もなく万寿生命保険会社に就職し、市内に散在している会社の女性事務員のみで婦人事務員協会を結成。同年5月3日、東京女子商業学校で発会式を行う。会員は500人で秀子は発起人の1人として常任幹事（会計係）となる。この頃奥むめおと出会う。働きながら日本大学専門部社会科に入学し、25年に卒業した。
23年、奥むめおと職業婦人社の設立に加わり常任委員となる。関東大震災の後に結成された東京連合婦人会の救援活動に参加し、労働部に所属して活動する。26年2月東京連合婦人会の組織改編で、部が廃止されたため、労働部は労働婦人協会と改称し、代表として参加した。
28（S.3）年2月28日の「普選達成デー」（主催：普選達成婦人委員会、東京連合婦人会）に参加し、選挙粛正に関するビラの配布とポスターを貼る仕事を引き受け、茅場町を担当する。女性は無資格者として圏外に置かれているが、あらゆる運動をすることで婦選議員が多数選出され、婦選の早期実現を願ってのことであった。
東京連合婦人会の会報を出してはどうかと提案してから1年半後の28年5

月、会報『連合婦人』を発行することになり編集責任者を務め、『婦人年鑑』の編纂にも関わる。『連合婦人』第23号（31年3月号）に「時評　魂の無い大日本連合婦人会」として大日本連合婦人会を批判した文章を掲載している。約20年間同会の業務に携わり熱心に活動を支えた。

　一方、28年創立の社会民衆婦人同盟にも参加する。29年2月7日、婦選獲得社会婦人同盟演説会を開催。参加者約700人で過半数は職業婦人であった。社会民衆婦人同盟として山田やす子とともに弁士を務めた。30年大浜英子・吉岡弥生らが結成した婦人同志会にも参加し活躍する。37年、東京愛市連盟婦人部創立懇談会に参加、委員長に吉岡弥生が就任し、常任実行委員になる。

　39年5月20日、神戸港を出帆し、北京に設立された医療セツルメント愛隣館の開館式に参加する。30日には一行と別れ京城などいくつかの都市を視察し釜山から6月19日に帰国する。その間に見聞したことや感想を「大陸からの日記から」として『連合婦人』第113、第114号に載せている。

　39年には貯蓄の婦人督戦隊31人のひとりとして貯蓄奨励運動の講師になり、大蔵省の嘱託に任命された。『連合婦人』第116号に「銃後の経済戦士たれ」という一文を掲載し、「銃後の経済戦士である」という自負心をいやがうえにも強めなければならぬと主張し、政府の方針に協力していく。

　47年、東京・港区区議会議員に当選する。1期務め51年4月から63年まで自由民主党の東京都議会議員を3期務めた。この間日本大学常務理事、財団法人婦人経済連盟相談役、新生活婦人協会会長などを歴任した。

　晩年は、家庭科学研究所勤務の姪・村上正子と港区高輪のアパートでともに暮らしていた。1967年8月17日73歳で死去。

　なお、東京連合婦人会の機関誌『連合婦人』の大部分を正子が保管していたので、2012（H.24）年12月から13年11月、不二出版によって復刻出版された。

（織田）

　参：『月刊婦人界展望』財団法人婦選会館出版部、1967年9月
　　　『連合婦人』第116号　東京連合婦人会

守屋　東（もりや あずま）1884（M.17）―1975（S.50）

　総務委員長、のち副委員長。日本基督教婦人矯風会理事。教育家。
　1884年7月7日、東京・麹町で生まれた。父守屋一は福岡で代々続く医師で、明治政府の軍医となり東京や金沢などの衛戍（えいじゅ）病院の院長を務めた。大酒家でそのため身体をこわし47歳で死去、東がのち禁酒運動に没頭した遠因といわれている。母わさは毛利藩士の娘で初婚の夫に死別したのち、英照皇太后（孝明天皇妃）に仕え、その後守屋と再婚した。東の下に妹が2人で、彼女は跡取り娘として育てられた。
　東京府立第一高女を卒業したのちフランス語などを習い、さらにユニヴァサリスト教会が経営する宇宙女塾にも通った。東の信仰は、妹が結核で死亡する前に「どうぞ神様を信じてください」といったひと言で決まったといっている。1902（M.35）年、万国矯風会のカラ・G.スマート（Kare G・Smart）による禁酒の講演会を聞いたとき、すぐ彼女は矯風会に入会した。その後、下谷万年町の「貧民学校」に足しげく通い、無資格ながら坂本龍之輔校長にその熱意を認められて教師となった。ここでの4年間の経験が、彼女の人生に大きな影響を与えた。
　17（T.6）年、矯風会では東京婦人ホームを設立、東はその責任者となった。婦人ホームは女性の身の上相談、職業紹介、非行少女の保護などを内容とし、家出の少女や離婚話などに、東は親身になって相談にのった。非行少女の一時保護は、東京府が年額1,000円の補助で委託したのが始まりで、のち宮内省などからも金一封を受けることもあった。20年には慈愛館の経営も引き受けることになる。慈愛館は公娼廃止運動とともに、「廃娼の受け皿」として用意された施設で、1894年に設立された。
　この2つの事業により学んだことを東は問題として提起した。第1は、女性には何の権利もないこと、第2は、転落する女性は家庭の貧困が原因であること、第3は、これらの社会事業にもっと女性は参加するべきであること、第4は、次代をつくる子どもの成長は大人の責任であること、であった。こうした彼女の思想が、のちのち女子の教育や子どものための施設を設立することにつ

ながった。

　東京連合婦人会で、久布白落実に勝るとも劣らない働きをしたのは守屋東だった。9月1日、赤坂の矯風会本部にいた東は、久布白落実らとともに老齢の矢島楫子を守って、大久保の東京婦人ホームに避難した。ここを根拠地としてさっそく救援活動を開始、東京市から依頼されたミルクの配給では、各団体から集まった大勢の人を差配し支障なく動かし、久布白から「守屋さんはこうしたときの名将だ」といわしめた。そして結成された東京連合婦人会では、彼女が責任者である東京婦人ホームを会の事務所として提供、終始一貫会の中心となって活躍した。東京連合婦人会の活動のあるところにはいつも彼女の姿が、という状態で、1924年1月号の『婦人世界』には「目下のところ守屋女史は自然と事務総長のやうな形で衆望を集めて居られます。……女史は守屋死すとも可なりと云ふ位の意気込で、連合婦人会の組織に奔走されたのでした」と書かれている。

　25年1月の第2回大会、翌26年2月の第3回大会で東は総務委員長に就任した。この第3回大会で、震災による救援活動に一応の終止符を打った形で組織の変更が行われ、会員資格が団体のみとなった。27（S.2）年1月の第4回総会で吉岡弥生が委員長となり、守屋は副委員長となった。この形は42年12月東京連合婦人会が解散するまで15年間続き、十指に余る役職をもっていた吉岡のもとで東京連合婦人会を実質的に支えた。

　さまざまな社会事業に携わるなかで、「次代を作るべき子ども本位」を貫く子どもの園幼稚園を20年に東京婦人ホーム内に、32年には田園調布に桜幼稚園、その後世田谷に仲良幼稚園を設立した。身体的ハンデをもつ子どものための施設クリッペルハイム東星学園を39年に創立、肢体不自由児の学校と病院と家庭を併せもつ先進的な施設であった。ハイムは「矯風会での重職を辞して打ち込んだ私の最後の仕事」であったといっている。また「狭い意味での良妻賢母主義」教育の限界を感じて、42年に大東女学校（のち大東学園）を創立した。社会的視野をもつお母さんづくりがモットーだった。

　社会的弱者のために終生力を注いだ東は、晩年を千葉の芙蓉ミオファミリアで過ごした。1975年12月18日、91歳で死去。　　　　　　　　　　　（折井）

参：林千代「守屋東」五味百合子編著『続社会事業に生きた女性たち』ドメス出版、

1980年
守屋東「帝都の復興と東京連合婦人会」『婦人新報』312号、1923年11月10日

安井　てつ（やすい　てつ）1870（M.3）―1945（S.20）

　教育部所属。東京女子大学学監、1924（T.13）年同大第2代学長。筆名は哲、哲子。安井津守・千代の長女として東京で生まれる。1890（M.23）年女子高等師範学校卒業後、同校附属女学校教師となる。97年イギリスに官費留学し、ケンブリッジ大学とオックスフォード大学で教育学・心理学などを学び1900年に帰国後、母校の教授兼学監となる。留学中にキリスト教の信仰をもち、帰国後、海老名弾正から受洗する。04年に学校当局から棄教か退職かと迫られたが棄教を拒否。学校はキリスト教感化を恐れ、シャム（タイ）の皇后女学校に転出させる。07年任期満了で渡英し、ウェールズ大学で倫理学、英文学を学ぶ。翌年帰国して学習院女子部や女子英学塾に勤務し、12年に東京女子高等師範学校に再任される。

　18年、新渡戸稲造の要請で、新渡戸を学長として開学の東京女子大学の学監となる。キリスト教主義に基づく理想的な女子高等教育の場であった。23年、アメリカの東京女子大学協力委員会からの招待を受け、渡米する。8月23日に帰国。

　帰国後、軽井沢で静養中に関東大震災。15日にやっと帰京し、被災者支援の活動を開始し、学生を指揮して寝具の製作と配布をした。東京連合婦人会に参加してのミルク配りは牛込方面を担当し、バラックでの罹災者カード調査活動を行う。10月27日の第4回会合には、教育部メンバーとして出席しているが、翌年1月の第1回大会には教育部に名前が見えない。23年12月に第2代学長に就任し、新校舎への移転など多忙な日々であったのだろう。翌年4月に豊多摩郡井荻村の新校舎に移転した。

　28（S.3）〜29年の共産党一斉検挙で卒業生が検挙され、31〜32年に在学生も検挙されたが、彼女らを救援、弁護し、留置された学生に差し入れもした。太平洋戦争開始直前には、文部省から外国人との連絡を絶つよういわれたが、学

校の恩人である人びとと縁は切れないと拒否した。戦争中、英語は敵国語とされ、英語専攻部廃止の声も出たが、安井の強い反対でそのまま続けた。40年に17年間任にあった学長を辞任する。1945年12月2日に75歳で死去。（永原）

参：青山なを『安井てつ伝』伝記叢書81、大空社、1990年

山川　菊栄（やまかわ　きくえ）1890（M.23）―1980（S.55）

　研究部（政治部）所属。女性解放運動家、理論家。初代労働省婦人少年局長。
　1890年11月3日東京・麹町で、父森田龍之助、母千世の第3子として生まれた。千世は水戸藩の儒学者青山延寿の娘で、東京女子師範の第1期生であり、外国へ留学したいと思いつめるような娘だった。菊栄は母の影響を大きく受けて成長した。1906（M.39）年、延寿の死去により母方の青山家を継ぎ、青山菊栄と改姓した。
　東京府立第二高女を卒業後、女子英学塾に進学する。1916（T.5）年、伊藤野枝の廃娼運動批判論を読み、『青鞜』に反論を書き注目される。社会主義への関心を深め、平民社講演会で出会った山川均と11月に結婚。17年のロシア革命成功の報道に衝撃を受ける。18-19年にかけて与謝野晶子、平塚らいてうらと繰り広げた母性保護論争で評論家としての地位を確立。『婦人の勝利』『現代の生活と婦人』『女の立場から』などの社会主義的婦人解放論を執筆。21年、平塚らいてうの新婦人協会に対抗するかたちで、堺真柄らと社会主義的婦人団体赤瀾会を結成した。しかしロシア飢饉救援運動のなかで、きわめて限られた社会主義婦人だけによる運動のせまさを痛感した。
　関東大震災によって山川の東京・大森の家屋は倒壊し、一時実家に避難した。「朝鮮人と社会主義者はみつけ次第殺してもかまわない」という噂が飛び交うなか、大杉栄・野枝夫妻が殺されたという話が聞こえてきたが、山川夫妻は難を逃れて無事だった。震災救援のための女性たちの組織が大同団結的にできたと知り、山川も東京連合婦人会に参加した。いつから会に出席したかは不明だが、10月26日の研究部（11月9日から政治部と名称変更）第1回部会には名を連ねている。政治部では公娼廃止と婦人参政権問題に取り組むことになり、山川

は政治部の部則起草委員となり、また11月3日結成となった全国公娼廃止期成同盟会の宣言文（檄文）の原案をも起草している。しかし憲兵の監視もあり、家も倒壊し再建も困難であり、また菊栄の静養のためもあって、関西に転居することになった。11月9日夜、東京を発ち10日朝京都に着いたと自伝にあるため、山川の東京連合婦人会での活動は実質的には1カ月足らずであったと思われる。

兵庫県垂水（のち御影）に居を移した山川は、政治研究会神戸支部に入会し、無産政党の行動綱領に女性の要求を6項目追加する修正案を提出した。また日本労働組合評議会婦人部テーゼを執筆、これを承認させるなど、無産婦人運動や女性労働運動の理論化に貢献した。

1926年、鎌倉に転居。戦時下、生活のためにうずらの飼育をはじめ、藤沢に移転し「湘南うずら園」を開園。29（S.4）年から38年まで『婦人公論』の時評執筆を続けた。40年『女は働いてゐる』、43年『武家の女性』などを出版。

敗戦後の47年、夫均とともに日本社会党に入党。9月新設の労働省婦人少年局長に就任、51年まで務め女性と年少者の労働行政の基礎を築いた。53年から61年まで、社会党婦人部と協力して雑誌『婦人のこえ』を発刊した。その間56年に『女二代の記』を出版。62年には田中寿美子らと協力して婦人問題懇話会を発足し、女性問題学習の場とした。74年に出版した『覚書 幕末の水戸藩』は、第2回大仏次郎賞を受賞した。1980（S.55）年11月2日、89歳で死去。
　　　　　　　　　　　　　　　　　　　　　　　　　　　　　（折井）

参：山川菊栄『おんな二代の記』東洋文庫203　平凡社、1972年
　　外崎光弘・岡部雅子編『山川菊栄の航跡』ドメス出版、1979年

山田やす子（やまだ やすこ）1892（M.25）―1969（S.44）

労働部部長。協調会嘱託。名古屋市の山田善次郎の3女として生まれる。20歳で神戸の聖使女学院を卒業する。新川地区に移り住んだ賀川豊彦の救済運動に大きな感銘を受ける。その後信州松本で3年間キリスト教伝道運動に参加するが、自分の学力が足りないことに気づき、上京して日本女子大学校家政学部

に入学し、1921（T.10）年30歳で卒業する。

　労使協調を目的として発足したばかりの協調会に勤務する。協調会のたった1人の女性の幹事として22年に新設された善隣館（深川区猿江町、現 江東区猿江町）の主事となる。関東大震災で火災が発生するとすぐに全職員が付近住民の保護、傷病者の収容などの応急救護にあたった。消火にも協力したが、残念ながら善隣館も消失してしまった。館長はじめ全職員が身の危険を顧みず働いたことで24年9月1日、館長龍定一、主事山田やす子、保母など5名が警視総監よりそれぞれ賞状と金10円を贈与された。

　再建されるまで一時、芝公園内の協調会本部で労働問題の研究をしながら、地方の工場へ出かけて行き、女工たちの教育に努める。自己発見をし、労働の組織と権利の要求、婦人労働組合を作ることが願いであると、女性労働者の覚醒に努力した。

　東京連合婦人会が発足するとすぐに参加し、24年1月27日、第1回大会で労働部の部長に就任する。職業婦人を糾合して労働婦人の問題を解決するため同業組合を組織する機会を与えることを目的に、5月9日労働部主催の「婦人職業問題講演会」を開催し開会の辞を述べる。10月4日東京連合婦人会1周年記念祝賀会で「歴史を通して婦人運動の趨勢を見る」と題して講演した。

　やす子が労働問題研究のためイギリスに留学することになり、25年5月23日「山田女史送別音楽会」が、芝公園内の協調会館で開催され、労働部有志から収益金300円を贈られた。7月22日イギリスへ出発する。言葉も不十分で着いた翌日にはホームシックになったという。渡欧中の26年2月14日、労働部は労働婦人協会と改称する。26年7月23日帰国し労働婦人協会に参加する。27年1月30日の第4回総会で講演した。

　イギリス滞在中に学んだ婦人運動や、政治、学校教育などについて、ケンブリッジ大学内に教育科目婦人講座が開かれたこと。1926（T.15）年の婦人参政権拡張運動の結果、27（S.2）年4月12日「無条件にて婦人に男子と同様二十一歳より選挙権を付与する」と首相が下院に声明、1年や2年の運動でたちまち効を奏するなど、自分たちと比較してあっけない取組とさえ思われる。私たちはまだまだ成長しなければならないと「最近の英国婦人界Ⅰ・Ⅱ・Ⅲ」として『婦人』（1927・3・4・5）に3回にわたって連載している。

28（S.3）年創立の社会民衆婦人同盟に参加し、中央執行委員長となる。30年5月30日、大阪支部創立記念講演で弁士として参加、6月5日の創立総会で議長を務める。31年2月16日、社会民衆婦人同盟・労働婦人連盟合同大会で、一身上の都合で委員長を辞任し顧問に推薦された。
　ニューギニアなど南方の島々を開拓しようという国の方針に参加した二葉商会の一員として、35年に赤道直下のニューギニアに渡り、日本人の子どもや二世の教育に携わった。気候は日中は暑くても朝夕は涼しく日本の夏より凌ぎやすく、何年も住んでいる日本人も多く暮らしよい。借りている住宅は広く敷地内に今年中に学校も完成することになり、6人の女子を養っている、と『連合婦人』第79号に近況を載せている。39年帰国した。
　38年、国家総動員法が制定され、政府は女性を国策委員として採用し、帰国したやす子も物価委員と社会事業委員に任命された。
　のち結婚して斎藤姓となる。1969（S.44）年77歳で死去。　　　（織田）
　参：『読売新聞』1924年6月23日
　　　『婦人運動』第2巻5・8号　職業婦人社、1924年

吉岡　弥生（よしおか やよい）1871（M.4）―1959（S.34）

　社会事業部・教育部所属。のち委員長。医師、東京女医学校（現　東京女子医大）校長。
　1871年3月10日（旧暦）、静岡県・土方村で生まれた。西洋医学も学んだ漢方医の父鷲山養斎、母みせの長子（先妻に2男1女があった）。新聞や雑誌で新しい時代を知り、自由民権運動の盛んだった遠州地方で政談演説会があると聞きに行くような子だった。村の小学校を卒業後、父や兄の感化で医者になることを志し、1889（M.22）年兄の通っていた済生学舎に入学した。ここは唯一医師を志す女性が学べる学校だったが、男子学生に混じってのさまざまな苦労と猛勉強ののち、92年、医術開業試験に合格した。最初の荻野吟子から数えて27人目の女医だった。一時帰郷して父の医院を手伝ったが、2年半後に上京し本郷で開業した。ドイツ語を学ぶために至誠学院に通ったが、そこの院長吉岡

荒太と恋愛し、父養斎の反対を押し切って結婚した。2人は協力して学院の拡張と東京至誠医院を開設した。

　済生学舎が女子学生を締め出すことになったため、1900年医院の一室に東京女医学校を創立した。最初の学生は数人だったが、学生も教師も熱意に燃えており、弥生は長男博人を出産する折、自ら実験台になってそれを見学させることもしたという。08年には最初の卒業生竹内茂代を世に送り出した。日清戦争後、男性医師には診せないという日本在住の中国や朝鮮の女性などからも往診依頼が相次ぎ、改めて女医の重要性を認識。12年には荒太を理事長に東京女子医学専門学校を設立し、20（T.9）年には文部省指定校の認可も受けた。名声を手にした弥生は、18年処女会の中央部理事、愛国婦人会の役員、日本女医会会長などを歴任するようになる。

　22年、夫荒太の死去、翌23年の関東大震災では新築した病院が焼失したが、東京連合婦人会の活動には参加した。社会事業部や教育部に所属し、次世代の女子教育についての助言などを行っている。26年2月の第3回大会では講演を行った。この大会で東京連合婦人会の組織変更が行われ、会員資格が団体のみとなり、初期の目標である女性たちの大同団結的色彩が薄まった。またこの時期から、委員会の会場は「吉岡宅」「至誠病院内」となり、27（S.2）年1月には吉岡は委員長に就任、以来42年12月に会が解散するまで委員長を続行、十指に余る会に名を連ねた吉岡にとって、東京連合婦人会の委員長は名誉職であったと思われる。42年12月8日、東京連合婦人会は解散し、吉岡を会長とする大東亜生活協会と改組・改名した。

　1931年大日本連合婦人会賛助員、日本国際協会理事。33年女子教育振興会理事、35年日本医師協会評議員、婦人同志会会長。36年大日本連合女子青年団理事長。37年国民精神総動員中央連盟評議員、内閣教育審議会員。40年国民精神総動員本部理事。42年大日本婦人会理事などに次々と就任した。吉岡はどんな団体の役員要請も断らなかったといわれている。女性の独立自営を望み、婦人参政権運動にも関わったが、戦時下には、国策に沿った団体で旗振り役を務めていた。

　そのため戦後、婦人参政権実現後最初の国政選挙に立候補する意欲を示したが、周囲の反対で断念したといわれている。そして47年には、教職および公職

追放を受けた。51年に追放解除となり、翌52年には念願の東京女子医科大学に昇格した学校の学頭に、さらには至誠会の会長に就任した。
1959年5月22日88歳で死去。 (折井)

参：渋川久子「吉岡弥生」『近代日本女性史1 教育』鹿島出版会、1970年
　『吉岡弥生伝』吉岡弥生伝伝記刊行会編・刊、1967年
　神埼清編『吉岡弥生伝』東京連合婦人会出版部、1941年

チャールズ・A・ビーアド（Charles Austin Beard）(1874—1948)

　アメリカの著名な学者、文化・社会の諸分野を含む「新しい歴史学」を提唱した。アメリカ史学協会会長などを歴任。著書『アメリカ政府と政治』『アメリカ合衆国史』など多数。1900年、大学の同窓であったメリー・リッターと結婚した。第一次世界大戦中コロンビア大学を辞して、新社会研究所の設立に協力、ニューヨーク市政官養成所長、ニューヨーク市政調査会専務理事などを務めた。
　東京市長に就任した後藤新平が、ニューヨークに滞在していた娘婿鶴見祐輔を通じて、都市問題の専門家としてのビーアドに、東京市政を改革する方策を尋ねたのをきっかけに2人の親交が始まった。22（T.11）年後藤の招聘で日本を訪問、半年間滞在し（1922.9-1923.3）東京市政改革への提言を残した。
　帰国半年後の23年9月、関東大震災が発生し、内務大臣に就任していた後藤は海軍の無線電話を使って「でき得ればただちに来られたし」と打電した。その電報より早く自宅で日本の大地震の報に接したビーアドは、「新街路を設定せよ。街路決定前に建築を禁止せよ。鉄道ステーションを統一せよ」と後藤宛に電報を打った。当時東京駅と上野駅はつながっておらず、また両国駅とも連結しておらず、東西・南北からくる荷物が中心部に溢れていた。ビーアドは、まるで太平洋を隔てて望遠鏡で震災にあった東京を観察しているような鋭いメッセージをよこしたのだった。
　ビーアド夫妻は10月6日横浜埠頭に到着し、灰燼（かいじん）となった横浜を目の当たりにした。10月30日、後藤新平に対する覚書としてビーアドが提出したのが、『東京復興に関する意見』である。この意見書の内容は、新街路計画、土地およ

び住宅問題、交通運輸組織、帝都の尊厳および美観に関する考察等、11項目にわたる徹底的なものであった。しかし日本の財政状態はその意見をそのまま受け入れることができず、後藤内相の最小限度の案であった7億円計画ですら審議会の大反対にあった。ビーアドは「帝都の復興は永久の事業なり。山本内閣の存在は一時のことのみ、一を以て他に代うべからず」との意見書を出したが、結局修正案に屈せざるをえなかった。
　　　　　　　　　　　　　　　　　　　　　　　　　　　　（加瀬・折井）

参：『チャールズ・A・ビアード』東京市政調査会、1958年

メリー・R・ビーアド（Mary Ritter Beard）（1876—1958）

　アメリカ・インディアナポリスで誕生。デポー大学で政治学、言語学、文学などを学ぶ。1900年、チャールズと結婚。イギリスに渡り、そこで労働運動、女性運動などに出会う。帰国後コロンビア大学院で社会学を学ぶが、女性のための労働組合の改革と参政権運動の道に入る。1913年、アリス・ポールが全国女性党を結成するとこれに参加する。しかし20年、女性の参政権が認められると、メリーは歴史家としての生活に入った。

　22（T.11）年、メリーは日本の労働運動と参政権運動に関心をもち、夫チャールズとともに来日。12月には大正婦人会講演会で「今後の文化建設に関する婦人の使命」と題して講演した。23年、震災後の再来日では、市政における女性の仕事の意義を強調、東京連合婦人会では顧問として救援活動を支援した。メリーの提案によって、東京連合婦人会ではケースメソッドによる被災者の調査が行われた。また太平小学校での給食事業に食料を提供、さらに夫妻の斡旋によってアメリカ・クリスチャンサイエンスソサエティからのバラック5棟をも提供した。『萬朝報』（1923.10.22）には「日本婦人の雄々しい活動の中に混じつて働けるかだうかは問題ですが、私は出来るだけやつてみませう」と東京連合婦人会に協力していることを伝えている。11月2日には婦人市政研究会総会で石本静枝と出会い、のちメアリー・ビーアド著、加藤シヅエ（石本静枝）訳の『日本女性史』（河出書房、1953年）が出版された。第二次大戦後、GHQ民間情報局女性情報官となったエセル・ウイードは、メリーに

助言を求め、60通以上の往復書簡が残されているという。

メリーの著作は、『市政における女性の仕事』1915、『女性の理解について』1931、『女性の目を通してみるアメリカ』1933などがある。名著とされる『歴史の力としての女性』のなかで、「女性はただ単に歴史の中で支配され抑圧されてきたのではなく、『一つの力』として歴史を動かしてきたのであり、……理解されなかったのは、男性の活動における価値を基準にして人間の行動を見てきたからだ」としている。

(加瀬・折井)

参：上村千賀子『女性解放をめぐる占領政策』勁草書房、2007年
　　メリー・ビーアド「日本婦人は今や何を為すべきか」『婦人公論』1923年10月
　　蠟山政道「ビアード博士夫人を訪うて」『婦人公論』1951年6月

〔注記〕
チャールズ・A・ビーアドとメリー・R・ビーアドの日本語表記について

「ビーアド」または「ビアード」の表記、「メリー」または「メアリー」の表記が、日本の新聞、雑誌で用いられているので、どちらを採用するか研究会で検討した。

『婦人公論』(1923年11月号) に掲載されている「日本婦人は今や何を為すべきか」(英語原文付)では、「メリー・ビーアド著」と表記されていること、また岩手県にある後藤新平記念館(後藤と夫妻は親交があった)のホームページでも「ビーアド」と記載されているので、「メリー」「ビーアド」を採用することにした。

人物寸描　〈女性〉

市川　房枝（いちかわ　ふさえ）1893（M.26）—1981（S.56）

　労働部主催の職業問題大講演会で講演。婦人参政権獲得期成同盟会理事。参議院議員。愛知県生まれ。愛知県女子師範学校卒業。教職に就くが病気で休職。退職後名古屋新聞の記者となる。上京し、友愛会婦人部書記として婦人労働者大会開催に尽力。1920（T.9）年新婦人協会理事、しかし、会の資金難とあらゆる仕事が集中して、限界に達したので21年に辞任。渡米し女性問題や労働問題を研究。24年帰国、ILO東京支局に勤務。

　その後、婦人参政権獲得のために婦人参政権獲得期成同盟会で中心となって活動。37（S.12）年、国民精神総動員中央連盟調査委員となり、女性の地位向上のため、時局協力の道を選ぶ。40年婦選獲得同盟を解散。42年大日本婦人会審議員。45年8月25日、戦後対策婦人委員会設立。11月新日本婦人同盟（日本婦人有権者同盟と改称）を結成し、会長。47年戦時中の大日本言論報国会理事を理由に公職追放。50年追放解除。参議院議員を3期務めたのち落選するが、若い人に推されて74年の選挙で当選。組織に頼らず、「理想選挙」といわれる。国際婦人年日本大会開催に尽力。
　　　　　　　　　　　　　　　　　　　　　　　　　　　　　　（矢次）
　参：市川房枝『市川房枝自伝　戦前編』新宿書房、1974年

石本　静枝（いしもと　しづえ）〔加藤　シヅエ〕
　　　　　　　　　　　1897（M.30）—2001（H.13）旧姓：広田

　政治部所属。麗日会発起人。産児制限運動家。国会議員。東京生まれ。女子学習院中等部卒業。男爵・石本恵吉と結婚。渡米していた夫の勧めで渡米し、ニューヨークのバラード・スクールで秘書学を学び卒業。産児調節運動のマーガレット・サンガーと出会う。1920（T.9）年帰国し、22年に来日したサンガーの通訳を担当、その後日本産児調節研究会を設立。31（S.6）年、平塚らいてうや河崎なつらと日本産児調整婦人同盟結成。44年3月に石本と離婚

成立、11月に加藤勘十と結婚。戦後初の選挙で社会党より衆議院議員に夫妻で当選。88年に女性と人権、家族計画運動に対して国連人口賞を受賞。(矢次)
参：加藤シヅエ『加藤シヅエ　ある女性政治家の半生』日本図書センター、1997年

植田（宮城）タマヨ（うえだ たまよ）1892（M.25）―1960（S.35）

社会部所属。日本初の女性保護司。参議院議員。山口県生まれ。奈良女高師卒業後、大原社会問題研究所で社会事業や児童保護問題を研究。少年法制定に伴い司法省などによってアメリカに派遣される。帰国後、東京少年審判所の保護司となる。戦後は参議院議員として売春防止法制定などに尽力。　　(折井)
参：宮城タマヨ『私の歩み――続台所の心』主婦之友社、1952年

大江　スミ（おおえ すみ）1875（M.8）―1948（S.23）旧姓宮川

職業部、社会事業部所属。婦人平和協会。家政学者。東京家政学院院長。長崎県生まれ。東京女高師卒。1902（M.35）年家政学研究のため、文部省の派遣でイギリスに留学、06年帰国し東京女高師の教授となる。女子教育の基礎として「女房・説法・鉄砲」（家庭・宗教・兵備）の「三ぼう主義」を称えた。25（T.14）年東京家政学院を創立し、院長となる。　　(折井)
参：羽豆俶江「大江スミ　家政学を『治国の学』として」『新宿　歴史に生きた女性100人』折井美耶子・新宿女性史研究会編、ドメス出版、2005年

奥　むめお（おく むめお）1895（M.28）―1997（H.9）旧姓和田

労働部所属。女性運動家。主婦連会長。参議院議員。福井県生まれ。本名梅尾。日本女子大学校卒業後、社会問題に目覚め、新婦人協会に参加、職業婦人社を結成、消費組合運動にも参加。戦後初の参院選で当選。主婦と暮らしの立場から物価問題などに取り組み、主婦連を結成。東京連合婦人会では労働部の小冊子『跡』に「新しい価値を見出しませう」を書いている。　　(折井)
参：奥むめお『野火あかあかと』ドメス出版、1988年

加藤　タカ（かとう　たか）1887（M.20）―1979（S.54）

　経済部総務委員。YWCA 総幹事。婦人労働委員会委員長。東京生まれ。1911（M.44）年女子英学塾卒業後、東京 YWCA に勤務。ミルウォーキー師範学校やアメリカの YWCA 幹事養成学校などで学ぶ。26（T.15）年には婦人労働委員会委員長*となり、常磐炭鉱や製糸工場を視察して女子労働者の労働条件改善を推進。44（S.19）年に YWCA を退職。47 年親の郷里である新潟県八幡村（現　村上市）の村会議員。村上高校英語教師。祖母は女子独立女学校（のちの精華高等女学校）を創立した加藤俊子。　　　　　　　　　　　　（矢次）

参：『YWCA』第 340 号　日本キリスト教女子青年会、1979 年
＊婦人労働委員会　国際労働会議で採択された条約の批准を促進するために ILO 東京支局が動いて、国際労働協会を 1925 年に結成。理事長は高野岩三郎。婦人労働委員会は、一般委員会のなかの小委員会で、婦人委員および臨時婦人委員が構成メンバー。条約のなかに、女性の深夜業禁止に関する条約や出産前後の女性雇用に関する条約などがあり、実態調査にあたる。婦人委員は市川房枝、加藤タカ、久布白落実、野坂龍子、河崎なつ、金子しげり、帯刀貞代。臨時委員は正田淑子、鈴木トミヱ、村上秀子、小沢豊子、永島暢子、杉本ふみ子、三原正香、マクドナルド、渡辺松子など。26、27 年に炭鉱、紡績工場、製糸工場を視察して、報告書をまとめて政府への要望書の起案などをした。29 年に深夜業禁止の記念講演会を開催。

河崎　なつ（かわさき　なつ）1889（M.22）―1966（S.41）

　教育部総務委員。政治部所属。全国公娼廃止期成同盟会発起人。婦人参政権獲得期成同盟会中央委員。婦人労働委員会委員。母性保護法制定委員会常任委員。教育者。参議院議員。奈良県生まれ。奈良女子師範、東京女子高等師範卒業。1918（T.7）年新設の東京女子大学の教授になる。21 年西村伊作と与謝野晶子・鉄幹らとともに文化学院を創立。20 年の新婦人協会の発足から参加。32（S.7）年より『読売新聞』の婦人家庭欄の身の上相談を担当。『朝日新聞』の山田わかと人気を二分した。45 年戦後対策婦人委員会に参加。46 年に司法法制審

議会委員「母親がかわれば社会がかわる」との思いで55年に始まった日本母親大会の事務局長として活躍。 (矢次)

参：林光『母親がかわれば社会がかわる　河崎なつ自伝』草土文化、1974年
加瀬厚子「河崎なつ——はじめての婦人運動は新婦人協会」折井美耶子・女性の歴史研究会編著『新婦人協会の人びと』ドメス出版、2009年

木内キヤウ（きうち きょう）1884（M.17）—1964（S.39）旧姓：淡島

　教育部総務委員。東京府女子師範同窓会代表。小学校教員。1925（T.14）年第2回大会で教育部総務委員。東京・浅草に生まれる。府女師卒業後、小学校教員の傍ら夜学に通う。09（M.42）年結婚。21年母校専攻科で学ぶ。28（S.3）年ハワイでの第1回汎太平洋婦人会議に出席。31年女性で初の小学校校長(板橋区志村第一小)となる。32年全国小学校連合女教員会副会長。大政翼賛体制に協力。47年戦後初の参院選で当選（民主クラブ）。 (永原)

参：鈴木裕子編「日本女性運動史人名事典」『日本女性運動資料集成・別巻』不二出版、1998年

河本　亀子（こうもと かめこ）1897（M.30）—1966（S.41）

　東京市社会局救護課嘱託職員。東京連合婦人会結成の第1回会合に出席。震災時は救護課が上野に開設の婦人相談所を担当し、11月には婦人保護協会の看板を掲げ授産所とし被災女性への内職仕事を斡旋。岡山県勝山町に生まれる。1921（T.10）年に市社会局労務課嘱託職員となる。22年に新婦人協会入会、解散後は婦人参政同盟へ参加。24年婦人参政権獲得期成同盟会創立委員。25年市社会局を退職し、河本派出婦人会を開業。先崎亥之吉と結婚後も看板は変えず。 (永原)

参：清水和美「河本亀子——社会局勤務から派出婦人会経営へ」折井美耶子・女性の歴史研究会編著『新婦人協会の人びと』ドメス出版、2009年

ガントレット恒子（がんとれっと つねこ）

1873（M.6）―1953（S.28）旧姓：山田

職業部所属。罹災女性に職を斡旋し収入を得るよう努め、救援活動に参加。婦人参政権獲得期成同盟会。ガントレット服装研究会。社会運動家。日本基督教婦人矯風会。愛知県生まれ。恒子は家庭の事情から5歳で桜井女塾（のちの女子学院）の寄宿舎に入り、ここで校長の矢島楫子と出会う。卒業後女子学院分校や共愛女学校に勤務する。1898（M.31）年イギリス人英語教師エドワード・ガントレットと周囲の反対を押し切って結婚し、イギリス国籍となる。1920（T.9）年ロンドン矯風会万国大会に矢島とともに出席。ジュネーブでの万国婦人参政権協会大会、汎太平洋婦人会議（ホノルル）等の国際会議に出席し、国際的に活躍。39（S.14）年9月、日本婦人団体連盟が結成されると、会長に就任。41年夫妻で日本に帰化した。戦後46年から婦人矯風会会頭を務め、焼失した会館の再建と矯風会の再興に尽くした。山田耕筰は弟。　　　（織田）

参：日本キリスト教婦人矯風会編『日本キリスト教婦人矯風会百年史』ドメス出版、1986年

小口みち子（こぐち みちこ）1883（M.16）―1962（S.37）旧姓：寺本

第1回会合から個人参加で救援活動。美容師、東京婦人美容協会理事。社会運動家。婦選運動家。『連合婦人』第11号に「何故母さんは選挙に行かない？」を掲載し、女性参政権のないことをアピールした。兵庫県社村に生まれる。神戸での3年間の小学校教員を経て上京後、雑誌記者として平民社の取材を契機に堺利彦らと親交し、1904（M.37）年社会主義婦人講演会で演説。05年治警法第5条改正の請願運動に関わる。体をこわして帰郷するが、再び上京して美容師となる。一方で、新真婦人会に入会し、堺の『へちまの花』に執筆する。14（T.3）年婦人美容法研究所を設立。20年新婦人協会の会員に。『主婦之友』『婦人倶楽部』の美容相談を担当。震災で芝公園の借家を焼失し、原宿へ移転しマスター化粧品の製造を始め、大成功へ。27（S.2）年新築なった日本橋三越本店

に美容室を開店。デパートに美容室開設の先駆。30年5月に吉岡、井上、山脇らと婦人同志会を結成し、幹事に。戦時下、美容室を閉店し、帰郷して疎開生活へ。57年婦選運動の先駆者として、市川房枝らから表彰され、「婦選の杖」を贈られる。　　　　　　　　　　　　　　　　　　　　　　　　　　　　　（永原）

　参：永原紀子「小口みち子——視点はいつも女性の自立」折井美耶子・女性の歴史研究会編著『新婦人協会の人びと』ドメス出版、2009年

正田　淑子（しょうだ よしこ）1879（M.12）—1942（S.17）

　社会部所属。社会事業研究会代表。日本女子大学校社会事業学部長。1925（T.14）年度に総務委員となる。25年度は毎月の例会で「チャイルド・スタディ」の講座を行う。栃木県に生まれる。日本女子大学校英文学部第1回生として入学。10年渡米、苦学の末コロンビア大学でM.A.の学位を得て24年に帰国し社会事業学部教授に。33（S.8）年同学部が家政学部に改組・編入されたとき日本女子大学校を退職。35年「満州」（中国東北部）に渡り女性教化にあたる。
　　　　　　　　　　　　　　　　　　　　　　　　　　　　　　　（永原）

　参：日本女子大学編・刊『日本女子大学学園事典』2001年

竹内　茂代（たけうち しげよ）1881（M.14）—1975（S.50）旧姓：井出

　婦人参政権獲得期成同盟会に加入。1926（T.15）年至誠会代表委員として第2期から参加。産婦人科医師。長野県に生まれる。東京女医学校初の医師開業試験合格者。16年医博・竹内甲平と結婚。21年に井出医院を新築。婦選運動に関わるなか、医院の集会所は女性運動家たちの拠点となる。29（S.4）年堕胎罪で突然逮捕。ぬれぎぬで、拘留中に吉岡の無視の態度に落胆。これを機に社会活動を止め研究に没頭し、33年医博の学位を取得。以後、社会活動を再開する。
　　　　　　　　　　　　　　　　　　　　　　　　　　　　　　　（永原）

　参：もろさわようこ『信濃のおんな 下』未來社、1969年
　　　山田昌子「竹内茂代——女医の立場から社会に発言を続けた」折井美耶子・新宿女性史研究会編『新宿 歴史に生きた女性100人』ドメス出版、2005年

田中　芳子（たなか　よしこ）1888（M.21）―1961（S.36）

教育部総務委員。鷗友会（府立第一高女同窓会）代表委員。1924（T.13）年第1回大会で教育部総務委員。同年9月1日の震災共同基金募集デーに参加。同年12月婦人参政権獲得期成同盟会中央委員に。25年第2回大会で総務委員、会計に選任。教育部の重要事業、入学相談所主任となる。26年組織改編後は入学相談所の事務所を自宅に移転し、相談を継続。27（S.2）年から31年まで会計に選任。30年ハワイでの第2回汎太平洋婦人会議に出席。36年に新設の財務委員に。東京・芝に生まれる。府立第一高女先輩の羽仁と親交あり。婿養子の不二と結婚。20年新婦人協会発会式で評議員となり、会計担当で会を支える。34年母子保護法制定促進婦人連盟副委員長。　　　　　　　　　（永原）

参：加瀬厚子「田中芳子――わが子の教育問題から女性運動へ」折井美耶子・女性の歴史研究会編著『新婦人協会の人びと』ドメス出版、2009年

塚本　ハマ（つかもと　はま）1866（慶応.2）―1941（S.16）旧姓：小川

教育部部長、社会事業部所属。家政学者。東京女高師教授。江戸で生まれ、静岡に移住。女高師第1回生となり、卒業後は大阪師範女子部や公私立女学校の教師を経て、母校の教授となる。『家事教本　全』などを出版。家事労働の合理化によるその軽減を説いて各地で講演した。農学者塚本道遠と結婚、6人の子どもを育てた。　　　　　　　　　　　　　　　　　　　　　　　（折井）

参：市原正恵「家政学のあけぼの――塚本ハマ小伝」『思想の科学』121　1980年

永島　暢子（ながしま　ようこ）1897（M.30）―1946（S.21）

労働部所属、のち書記。労働運動家。青森県生まれ。本名ヨネ。高等女学校卒業後、上京。東京連合婦人会の活動を通じて、女性運動、労働運動などに関わる。婦女新聞社に入社し、常磐炭坑ルポなど社会問題を鋭く突く記事を多く書いた。『女人芸術』にも社会時評を執筆。戦時下、労働運動などで検挙され、

出獄後「満州」に渡る。『月刊満州』などに勤務するが、敗戦後の混乱のなかで病に倒れて死去した。　　　　　　　　　　　　　　　　　　　　　　（折井）

参：岩織政美『永島暢子の生涯』同刊行委員会、1987年

西川（松岡）文子（にしかわ　ふみこ）
1882（M.15）―1960（S.35）旧姓：志知

　政治部所属。災害救済婦人団。全国公娼廃止期成同盟会発起人。女性運動家。岐阜県生まれ。1902（M.35）年京都府女学校国漢専攻科卒業。松岡荒村と結婚、死別。荒村の意志を継ぎ平民社の堺利彦を訪問し、住み込みながら台所方を受け持つ。社会主義婦人講演会や治安警察法第5条の改正請願運動に奔走し、05年衆議院に460人の署名とともに請願書を提出。西川光二郎と結婚。13（T.2）年新真婦人会を木村駒子、宮崎光子らと結成。23年には坂本真琴らと婦人参政同盟を結成し、婦選運動を推進。57（S.32）年「婦人参政権10周年記念祝賀会」で婦選の杖を贈られる。　　　　　　　　　　　　　　　　　　（矢次）

参：西川文子『平民社の女』青山館、1984年

宮川　静枝（みやがわ　しずえ）1896（M.29）―？

　政治部所属。第1回会合から参加。全国公娼廃止期成同盟会発起人。婦人参政権獲得期成同盟会中央委員。矯風会会員。熊本県生まれ。1916（T.5）年同志社女学校専門部英文科卒業。在学中09（M.42）年受洗、矯風会青年部に所属。矯風会本部に勤め、機関紙『婦人新報』の編集委員として活躍。19年、林歌子らとシベリアの出征軍人慰問と日本人女性の「醜業婦」状態を視察し、ルポルタージュを機関誌に掲載。26年には万国婦人参政権協会第10回大会に出席。大叔父の宮川経輝は熊本バンドのひとりである。　　　　　　　　（矢次）

参：同志社女子大学史料室「同志社スピリットと女性たち――医療・幼児教育・矯風の世界への飛翔」展示目録、2009年

山田 わか（やまだ わか）1879（M.12）―1957（S.32）旧姓：浅葉

　研究部所属。第2期以降、副委員長。評論家。神奈川県生まれ。貧窮した生家を救うため渡米したが、騙されて娼婦にさせられる。のちキリスト教の施設に保護され、山田嘉吉と結婚。帰国後、嘉吉が開いた語学塾で学び、やがて評論家として「母性保護論争」などに加わる。「母」は女性の天職とし、母性保護法制定運動などを行う。新聞・雑誌などの身の上相談で活躍した。　　（折井）

　参：五味百合子「山田わか」五味百合子編著『社会事業に生きた女性たち』ドメス出版、1973年

山内　輝子（やまのうち てるこ）1882（M.15）―1928（S.3）

　政治部所属。矯風会東京婦人ホーム。日本婦人参政権協会。24（T.13）年9月1日の震災共同基金募集デーには、打ち合わせ段階から参加。12月、婦人参政権獲得期成同盟会中央委員。25年3月の衆議院への婦選3案提出の運動で坂本真琴とともに熾烈に運動する。この運動で体をこわし闘病生活へ。高知に生まれる。土佐藩士山内家に連なる家系。22年頃上京し、東京婦人ホームで、寮長の守屋東のもとで働く。　　（永原）

　参：婦人参政十周年記念行事実行委員会編・刊『婦選運動の亡き人達』1955年

人物寸描 〈男性〉

赤松　克麿（あかまつ かつまろ）1894（M.27）―1955（S.30）

　労働部主催の婦人職業問題大講演会講師。日本労働総同盟書記。社会運動家。政治家。山口県生まれ。東京帝国大学法科大学政治科に入学。在学中に新人会を結成。卒業後、東洋経済新報記者を経て日本労働総同盟の活動に専念。

　社会民衆党書記長を経て、国体尊重を掲げる日本国家社会党を結成。その後さらに国家社会主義に転じ、日本主義の国民協会を設立。1937（S.12）年の総選挙で北海道から衆議院議員に当選する。戦後公職追放になり東洋思想の研究をする。戦前と戦後の社会主義者の思想の変遷の典型を示す。明子は妻、常子は妹。　　　　　　　　　　　　　　　　　　　　　　　　　（織田）

　参：加田哲二『日本国家社会主義批判』春秋社、1932年

梅山　一郎（うめやま いちろう）1894（M.27）―？

　『国民新聞』家庭部の記者。1923（T.12）年9月26日に東京市社会局のミルク配りに協力すべく、女性団体幹部や女学校長宛てに久布白落実が書いた約40通の手紙の住所録を提供。同僚の金子しげりを伴って参加し、第1回大会までの半年間の活動を支援。23年11月号『婦人倶楽部』に「目覚しい婦人救済団の活動から東京婦人連合会の黎明まで」と題する記事を掲載。各団体の震災直後からの活動についての紹介や東京連合婦人会の結成直後の活動について詳述。

　群馬県生まれ。早稲田大学高師部英語科卒業後、佐世保中学教師を経て国民新聞社へ。国民新聞社を退職後、29（S.4）年1月に産業組合（戦後農協、JA）中央会に入り、7月から『家の光』の編集責任者となる。『家の光』は25年創刊の月刊誌で、産業組合中央会が農村家庭向けに刊行した機関誌である。1部20銭で、4万の発行部数を4年で100万部を突破させ、平均140万部の読者獲得に手腕を発揮した。梅山は、これまでの男性中心から、女性や子どもに力をおいた編集に変え、農民民に愛される大衆雑誌をめざして部数を拡大した。

しかし、37年の日中戦争の勃発により国家意識の高揚が叫ばれ、内務省が出版物の記事内容の事前検閲を始める。『家の光』は、次第に体制側との結びつきを強めていく。その経緯は不明だが、この年、梅山は編集長を降りることとなり、直後に特派員記者として、戦争最前線の上海に派遣される。帰国後も、普及課長という役職で、以後、編集に携わることはなかった。　　　　　（永原）

参：奥原潔『家の光の二十五年』家の光協会、1949年
　　『昭和人名辞典　第1巻〔東京篇〕』日本図書センター、1987年

賀川　豊彦（かがわ　とよひこ）1888（M.21）―1960（S.35）

　労働講座講師。牧師。社会運動家。労働運動、農民運動、協同組合運動で活躍。震災の翌日神戸から上京し、実情を視察。本所松倉町（現 墨田区東駒形）に基督教産業青年会を設立し、5基のテントを張り本格的救援活動に取り組む。全関西婦人連合会で罹災者に「30万組の夜具」が必要と訴える。また西日本各地をまわり、義捐金募集のための講演会を行った。独自にミルク配りも行った。兵庫県生まれ。1900（M.33）年徳島中学校入学。宣教師H・W・マイアースによって受洗。明治学院高等部神学予科終了後、神戸神学校に入学。在学中にキリスト教伝道活動に入り、貧しい人びとの救済に尽くす。14（T.3）年渡米しプリンストン神学校で学ぶ。

　19年友愛会関西労働同盟会の結成に参加。労働者が正当な報酬を受けるためには、組合が必要だと痛感し、造船所争議など労働組合運動、農民組合運動で活躍。24年11月、アメリカ講演旅行に続いてヨーロッパで協同組合などを視察し、本所松倉町を協同組合運動の本拠地とした。戦後は国際平和協会を設立し理事長に、日本協同組合同盟を結成して会長になるなど幅広く活動した。

（織田）

参：『賀川豊彦全集』キリスト新聞社、1962年〜

斯波　貞吉（しば　ていきち）1869（M.2）―1939（S.14）

　新聞記者。政治家。福井県士族斯波有造の長男。父は大蔵省官吏となって各

地をまわり、貞吉は岐阜中学から学習院へ。卒業後1889（M.22）年にオックスフォード大学へ留学し経済学を専攻。92年出版の『国家的社会論』（冨山房）は、日本で早い時期に社会主義を本格的に説いたものといわれる。東京帝大文科大学選科英文科を96年に修了ののち、岩手県盛岡中学校（田子一民、金田一京助は教え子）、高輪仏教高等中学校の教師、仏教大学（現 龍谷大学）教授を経て、99年に黒岩涙香に誘われて萬朝報社の英文記者として入社した。東京連合婦人会教育部で中心的活動をした、斯波安（橋本安）と結婚する。

日露戦争直前の1903年11月、非戦論を唱えていた『萬朝報』が開戦論へ転じたため、幸徳秋水と堺利彦は退社、非戦論を訴えて平民社を結成し、『平民新聞』を発行。貞吉は留まるも、『平民新聞』英文欄執筆を堺利彦らと担当した。社説の要約、社会主義運動の動向や労働時間や賃金の問題を発信した。

その後、05年には山路愛山らと国家社会党を結成するが、ほどなく自然消滅。『萬朝報』では言論部に転じ07年に編集局長、涙香の死後は主筆となり、初期の憲政擁護に健筆をふるい、普選運動に積極的に取り組む。

25（T.14）年6月に東京大勢新聞社を創立、社長に就任するが、12月にはこれを辞して衆議院補欠選挙に憲政会から出て当選。27（S.2）年には憲政会、政友本党が合同して結成の立憲民政党へ。以後6回当選し、没年まで議席にあった。

1939年10月14日に70歳で死去。　　　　　　　　　　　　　　　（永原）

参：『桜蔭会史』1940年
　　『大正人名辞典Ⅱ　下巻』1989年、『大正人名辞典Ⅲ　中巻』日本図書センター、1994年

末弘厳太郎（すえひろ いずたろう）1888（M.21）—1951（S.26）

東京帝国大学法学部教授。山口県生まれ。震災直後から帝大学生救護団の活動を支援し、避難者名簿の作成と「尋ね人」の仕事と東京罹災者情報局の仕事を率いる。このときの活動と情熱が、日本のセツルメント運動の先駆けとなった24（T.13）年6月の東京帝大セツルメント創立へとつながった。また、末弘は羽仁もと子から自由学園卒業生による児童への昼食提供について相談を受け、

本所太平小学校を紹介した。23年10月から同校児童300人への昼食提供を開始した。

　労働法学の創始者、法社会学の先駆。18-20年の欧米留学で、社会学の成果を法解釈に持ち込み、実生活に内在する「生きた法」を重視し、判例こそ具体的法律だと、穂積重遠とともに民法判例研究会を設立した。学問のなかでは理論と社会的実態とを結びつけ、学問の外では権力や官僚と闘い、象牙の塔から飛び出して学者を民衆と直接にぶつけることを宿願として、精力的に実践した。理論と実践の結合関係としてセツルメント運動があった。穂積とともに、ヒューマニズムとリベラリズムの法学者と評されている。戦後、東大を退職してＧＨＱのもとで、労働三法の制定に関与した。47（S.22）年には中央労働委員会会長となる。51年に『日本労働組合運動史』で毎日出版文化賞を受賞。

（永原）

　参：福島正夫・川島武宜『穂積・末弘両先生とセツルメント』東京大学セツルメント法律相談部、1963年

平林　広人（ひらばやし　ひろんど）1886（M.19）─1986（S.61）

　東京市社会局嘱託。久布白落実に女性の手を100人ほど借りたいと伝え、東京連合婦人会発足のきっかけをつくる。

　社会教育家。アンデルセン研究家。長野県生まれ。松本中学卒業。日本メソジスト地方伝道師試験に合格、布教活動開始。「信濃木崎夏期大学」の実現に尽力し、知り合った後藤新平の懇望で1921（T.10）年、東京市社会教育課市民自治訓練事務担当。22年少年団日本連盟の理事。24年コペンハーゲンでの第2回世界ジャンボリーと第3回ボーイスカウト国際会議に参加。デンマークのアスコフ国民高等学校卒業。28（S.3）年に、デンマークで撮影した女子輔導団の活動を『伸びゆく乙女』と題して映画化。29年、伊豆久連（くづら）でデンマーク式の教育（フォルケ・ホイスコーレ）を行う興農学園の校長となる。30年の伊豆震災で、東京連合婦人会に被災地児童への救援を要請し、託児所の開設に協力する。

（矢次）

　参：『連合婦人』第20〜25号　東京連合婦人会、1930年

福田　徳三（ふくだ とくぞう）1874（M.7）―1930（S.5）

　東京商科大学（現 一橋大学）教授。慶應義塾大学教授（1905-18）。東京・神田に生まれる。経済学者、社会活動家。1896（M.29）年から文部省の派遣でドイツに留学し、1900年にミュンヘン大学で博士号を取得。明治末期から「生存権」に着目し、1916（T.5）年には「生存権の社会政策」を唱えた。関東大震災ほど、それが切要だと感じたことはなかったと、震災直後に自らゲートルを巻き、街頭に出て、学生を率いて実地に職業調査・失業調査を行った。
　福田は『復興経済の原理及若干問題』（同文舘、1924）で、「人間復興の経済学」を説いた。「私は復興事業の第一は、人間の復興でなければならぬと主張する。人間の復興とは、大災によつて破壊せられた生存の機会の復興を意味する」「人間は、生存するために、生活し営業し労働せねばならぬ」と当面の第一問題を失業問題とし、調査・分析して対策を提言した。
　東日本大震災後、『復興経済の原理及若干問題』が注目され、2012（H.24）年4月に関西学院大学学長の井上琢智と関学災害復興制度研究所の山中茂樹が読み解く、として、両者の編集で、復刻版が出版された（関西学院大学出版会）。また、一橋大学では、『福田徳三著作集』刊行が進められており、「現代社会の問題にも関わる政策、持論から何巻かを先行させ」刊行するとして、本書の入る第17巻を第2回配本で、16年2月に刊行されている。今また、注目の経済学者である。
　　　　　　　　　　　　　　　　　　　　　　　　　　　　　　（永原）

参：西沢保「福田徳三とその『著作集』の刊行に向けて」『一橋大学創立150年史準備室ニューズレター』No.1　2015年3月

穂積　重遠（ほづみ しげとお）1883（M.16）―1951（S.26）

　東京帝国大学法学部教授。東京・深川に生まれる。父は枢密院議長など歴任の穂積陳重（のぶしげ）。震災直後からの帝大学生救護団と末弘厳太郎の活動を支援し、東京罹災者情報局の仕事を行う。この活動の延長で、末弘厳太郎とともに東京帝大セツルメントの設立活動とその維持に尽力する。母の歌子（渋沢栄一の長女）

は、1923年東京連合婦人会社会部の「隣人の愛」布団デーの活動に共鳴し、布団代として600円を寄附している。

　1916（T.5）年、3年余の欧米留学から帰国後、法を社会に役立てるために、社会的法的弱者（女性・子どもなど）に対する啓蒙実践を行う。法律を事実に即して考察しようとする学風で、家族法を専門としていた。法律の社会的作用に着目し、末弘とともに民法判例研究会を設立。また法文・判決文の口語化の提唱など、法律の民衆化、社会化に貢献した。市民教育にも尽力し、多くの講演会で、平易に、法律と社会を解明して聴衆を惹きつけた。また、戦後の児童虐待防止法成立に努力、家庭裁判所の生みの親と称されている。　　（永原）

　参：福島正夫・川島武宜『穂積・末弘両先生とセツルメント』東京大学セツルメント法律相談部、1963年
　　　松下早苗「穂積重遠──弱者のため法を社会に役立てる」折井美耶子・女性の歴史研究会編著『新婦人協会の人びと』ドメス出版、2009年

山室　軍平（やまむろ　ぐんぺい）1872（M.5）─1940（S.15）

　廃娼デーに参加。救世軍日本初代司令官。廓清会評議員。宗教家。岡山県生まれ。14歳で上京、築地活版印刷所の職工になる。キリスト教の伝道に接し、受洗。伝道学校などで苦学する。岡山孤児院の石井十次と1891（M.24）年の濃尾大震災で孤児救済事業に奔走。95年救世軍に入隊。日本人初の士官となる。99年佐藤機恵子と結婚。娼妓の自由廃業をすすめ、暴力団に襲われ重傷を負うこともあった。その結果、世論の後押しもあり「娼妓取締規則」を内務省は1900年に公布し、自由廃業が認められた。娼妓の救済施設「婦人救済所（のち東京婦人ホーム）」を築地に開設。機恵子はここで、廃業して着の身着のままでくる女性に、衣食を与え、裁縫、読み書きなどを教えた。軍兵は09年「慈善鍋」運動を始める。『平民之福音』を著す。　　（矢次）

　参：三吉明「山室軍平」『人物叢書』162、吉川弘文館、1971年

Ⅵ 資料編

●

〈資料1〉 罹災者救援の呼びかけ文
〈資料2〉 東京連合婦人会規則
〈資料3〉 東京連合婦人会 役員の変遷
〈資料4〉 罹災者カード調査
〈資料5〉 全国公娼廃止期成同盟会の宣言文
〈資料6〉 婦人参政権獲得期成同盟会の宣言書、
　　　　 決議、規約
〈資料7〉 東京連合婦人会の組織（第1回大会時）
〈資料8〉 東京連合婦人会「会歌」

〈資料1〉 罹災者救援の呼びかけ文

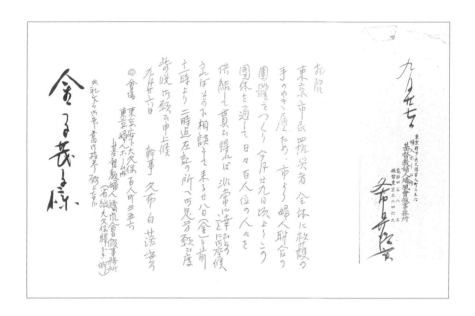

＊東京連合婦人会結成の発端となった手紙

　1923（T.12）年9月26日、東京市社会局の平林広人から100人くらいの女性の手を貸してほしいという依頼を受けた久布白落実が書いたもの。

　右側は封筒の裏面で、9月27日の日付けと住所と署名。宛先は金子茂子様で、当時国民婦人会の担当であった金子しげりのことである。

　手紙は26日で、封筒は27日となっている。28日の集まりを知らせているので、40通余りを手分けして急いで配ったと思われる。

〈資料2〉 東京連合婦人会規則

1 『東京連合婦人会規則』第1回大会時の規則

第一条　本会は東京連合婦人会と称す
第二条　本会事務所は東京府下豊多摩郡大久保百人町356番地に置く
第三条　本会は各部の一致協力により相互の長所を発揮し親睦を図り能率を昂め以て男女共存の健全なる社会を建設せん事を目的とす
第四条　本会は下の5部を以て組織す
　　　　　社会部
　　　　　授産部
　　　　　労働部
　　　　　政治部
　　　　　教育部
第五条　本会は各部の部長並に副部長を以て総務委員会を組織し委員長1名、書記1名、会計2名を互選し会務を総覧するものとす
　　　　但し委員長は本会を代表し任期は1ケ年、2回以上の再選を許さず
　　　　本会は有給幹事を置く事を得
第六条　委員会は隔月1回之を開き3分の1以上出席するに非ざれば開く事を得ず
第七条　総会は毎年1回之を開く
第八条　本会の経費は各部年収の十分の一及一般の寄附金を以て之に充つ
第九条　本会に加盟せる各団体は本会委員会の許可なくして本会の名を以て募集或は事業を為すを得ず
第十条　会則は総会の決議を経るに非されは之を変更する事を得ず

社会部規則

第一条　本部は東京連合婦人会社会部と称す
第二条　本部事務所は東京府豊多摩郡大久保百人町356番地に置く
第三条　本部は社会福祉の増進その向上発展国際間の友誼平和の為各加盟団体の協力により奉仕の実を挙ぐるを以て目的とす
第四条　本部は本部の目的を賛成し且つ援助する東京府及市に於ける婦人団体及個人を以て組織す
第五条　本部に入会せんとする団体及び個人は委員会の承認を経るものとす
　　　　加盟団体は年額5円以上を会費として納入するものとす
　　　　加盟団体中本会の目的に反する行為ある時は総務委員会の決議により除名する事あるべし

第六条　本部は各加盟団体より各1名の代表者を出し本部委員とす
　　　　委員中より下の常務委員を互選し任期は1ケ年とす
　　　　部長　1名　副部長　2名
　　　　会計　2名　書記　　1名
　　　　臨時事業の際には特別委員を挙ぐる事を得
第七条　本部の総会は毎年1回1月に開く
第八条　本部の経費は会費及寄附金を以て之に充つ
第九条　本部の規則は総会の決議によるに非ざれば変更する事を得ず
　　　　　　　細則は別に之を定む

授産部規則

第一条　本部は東京連合婦人会授産部と称す
第二条　本部事務所は東京府下大久保百人町356に置く
第三条　本部は婦人に対する産業奨励、経済思想の涵養の為に各加盟団体の連絡を計り生産技術の補導、求職、婦人の授産等時勢に適応せる授産をなすを以て目的とす
第四条　本部の目的を遂行する為下の事業を為す
　　　　1　講演、講習
　　　　2　研究及調査
　　　　3　製品審査、良品の奨励
　　　　4　販売
　　　　5　加盟団体の経費及資金の融通
第五条　本部に加盟せんとする団体は社会に相当の信用ある団体にして己に加盟せる二個以上の団体の紹介を以て加盟を申込み本部委員会の承認を経るを要す
　　　　若し退会せんとする場合はその理由を部長に申出で部長は之を本部委員会にて決議の上許す
　　　　加盟団体中本部の規則又は趣意に反する行為ありたる時は本部委員会の決議に依り除名する事あるべし
　　　　加盟団体は月額1円以上の会費を納入すべし
第六条　本部に委員若干名を置きその中より下の役員を互選し任期1ケ年とす
　　　　部長　1名　　副部長　2名
　　　　会計　1名　　書記　　1名
　　　　部長は本部を代表して委員を召集し委員会を開き諸種の事項を協議し尚内外一切の事務を処理す
　　　　副部長は部長を補佐し時により部長の代理をなす

第七条　本部の総会は毎年1回2月に開く
第八条　本部経費は会費を以て之に充つ
第九条　本部規則は総会の決議（出席会員3分2以上の同意）に依るに非ざれば変更する事を得ず

労働部規則

第一条　本部は東京連合婦人会労働部と称す
第二条　事務所は東京府下大久保百人町356に置く
第三条　本部は労働婦人の人格の完成及経済的安定を精神として労働婦人問題の解決を期す
第四条　本部に下の4部を置く
　　　　1　研究調査部　　2　事業部　　3　出版部　　4　庶務会計部
第五条　本部は労働婦人及本部の目的に賛成し其の事業を援助する人々を以て組織す
　　　　本部に加盟せんとする者は既に加盟したる者2名以上の紹介に依つて委員会の承認を要す
　　　　本部に加盟したる者は会費月額金10銭を納むる事
　　　　本部に加盟したる者にして本部の精神に違反したる行為ある時は除名することあるべし
第六条　本部に下の役員を置く
　　　　部長　1名　　　　副部長　2名
　　　　委員　若干名　　　書記　1名以上
　　　　委員は加盟部員中より互選す
　　　　委員会は議決及執行機関とす
　　　　部長、副部長は委員中より選出す、任期は1ケ年とし再選を妨げず
　　　　書記は有給とし会務を司る、委員之を委嘱す
第七条　本部の総会は毎年1回1月に開く
　　　　但し必要ある場合は臨時総会を開く事を得
第八条　本部の経費は会費及寄附金を以て之に充つ
第九条　会計及び事業の報告は連合婦人本部機関紙及総会に於てなす
第十条　本部規則は総会の決議に依るに非ざれば変更する事を得ず
　　　　　　細則は別に之を定む

政治部規則

第一条　本部は東京連合婦人会政治部と称す
第二条　本部事務所は東京府下大久保百人町356に置く

第三条　本部は婦人の地位向上の為に主として政治経済の方面より諸問題の研究をなすを以て目的とす
第四条　本部に下の3部を置く
　　　　会務部　　庶務、会計
　　　　事業部　　宣伝、出版
　　　　調査部
第五条　本部は本部の目的に賛成しその事業を援助する人々を以て組織す
　　　　本部に加盟せんとする者は例会3回以上を傍聴したる上申込み委員会の決議に依て之を許す
　　　　本部員は会費月額金10銭を納むべし
　　　　本部員にして本部の精神に反する行為ありたる時は委員会の決議により除名する事あるべし
第六条　本部の役員は加盟部員中より委員若干名を選びその互選により下の役員を選出す
　　　　常務委員　3名　　会計　1名　　書記　1名
　　　　常務委員は本部を代表するものなり
　　　　役員の任期は全て1ケ年、但し再選を妨げず
第七条　本部の総会は毎年1回1月之を開く
第八条　本部の経費は会費及寄附金を以て之に充つ
第九条　本部規則は総会の決議に依るに非ざれば変更する事を得ず

教育部規則
第一条　本部は東京連合婦人会教育部と称す
第二条　本部事務所は東京府下大久保百人町356に置く
第三条　本部は教育の機会均等を得せしめ女子教育を男子と同程度に向上せしめ真の婦人性を発揮すへく改善し且つ母性の立場より全教育に留意し其責任を完うする事を以て目的とす
第四条　本部の目的を達する為め下の条項の実現とその普及とを期す
　　　　1　男女中等教育の同等化、女子の高等教育の普及（女子高等学校及女子大学の完成専門学校及大学の共学）
　　　　2　（1）教育の機会均等
　　　　　　　　家庭教育、学校教育、社会教育の監視、婦人の職業教育の拡張　性道徳の向上
　　　　　　　　市政教育、国民教育及国際教育の普及徹底
　　　　　　（2）婦人の教育行政参与
　　　　3　教育上の研究及調査

第五条　本部は事業の分担上下の3部を置く
　　　　会務部　　事業部　　調査部
第六条　本部に入会せんとする者は会員2名以上の紹介により申込み委員会の承認を経るものとす
　　　　本部は会費として月額10銭を納むるものとす
第七条　本部は部員の中より委員7名を選挙しその中より下の役員を互選す
　　　　部長　1名　　副部長　2名
　　　　会計　　名　　書記　　名（原文で空欄、編者）
第八条　本会総会は毎年1回1月之を開く
第九条　本部の経費は会費及寄附金を以て之に充つ
第十条　本部規則は総会の決議に依るに非ざれば変更する事を得ず

2　「東京連合婦人会規則」第3回大会時（1926年1月改正）

第一条　本会は東京連合婦人会と称す
第二条　本会は事務所を東京市麹町区飯田町4丁目31番地至誠会内に置く
第三条　本会は東京に在る婦人団体の連合にして相互の親睦を計り共通の目的を達するために一致共力するものなり
第四条　本会は各加盟団体より推薦されたる2名の代表者を以て委員会を組織す
　　　　委員会は委員長1名、副委員長1名、書記1名、会計2名を互選し、会務を処理す。委員長、副委員長、書記、会計の任期は1ヶ年とし、再選をさまたげず
　　　　選挙は総会前の委員会に於て之を行ふ
　　　　本会は有給書記を置くことを得
第五条　委員会は毎月1回3分の1以上の出席を得て之を開き代表者以外の人にても傍聴することを得
第六条　総会は毎年正月に於て之を開く
第七条　本会に加盟せんとする団体は委員会の承認を経て加入し毎年金5円以上の加盟費を出すことを要す
第八条　本規則は委員会の決議を経るにあらざれば変更することを得ず

3　「東京連合婦人会規則」第3回大会時（1926年5月改正）

第一条　本会は東京連合婦人会と称す
第二条　本会は事務所を東京市麹町区飯田町4丁目31番地至誠会内に置く
第三条　本会は東京に在る婦人団体の連合にして相互の親睦を計り共通の目的を達するために一致共力するものなり
第四条　本会は各加盟団体より推薦されたる2名の代表者を以て委員会を組織す

　　　　委員会は委員長1名、副委員長1名、書記1名、会計2名を互選し会務を処理す
　　　　委員長、副委員長、書記、会計の任期は1ケ年とし再選をさまたげず
　　　　選挙は総会前の委員会に於て之を行ふ
　　　　本会は有給書記を置くことを得
　第五条　委員会は毎月1回加盟団体3分の1以上の出席を得て之を開き代表者以外の人にても傍聴することを得
　　　　委員会に於ける決議は出席団体の過半数を要す
　第六条　本会に於て事業を行ふ場合には委員会の決議を経たる上賛成団体にて為すものとす
　第七条　総会は毎年正月に於て之を開く
　第八条　本会に加盟せんとする団体は委員会の承認を経て加入し毎年金5円以上の加盟費を出すことを要す
　第九条　本規則は委員会の決議を経るにあらざれば変更することを得ず

＊東京連合婦人会規則について

　東京連合婦人会規則は2冊あり、1924（T.13）年10月1日の日付けで、東京連合婦人会印の押された『東京連合婦人会規則』(1)と、27（S.2）年1月30日発行の『東京連合婦人会1927』(2、3)である。28年5月1日発行の機関誌『連合婦人』の第1号にも規則の記載がある。これは、26年2月改正と書かれており、3とほとんど同じ内容である。

　救援活動から始まった東京連合婦人会は、必要に応じて部を増やした。各部の活動目的が明確になり、作られた規則が第1回大会時の規則(1)で、久布白落実が書いた沿革には総会の様子も表されているので、総会終了後に編集し発行されたと思われる。この規則が適用されたのは、組織改編までの24年と25年で、社会部、授産部（25年より経済部へ名称変更）、労働部、政治部、教育部の5つの部が存在した。そして、東京連合婦人会の全体を把握するために総務委員会が設けられ、委員には基本的には各部の部長と副部長がなった。

　25年末、設立から3年を経て社会が平時にもどったとき、震災後の救援組織として発足したために現実にそぐわない点があり、見直すことになった。総務委員会は規則改正のために特別委員を決めて協議し、これまでの部は廃し、東京の女性団体の連合という形にした。

　それにより改正されたのが、第3回大会時（1926年2月14日）の規則である。ただし、5月に再改正されて、27年の第4回大会に冊子として発行されている。その内容は標語、会歌、1926年5月改正の規則、1926年度の報告、さらに沿革、24年と26年1月の規則、名簿と続き、これまでの歩みを知ることができる。

5月再改正を行った理由は、新たな組織運営上に問題が生じるためとされ、以下の条文の変更、追加となっている。
　第五条　「委員会に於ける決議は出席団体の過半数を要す」を付け加えた。
　第六条　この条を新たに作り「本会に於て事業を行ふ場合には委員会の決議を経たる上賛成団体にて為すものとす」を加える。
　再改正は、婦選獲得同盟の市川房枝が、第三条、第五条の不備を指摘。第五条は、東京連合婦人会が実行する仕事の決定方法についてで、市川からアメリカの連合婦人会3団体の状況を例にして、提案され、訂正を決議した。第三条について、婦選獲得同盟が東京連合婦人会へ加盟する条件として、会の目的に、婦選の獲得を入れることであった。東京連合婦人会では、修正草案の作成を市川に依頼した。結局、第三条に変更はなかったが、婦選獲得同盟は東京連合婦人会に加盟している。

1926年度　加盟団体による委員会　32団体

委員長　守屋東	会計　田中芳子　徳永恕		
団　体　名	代表委員	団　体　名	代表委員
労働婦人協会	村上秀子、大橋豊喜	花の日会	嘉悦孝子
日本女医会	吉岡弥生、多川澄子	日本女子実務学校	河口愛子
東京大谷婦人会	渓内徳子、戸高ます	東京婦人ホーム	守屋東、野沢治子
東京女師同窓会	木内キヤウ、高野渓子	東京府産婆会	柘植愛子
桜蔭会	竹田菊子	桜楓会	井上秀、小林珠子
鴎友会	田中芳子、石川静	楷成会	大妻コタカ、土肥ゆき
家庭料理研究会	川崎正子	家政研究会	大江スミ
篁会	有賀友野、三浦玉子	婦人平和協会	塚本ハマ
婦選獲得同盟	市川房枝、岡田京子	二葉保育園	徳永恕、大屋梅子
服装研究会	ガントレット恒子、松田美代	仏教女子青年会	秋山花子、三重野知々
愛清会	エー・アーレン、谷田元江	基督教女子青年会	志立タキ、酒井愛子
矯風会東京支部	岡部萩子、松宮しん	有隣園	谷菊枝、松田すみえ
至誠会	竹内茂代、三輪田繁子	市民教会婦人会	久布白落実、久布白幸子
社会事業研究会	正田淑子、広岡たか	親隣館	マクドナルド、松井たま子
新装普及会	福岡安子	少年保護協会婦人部	植田タマヨ
少年婦人保護協会	福鎌つね、蛭田満	全国廃娼同盟	金子しげり、新妻伊都子

1926年の組織改編により、目的は、各部で一致協力して長所を発揮し親睦をはかり、「男女共存の健全なる社会を建設」するから、団体の親睦をはかり「共通の目的を達する」ためになった。男女共存という意識を明確に表した頃に比べると、女性団体が集まることに重きを置いた親睦団体の組織に変容した。

　組織改編で標語に「団結は力　帝都を思ふ母心」を決め、守屋は「連合の成、不成は我等帝都に住むものゝ幸福の如何」に関わると説明している。事務所は、矯風会の東京婦人ホームから吉岡弥生の麹町区飯田町4の31至誠会内に移し、吉岡の影響力が強くなっていった。

　総務委員会は隔月1回であったが、改編後の委員会は毎月1回となり、別に役員会も開かれた。それぞれの経費については各部の年収の10分の1から、各加盟団体が年5円以上の会費となり、組織の在り方の違いがお金の集め方に反映されている。

　＊規則の原文はカタカナであるが、ひらがなで記し、数字を算用数字とした。

〈資料3〉　東京連合婦人会　役員の変遷

西暦	元号	大会・総会	委員長	副委員長			書記	会計	
1923	T12	代表として羽仁もと子							
1924	13	第1回大会	河井	なし				田中	小林
1925	14	第2回大会	守屋	なし				田中	徳永
1926	T15・S元	第3回大会	守屋	なし				田中	徳永
1927	2	第4回総会	吉岡	守屋			金子	田中	徳永
1928	3	第5回総会	吉岡	守屋				田中	徳永
1929	4	第6回総会	吉岡	守屋	塚本				
1930	5	第7回総会	吉岡	守屋	山田		永井	田中	徳永
1931	6	第8回総会	吉岡	守屋	山田		永井	田中	徳永
1932	7	第9回総会	吉岡	守屋	山田		永井	徳永	大妻
1933	8	第10回総会	吉岡	守屋	山田		三輪田	徳永	大妻
1934	9	第11回総会							
1935	10	第12回総会	吉岡	守屋	山田		三輪田	徳永	大妻
1936	11	第13回総会	吉岡	守屋	山田		木内	徳永	大妻
1937	12	第14回総会	吉岡	守屋	山田		三輪田	徳永	大妻
1938	13	15周年記念会	吉岡	守屋	山田		三輪田	徳永	大妻
1939	14		吉岡	守屋	山田		三輪田	徳永	大妻
1940	15								
1941	16								
1942	17								

1926年の組織改編までは、総務委員会が5部をまとめ、1924年と1925年の河井と守屋は総務委員長である。役員は総務委員長1人、書記1人、会計2人で、各部からの総務委員が互選した。また、有給幹事を置けることになっており、小沢豊子が書記として務めたが、組織の在り方を見直すときに考えの違いから、小沢は辞め、永島暢子が後を継いだ。どの時期に就いたのかはわからなかった。その後は書記が不在で、27年になり、金子しげりが任に就く。

　また、組織改編後、加盟団体をまとめるのは委員会で、第3回の守屋からは委員長と呼ばれる。役員は、年初めの委員会で選挙し、委員長1人、副委員長1人、書記1人、会計2人が決まり、総会で発表された。第13回総会で財務委員が報告され、田中、伊東かう、伊東静江、加藤タカ、出野柳子、三輪田がなる。さらに翌37年には竹内茂代、木内キヤウ、前田若尾が加わる。38年、39年の財務委員は出野、伊東かう、伊東静江、大江スミ、木内キヤウ、田中芳子、前田若尾となる。

　『連合婦人』『婦女新聞』などを参考に作成したが、空欄部分は確認できなかった。

〈資料4〉 罹災者カード調査

1923（T.12）年11月3日に開始した東京市社会局の「生乳ノ配給状況調査」での調査カード

東京市社会局のミルクステーション（牛乳配給所）と児童相談所のポスター

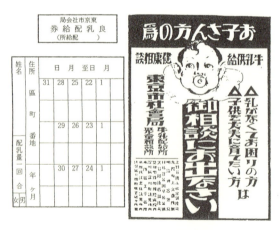

2点とも「牛乳のすゝめ」（東京市社会局・1924年3月）より（一番ヶ瀬康子監修者『戦間期主要都市 社会調査報告書［女性編］』近現代資料刊行会、1996年）

東京聯合婦人會調査カード

本文中の「調査カードB」（実物大）
（公財）市川房枝記念会女性と政治センター図書室所蔵

〈資料5〉 全国公娼廃止期成同盟会の宣言文

國民に訴ふ

全国土に瀰漫し居れる大震災に伴ふ数多き出来事は今や復活生活の現はれ共に新東京の建設を計らむと同時に此の機會に於て社會の大改造を敢行せむとする努力と熱誠とは半島の此の際人道的以上の貢献として幾多の犠牲さへも厭はず百方調査研究実行に務めつつあるは會員一同の深く感謝する所である

吾々茲に社會改革事業の一にして最緊急を要するものは公娼制度の全廃であることを思ひ有志相謀つて本會を組織し茲に聲明書を發表するに至つた

凡そ公娼制度なるものは人道上、社會衛生上、經濟上、風紀上、國家の不正不合理なる制度であつて殊に大正十二年九月一日の震災は死去せる娼妓八百余名中殆んど焼死にして逃走を許さざる貸座敷業の非道を慕る非常なる事實となり遊廓内の鐵窓鐵扉の設備ある等に徴し人身売買の制度であることは明かになつた事實である而して諸官省の解放調査に對し貸座敷業者の為し得る処は外国人に関する範圍内に於て僅に之を認むるに過ぎずして一般風紀を維持するの名目の下に之を再興許可せむとの努力が拂はれつつあることは甚だ遺憾の至りであります

故に私共は公娼制度の全廃を主張するものである

元より公娼廃止は婦人問題の解決の一であつて共他一般の諸政策と相俟つて吾々は大に努めなければならぬも共一端だ而も重大なる問題であるから同志共に集合し其の力を協同一致せしめ漸進的に而も根本的に公娼制度を顛覆せしめむことを茲に期するものであります

従つて私共は公娼廃止のため次の諸事業を即實行に移さむとするものである

1. 女子教育の改善   1. 婦人の職業教育の普及及就業方面の開拓   1. 廢業者の救済   1. 共他有効と思はるる方面への力を盡くす

資金を以て諸般の教育及改善救済の事業を興し以て国民の低迷せる民徳を高むる等共効果を擧げむとするにあり而も根本に於て吾人は東京花街及び全国の花街を顛覆せしめむと思ひ此の際機會を同ふにして同志と相諮り同盟會を組織せり本會は東京婦人會中有志者の中心たる東京聯合婦人會をはじめとし此期成同盟會を各其大小都市に支部をつくり毎月會費金拾錢を以て会員を募集す本同盟會は委員五名により組織せり同時に他の事業として講演會開催、印刷物の出版、配布、調査、宣傳、寄附金募集、法律の改正其他全廃に関する事業を行ふことにしたのであります

綱領

一、焼失せる遊廓の再興を許さざること。
一、全國を通じ今後娼妓貸座敷業の開業を許可せざること。
一、今後十ケ年の猶予期間を附し現在の貸座敷及び娼妓の営業を禁止すること。

大正十三年十一月

全國公娼廢止期成同盟會

事務所 東京府下大久保百人町三丁五六
東京聯合婦人會假事務所内

發起人（一部）

吉塚荻野宮河伊介藤久レり慎し
岡本野川崎繁ト子子子夏だん子
澤はまと子子子
生よ子
山坂酉三木嘉松と
川木宴や崎悦ト子
菊葉子子子子孝子子
安竹沼寸屋
井建てい喜種子
哲代幸東子茂
子子
林久川布比
村岡正崎（
江花谷ア
謝晶子ナ
野子業子子
順リ
ヒ
子

〈資料6〉　婦人参政権獲得期成同盟会の宣言書、決議、規約

「宣言書」
1　我等は2600年来の因習を破り、男女共に天賦の義務権利に即して新日本建設の責務を負ふ可き事を信ず。
1　明治初年より半世紀に亘り国民教育に於て已に男女の別なく又女子高等教育の門戸も開かれつゝある今日、普通選挙の実施に当り女子を除外するは不当のことゝ云はざるを得ず、我等は之を要求す。
1　我国の職業婦人は已に400万に達せり、其利益擁護のために参政権を要求するは当然のことゝ信ず。
1　我国大多数の家庭婦人は其生活完成のため、法律上国家の一員たるべく之を要求す。
1　市町村に於ける公民たり又国家の公民たる資格を求めて我等は参政権を必要とす。
1　以上は宗教の異同、職業の差異、有ゆる異同を除き唯女性の名に於て一致し得る問題なるが故に、こゝに大同団結を作り婦人参政権獲得運動をなす必要と其可能性とを信ず。
　　依って下の決議をなす。

「決議 1」
　我等は市町村に於ける公民権を獲得せんがために、来る第50議会に提出されんとする市町村制改正法律案中に婦人を男子と同様に含むことを要求す。

「決議 2」
　我等は国家の半身たる存在と義務とを全うせんがために、来る第50議会に提出せられんとする選挙法改正法律案中に婦人を男子と同様に含むことを要求す。

「決議 3」（ママ）
　我等は政事的結社の自由を獲得せんがために、治安警察法第5条第1項中より「5女子」の3字を削除せんことを要求す。

「規　約」
第1条　本会は婦人参政権獲得期成同盟会と称し、事務所を当分の内、東京市芝区琴平町2番地に置く。
第2条　本会は、婦人参政権の獲得を以て、その目的とす。
第3条　本会は、政党政派に対して、絶対的中立の立場を保つ。
第4条　本会は、本会の目的に賛同するすべての婦人を以て組織せらる。本会員は入会の際、金1円を提出し、第5条にかゝげたる何れかの部に属するもの

とす。
第5条　本会は、第2条の目的を達するために下の各部を置く。
　　　　1、議会運動部（議会に対しての直接運動）
　　　　1、宣伝部　　（講演会の開催、パンフレットの出版等）
　　　　1、財務部　　（資金募集）
第6条　第5条に掲げたる各部は互選されたる3名宛の幹事によつて統括せらる。
第7条　本会に下の役員を置く。
　　　　1、理事　　3名（総務理事1名、会務理事1名、会計理事1名）
　　　　1、中央委員 9名
第8条　総務理事は本会を代表し本会の連絡統一をはかると同時に、大会並中央委員会の議長となる。会務理事は本会の一般会務を処理す。会計理事は本会の金銭出納に関する一切の事務を処理す。
第9条　理事は総会に於て会員中より選挙しその任期は1ケ年とす。
第10条　中央委員は第6条にかゝげたる幹事之に任じその任期は1カ年とす。
第11条　理事及中央委員は中央委員会を組織し本会に関する会務の協議決定及執行をなす。
第12条　本会の経費は入会金及寄附金を以て之を支弁す。
第13条　総会は毎年1回4月これを開く。
第14条　本規約は大会に於ける出席会員3分の2以上の同意あるにあらざれば之を変更するを得ず。

　　　　　　　　　　　婦人参政権獲得期成同盟会
　　　　　　　　　事務所　東京市芝区琴平町2番地
　　　　　　　　　総務理事　　　　　　久布白落実
　　　　　　　　　会計理事　　　　　　中沢美代
　　　　　　　　　会務理事　　　　　　市川房枝
　　　　　　　　　中央委員（議会運動部）河崎夏子
　　　　　　　　　中央委員（議会運動部）坂本真琴
　　　　　　　　　中央委員（議会運動部）山内輝子
　　　　　　　　　中央委員（宣伝部）　　金子　茂
　　　　　　　　　中央委員（宣伝部）　　宮川静枝
　　　　　　　　　中央委員（宣伝部）　　吉永文子
　　　　　　　　　中央委員（財務部）　　ガントレット恒子
　　　　　　　　　中央委員（財務部）　　荻野好子
　　　　　　　　　中央委員（財務部）　　田中芳子

＊　数字は算用数字とした。

〈資料7〉 東京連合婦人会の組織（第1回大会時）

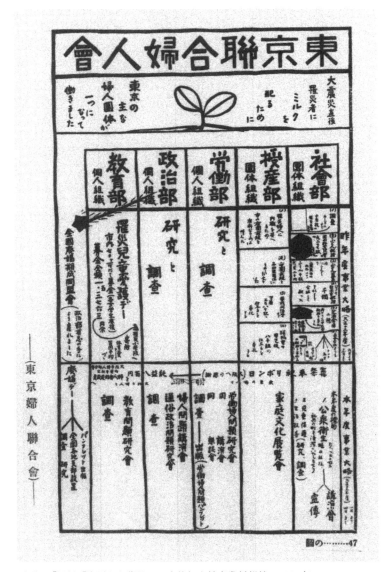

出典：『図録「大震から復興への実状」』中外商業新報社、1924年

〈資料8〉 東京連合婦人会「会歌」

歌　詞

1. 日出づる國のこのみやこ　　我等がめづるこの首都を
　 まもり清めていや高き　　　榮光の殿にみちびかなん
　　　　　　　　　　　　　　（サカエ）（トノ）
　 心に立てたるちかひは動かじ　我等すゝみ行かん。
2. 我が日の本をひきゐ立つ　　この東京にさかえあれ
　 平和と義もて織りなせる　　光明のころもまとへかし
　（ヤスキ）　　　　　　　　（ヒカリ）
　 美しきみやこ築き行かましと　我等はつどひぬ。
3. 百千の月の末かけて　　　　こゝに生るゝ子等のため
　（モモチ）
　 いのりはをなじたらちねの　母の群はぞいと強し
　 我等がみやこの雄々しきたましひ　とはにまもり行かん。

＊資料1、2、5、6、8、は（公財）市川房枝記念会女性と政治センター図書室所蔵

主な参考文献

東京市編『東京震災録 別輯』東京市、1927 年 3 月 31 日
「非常災害救護情報 甲」東京都編『都史資料集成 第 6 巻 関東大震災と救護活動』
　　東京都、2005 年
内閣府中央防災会議「災害教訓の継承に関する専門調査会報告書」『1923 関東大震
　　災 第 2 編 救護と救済』2006 年 7 月
東京連合婦人会『連合婦人』復刻版　不二出版、2012 ～ 2013 年
『婦人参政関係史資料Ⅰ (1918-1946) 目録』財団法人 市川房枝記念会出版部、2010 年
丸岡秀子他編『日本婦人問題資料集成』ドメス出版、1976 ～ 1981 年
鈴木裕子編『日本女性運動資料集成』不二出版、1993 ～ 1998 年
『婦女新聞』復刻版　不二出版、1982 ～ 1985 年
日本キリスト教女子青年会『女子青年界』復刻版 不二出版、1992 ～ 1994 年
日本キリスト教婦人矯風会『婦人新報』復刻版 不二出版、1996 ～ 1998 年
日本キリスト教婦人矯風会『日本キリスト教婦人矯風会百年史』ドメス出版、1986 年
日本 YWCA100 年史編纂委員会『日本 YWCA100 年史　女性の自立をもとめて
　　1905-2005』財団法人 日本キリスト教女子青年会、2005 年
全関西婦人連合会『婦人』復刻版　不二出版、1996 ～ 1997 年
婦選獲得同盟『婦選』復刻版　不二出版、1992 ～ 1994 年
『家庭週報』桜楓会、1904 ～ 1951 年
桜蔭会編『桜蔭会史』桜蔭会、1940 年
財団法人 日本女性学習財団編著『女性の学びを拓く』ドメス出版、2011 年
三井礼子『現代婦人運動史年表』三一書房、1963 年
千野陽一『近代日本婦人教育史──体制内婦人団体の形成過程を中心に』ドメス出版、
　　1979 年
『婦人之友』婦人之友社、1903 年～
『婦人倶楽部』大日本雄弁会　講談社、1920 ～ 1988 年
『婦人と労働』職業婦人社、1924 年 →『婦人運動』1925 年
『都新聞』、『萬朝報』、『東京朝日新聞』、『国民新聞』、『読売新聞』、『大阪毎日新聞』

●写真、地図の掲載および史資料の閲覧にあたって、以下の団体からご提供・ご協力いただきました。記して感謝申し上げます。（順不同　敬称略）

（公財）東京都慰霊協会
（公財）台東区立下町風俗資料館
（公財）市川房枝記念会女性と政治センター
（一社）日本女子大学教育文化振興桜楓会
学校法人　東京女子医科大学史料室・吉岡弥生記念室
学校法人　同志社女子大学史料室
学校法人　自由学園（自由学園女子部卒業生会編集・発行『自由学園の歴史Ⅰ』
（株）講談社（週刊『日録20世紀　関東大震災』
（株）不二出版・小林淳子

あとがき

　今年 2017（H.29）年は、関東大震災から 94 年目を迎えます。関東大震災後の活動を契機に設立された東京連合婦人会を、私たちの新たなテーマにして研究を始めたのは 2010 年 4 月のことでした。関東大震災から 90 年目の 2013 年の出版を目標にしていましたが、実に 7 年近くもかかってしまいました。

　その間、11 年 3 月 11 日には東日本大震災が、そして 16 年 4 月 14 日には熊本地震が発生しました。東日本大震災での東京電力福島第一原発メルトダウンという未曾有の事故は、5 年が過ぎても事態の収束の目途が立たず、多くの被災地の復興も、その途上であることは周知のとおりです。

　東日本大震災を機に、2013 年から内閣府や東京都の災害時の施策が見直されました（「男女共同参画の視点からの防災・復興の取組指針」2013.5 内閣府作成）。女性職員の配置を増やし女性のニーズに応えること、女性の視点を取り入れた支援体制とすること、避難者カードの作成をすることなども追記されています。これまでみてきた関東大震災時の課題が、阪神・淡路大震災、新潟県中越地震を経てもなお解決されておらず、東日本大震災、そして熊本地震後の今なお大きな課題であり、現実の問題であることに驚くばかりです。

　『朝日新聞』に 16 年 10 月 25 日〜11 月 25 日まで 22 回連載された「てんでんこ・女たち」では、女性の視点での震災への取り組みが、多くの女性たちによって進んできたことが紹介されています。女性ならではの支援物資、女性防災リーダーの育成の必要性などが。そして、そのためには意志決定の場に女性の参画が必要となります。

　15 年 3 月、仙台市で 187 の国や国際機関の代表が参加する、第 3 回国連防災世界会議が開かれました。ここで採択された「仙台防災枠組」には「女性のリーダーシップ促進」が盛り込まれました。05 年の第 2 回の「枠組」では、女性が「脆弱な人々」とされたのとは対照的です。

日本中で大地震がいつどこで発生しても不思議ではない状況のなかで、一日も早く、要支援者に心を寄せた施策による仕組みづくりの実現を求めるとともに、自分自身の問題として考えねば、と痛感しました。

　なお、東京連合婦人会の活動内容の性質上、本書の記述に重複する部分が多々ありますが、ご理解、ご了承いただきたいと思います。

　婦選会館内の（公財）市川房枝記念会女性と政治センター図書室での資料調査で、「政治部ノート」と「東京連合婦人会調査カード」に出合えたことで、東京連合婦人会の研究を深めることができました。資料閲覧にご協力いただいた婦選会館と図書室の山口美代子さんに感謝申し上げます。

　そして、長い年月の間に、ご本人やご家族の事情で参加できなくなったメンバーもありました。会員として、共に研究討論に参加された加瀬厚子さん、榊原温子さん、篠宮芙美さん、松下早苗さんと、この完成の喜びを共にしたいと思います。

永原　紀子

　女性の歴史研究会の会員として新婦人協会の研究に取り組んで以来、女性たちの活動を研究してきました。関東大震災の救援活動に活躍した女性たちも、ほとんど歴史に記録されていません。少ない資料から東京連合婦人会の活動を調査していくなかで、女性たちの結束と底力を感じました。

　論文を書くにあたって、近現代女性史研究会（2014年1月）で発表された加瀬厚子さんの資料を参考にさせていただいたことをご報告します。

織田宏子

　東京連合婦人会の研究からこの会のメンバーとして参加し、活発な意見交換や資料収集などに刺激を受けて、手探り状態で関わりました。

　関東大震災からの復興は、平和な時間を取り戻したかのようですが、取り返しのつかない戦争への道が迫っていたことを、学び、確認できました。

今回、婦人参政関係史資料のなかから、ポイントになる資料に出合えたことは大感激でした。一次資料の示すことを文章で伝えることに力を尽くしたつもりです。　　　　　　　　　　　　　　　　　矢次素子

　私たちの研究会は、1986年に発足した「サークル女性史」から、10年後に「女性の歴史研究会」として再発足しましたので、最初から数えると2016年で30年目にあたります。当初20人ほどだった会員も、高齢になったり、家族の事情や転居などで退会したり、また新たに入会する人もいたりしましたが、この『女たちが立ち上がった――関東大震災と東京連合婦人会』に最後まで関わることができたのは、私も含めて4人でした。しかし、当初参加していた篠宮芙美さん、榊原温子さん、加瀬厚子さん、松下早苗さんの調査研究もこの本に反映していることを記しておきたいと思います。

　この研究を始めた翌年、東日本大震災が起き、その後も熊本地震、鳥取地震などが続いています。この小さな地震列島・日本に50を超える原発が存在すること、チェルノブイリや福島第一原発の事故を考えると、関東大震災の教訓などではとても追いつかない恐ろしさを感じます。人類だけではなく、あらゆる生物を、そして地球を守るために「女たちが立ち上がる」ときではないかと、痛切に感じています。

　最後に、お世話になった婦選会館図書室、史資料ご担当の山口美代子さん、そして、『新婦人協会の研究』などに続いて快く出版を引き受けてくださったドメス出版の鹿島光代さん、佐久間俊一さん、細かく心配りをしてくださった矢野操さんに、心から御礼を申し上げます。

　　　　　　　　　　　　　　　　　　　　　　　　　　　　折井美耶子

　　　2017年1月

事項索引

あ

愛国婦人会　26, 39, 42, 97, 99, 114, 135, 166, 169, 219
青山学院　105, 136, 172
『跡』　34, 143, 147, 224
編物研究会　103, 141, 167

い

一週間療院　30, 151, 169, 206

お

桜蔭会　26, 106, 118, 161, 164, 166, 180, 181, 182, 197, 198
王希天事件　28
桜楓会　26, 97, 99, 105, 114, 116, 118, 128, 135, 141, 161, 164, 166, 169, 173, 174, 175, 176, 177, 185
鷗友会　97, 99, 135, 161, 166, 191, 229
大原社会問題研究所　110, 111, 127, 128, 224
恩賜財団済生会　25

か

会歌　34, 208
戒厳令　21, 22, 27, 192
買溜防止問題協議会　41
廓清会　33, 153, 154, 155, 156, 170, 195, 237
学生救護団　111, 112, 234, 236
家政研究会　103, 141, 167
華族同情会　24, 32, 103, 104, 140, 198, 199

家庭職業研究会　103, 114, 141, 167, 190, 191
家庭製作品奨励会　103, 114, 141, 149, 167, 198, 199
家庭文化展覧会　32, 140, 176
家庭料理研究会　103, 167, 193
亀戸事件　28
関東罹災者救護婦人会　99, 135, 166
ガントレット服装研究会　107

き

技巧部　132, 133, 140, 143
救世軍　26, 153, 155, 168, 237
教育部　31, 33, 34, 35, 103, 132, 133, 134, 135, 137, 140, 143, 161, 162, 164, 166, 175, 176, 181, 185, 197, 203, 204, 214, 218, 219, 225, 226, 229, 234
矯風会　14, 25, 26, 30, 33, 35, 36, 97, 98, 103, 105, 135, 144, 150, 153, 154, 155, 156, 157, 163, 166, 168, 169, 170, 193, 194, 205, 206, 208, 209, 212, 213, 227, 230, 231
基督教産業青年会　233
基督教震災救護団　25, 169, 171, 194

く

クリスチャン教会　98, 166
クリスチャン教会婦人会　99, 135

け

経済部　35, 132, 133, 142, 198, 199, 225
警視庁衛生部　23
欠食児童保護街頭募金デー　39

研究部　31, 33, 103, 132, 133, 140, 143, 150, 151, 161, 170, 187, 195, 196, 202, 206, 207, 215, 231

こ

『公娼全廃せよ』　154
香蘭女学校　166, 167
国勢調査　110, 113, 125, 126, 127
国民精神総動員中央連盟　40, 42, 219, 223
国民婦人会　167, 187
国家総動員法　41, 218

さ

災害救済婦人団　18, 26, 150, 187, 196, 207, 230
斎香女塾同窓会　167
佐久間小学校　14
作楽会　26, 166, 182, 183

し

市社会局（東京市社会局）　100, 103, 104, 112, 115, 116, 117, 118, 119, 120, 125, 135, 136, 140, 174, 180, 185, 198
至誠会　36, 37, 228
実践女学校　97, 99, 135, 136, 166
指導者養成講座　34
児童相談所　101, 137, 139
児童保護部　137, 139, 175
社会事業学部　109, 124, 128, 228
社会事業研究会　228
社会事業部　31, 34, 103, 116, 132, 133, 135, 136, 137, 140, 143, 161, 175, 185, 203, 204, 218, 219, 224, 229
社会部　32, 34, 35, 105, 117, 132, 136, 137, 138, 139, 185, 189, 192, 199, 200, 204, 206, 224, 228
自由学園　26, 33, 97, 98, 99, 100, 105, 106, 118, 135, 136, 161, 166, 169, 177, 178, 180, 203, 204, 234
授産場　32, 105, 141
授産部　34, 35, 117, 132, 133, 137, 140, 142, 176, 190, 191, 198, 199
職業部　31, 32, 34, 103, 132, 133, 140, 143, 161, 193, 198, 224, 227
職業婦人社　167
職業問題大講演会　223
食糧増産全国婦人団体協議会　42
『女工哀史』　15
女子学院　167
『震災彙報』　22
震災共同基金募集　138, 172, 229, 231
震災共同基金募集デー　34, 183
新装普及会　103, 141, 167
新婦人協会　156, 182, 188, 189, 196, 215, 223, 224, 225, 226, 227, 229
親隣館　114, 167

せ

聖公会補助会　98, 166
製作部　132, 133, 140, 143, 198, 199
政治部　33, 34, 35, 132, 133, 137, 151, 152, 153, 155, 156, 157, 159, 160, 187, 188, 194, 195, 196, 201, 202, 204, 206, 207, 208, 215, 223, 225, 230, 231
聖路加病院　26
全関西婦人連合会　32, 104, 106, 136, 161, 180, 233
全国公娼廃止期成同盟会　11, 33, 134, 150, 151, 152, 153, 154, 155, 156, 160, 163, 170, 195, 202, 207, 216, 225, 230
千駄ヶ谷授産場　141, 191

索引　263

全日本婦選大会　39

た

大震災善後会　103, 191, 198, 200
大政翼賛会　42
大東亜生活協会　43, 167, 219
大日本国防婦人会　42
大日本婦人会　42, 176, 223
大日本連合婦人会　39, 42, 211, 219
太平小学校　178, 179, 221, 234
筥会　167

ち

中央職業紹介所　24, 141
調査カードA　30, 99, 115
調査カードB　31, 100, 115, 116, 120, 136, 176, 206
調査カードC　33, 115, 116, 117, 120, 136, 161, 175, 181

朝鮮人虐殺事件　28

つ

月島調査　110, 127

て

帝国婦人協会　167
帝都復興院　26, 27

と

東京市社会局　30, 32, 34, 96, 97, 98, 101, 105, 135, 169, 179, 181, 226, 232, 235
東京市中央職業紹介所　103

東京女医学校　98, 218, 228
東京女子大学　98, 99, 135, 154, 166, 214, 225
東京帝大学生救護団　25
東京府社会局　32, 141, 191
東京府女子師範同窓会　167, 226
東京婦人禁酒会　167
東京婦人ホーム　30, 31, 36, 39, 97, 103, 106, 133, 143, 150, 158, 168, 169, 175, 187, 188, 191, 194, 195, 198, 206, 212, 213, 231, 237
東京罹災者情報局　25, 112, 179, 234, 236
東京連合婦人会調査カード　114, 115, 116
同志社女学校同窓会有志会　167, 206
同胞母ノ会　105, 136, 167
虎ノ門事件　27

な

内務省社会局　30, 32, 97, 98, 109, 119, 123, 135, 169, 193, 205

に

二重救済　32, 103, 104, 107
日本赤十字社　25
日本基督教女子青年会（YWCA）　26, 97, 98, 99, 100, 105, 107, 118, 135, 136, 141, 161, 166, 169, 171, 172, 192, 225
日本基督教婦人矯風会　14, 26, 30, 97, 135, 150, 166, 168, 193, 194, 205, 208, 212, 227
日本女医会　167
日本女子実務学校同窓会　167
日本婦人参政権協会　35, 39, 156, 157, 158, 195, 231
入学相談所　164, 229

は

廃娼デー 33, 154, 237
排日問題 152, 207
配乳所 24
バプテスト教会 98, 166
バプテスト教会婦人会 99, 135
バラック 23, 26, 32, 96, 101, 103, 105, 113, 114, 115, 116, 117, 137, 174, 175, 176, 184, 194, 200, 214
汎太平洋婦人会議 38, 226, 227, 229

ひ

非常災害救護事務所 22, 194
非常徴発令 21, 22, 23
避難者カード 111
被服廠跡地 13, 16, 20, 183

ふ

服装研究会 103, 104, 118, 141, 161, 167, 227
福田会 24
府社会課 110
婦人解放デー 35, 196
婦人家庭派出婦会 167
婦人救護会 167, 189
婦人協会 135, 166, 189
婦人参政権 195, 196, 202
婦人参政権獲得期成同盟会 11, 35, 134, 150, 156, 158, 159, 160, 188, 195, 196, 202, 223, 225, 226, 227, 228, 229, 230, 231
婦人参政権並に対議会運動懇談会 35, 157, 195, 196, 202
婦人参政同盟 35, 156, 157, 189, 196, 226, 230

婦人時局研究会 41, 42
婦人職業社 103
婦人職業団体連合会 31, 101, 103, 198
婦人職業問題大講演会 143, 144, 232
婦人同志会 211, 219, 228
『婦人年鑑』 37, 40, 211
婦人平和協会 99, 135, 166, 169, 224
婦人問題連続講演会 162
婦人連盟 35, 158, 189
婦人労働講座 146
婦選獲得同盟 35, 37, 39, 42, 157, 159, 167, 188, 195, 196, 204, 209, 223
婦選3案 35, 196, 231
二葉保育園 39, 99, 118, 125, 135, 161, 166, 188, 169, 199, 200, 201
普通選挙法 35, 36, 152
婦道錬成講座 42
布団デー 104, 136, 172, 237

ほ

方面委員制度 110, 124, 200
母子研究会 139
母姉の授業参観 34, 162, 176
本郷教会 98, 166
本郷教会婦人会 99, 135
本所基督教産業青年会 25, 101

み

ミルク配り 24, 30, 31, 32, 96, 97, 98, 100, 101, 103, 108, 115, 116, 117, 132, 135, 138, 150, 166, 172, 175, 179, 185, 187, 189, 191, 192, 194, 200, 206, 214, 232, 233
ミルクステーション 101, 137

め

目白授産場　141, 190, 191

ゆ

有隣園　24, 166, 183, 184

よ

吉原遊廓　14, 168, 170
四谷婦人共同会派出婦会　167

り

罹災児童愛護デー　33, 162, 181, 197
罹災者カード調査　108, 109, 113, 116, 117, 120, 121, 123, 136, 175, 176, 180, 181, 183, 185, 200, 214
罹災民救護所　24
臨時震災救護事務局　21, 22, 23, 27, 32, 96, 103, 112, 113, 140, 198
「隣人の愛」布団デー　32, 105, 106, 136, 172, 180, 192, 237

れ

霊南坂教会　24, 98, 99, 118, 166
霊南坂教会婦人会　105, 106, 116, 135, 136, 161
『連合婦人』　37, 38, 39, 40, 42, 43, 116, 117, 149, 150, 176, 187, 191, 198, 210, 211, 218, 227

ろ

労働運動指導者養成講座　145
労働クラブ　146
労働部　34, 35, 37, 132, 133, 134, 137, 140, 143, 144, 145, 146, 147, 148, 157, 186, 188, 210, 216, 217, 223, 224, 229, 232
労働婦人協会　37, 132, 134, 147, 148, 149, 186, 210, 217
労働問題講座　145
労務部　132, 133, 140, 143, 198

人名索引

あ

赤江米子　26
赤松克麿　144, 232
麻生久　149
甘粕（呉）鍋子　109, 124, 137, 205

い

石川静　97, 99, 132, 191
石原修　146
石本静枝（加藤シヅエ）　155, 160, 221, 223
市川房枝　35, 36, 38, 41, 42, 43, 144, 148, 157, 158, 159, 162, 188, 195, 209, 223, 228
出野柳子　40, 176
伊藤朝子　26
伊東かう　40
伊藤きむ子　103, 160
伊東静江　40
伊藤秀吉　154, 155
伊藤野枝　18, 28, 215
井上秀　32, 38, 39, 41, 99, 133, 136, 137, 161, 167, 175, 176, 177, 185, 228

う

植田（宮城）タマヨ　133, 139, 224
梅山一郎　139, 166, 186, 187, 188, 232, 233

え

エディス・C・グレイ　152, 155, 156, 163, 206

お

王希天　28
大江スミ　32, 38, 103, 133, 136, 140, 141, 143, 224
大岡つたゑ　133, 161
大沢豊子　30, 98, 132, 134, 150, 160
大杉栄　18, 28, 152, 215
大橋豊喜　134, 143, 148, 149
荻原（児玉）真子　35, 157, 195
奥むめお　36, 103, 143, 147, 158, 167, 195, 210, 224
小沢豊子　98, 134, 143, 147, 148, 149, 160, 186
大森安仁子　183, 184

か

嘉悦孝子　154
賀川豊彦　25, 101, 104, 145, 179, 216, 233
片山哲　152, 162
加藤タカ　40, 133, 142, 172, 199, 225
金子しげり　18, 26, 35, 37, 41, 133, 150, 151, 152, 155, 157, 158, 159, 160, 166, 187, 196, 232
上村露子　133, 136, 189
亀井孝子　31, 32, 103, 125, 133, 140, 141, 143, 190, 191, 198, 199
亀戸事件　28
河井道　32, 34, 97, 132, 133, 136, 138, 139, 155, 167, 169, 172, 192
川合義虎　17, 28
河口愛子　161

索引　267

河崎なつ　35, 41, 133, 134, 152, 154, 155, 157, 158, 159, 160, 162, 164, 223, 225
川崎正子　98, 103, 132, 150, 157, 160, 193
川島つゆ　19
川村文子　154
ガントレット恒子　31, 34, 38, 100, 103, 104, 133, 140, 141, 143, 155, 157, 159, 167, 195, 199, 227

き

木内キヤウ　38, 40, 42, 134, 161, 162, 164, 226

く

久布白落実　19, 30, 31, 32, 34, 35, 37, 41, 97, 98, 100, 103, 132, 133, 138, 139, 151, 152, 154, 155, 157, 158, 159, 160, 166, 167, 168, 169, 187, 194, 195, 197, 202, 207, 209, 213, 232, 235

こ

小出貞子　133, 139
河本亀子　30, 98, 110, 125, 132, 157, 226
小口みち子　227
小崎千代　133, 136, 155, 168
後藤新平　26, 27, 31, 123, 153, 220, 221, 235
小林珠子　133, 138, 139

さ

酒井愛子　99, 172
坂本真琴　26, 35, 133, 151, 152, 154, 155, 157, 158, 160, 189, 196, 230, 231
佐倉重夫　146

し

斯波貞吉　197, 233
斯波安　133, 134, 161, 162, 164, 180, 181, 197, 234
城のぶ　157
上代タノ　97, 132, 175
正田淑子　38, 133, 139, 228

す

末弘厳太郎　111, 112, 178, 234, 236, 237
鈴木たつゑ　144
鈴木文治　146
鈴木文四郎　152
鈴木余志子　144, 202

せ

千本木道子　98

た

高野岩三郎　111, 127, 128
田上静子　133, 134, 143, 147, 149
高群逸枝　16
田川大吉郎　155
竹内茂代　40, 41, 42, 219, 228
武川孟子　144, 147
竹越竹代　154
竹中繁子　150, 160
竹久夢二　15
田子一民　109, 123, 124, 205, 234
唯岡富士子（富子）　144, 149
田中芳子　35, 40, 133, 134, 154, 158, 160, 162, 164, 200, 229
谷野せつ　41
田村松枝　103, 133, 136, 140, 141, 191,

198, 199
為藤五郎　145

ち

千葉亀雄　152
チャールズ・A・ビーアド　27, 31, 220, 221
中條（宮本）百合子　18, 26

つ

塚本ハマ　99, 133, 134, 136, 162, 164, 229
津田梅子　171

と

徳永恕　35, 39, 99, 125, 133, 136, 138, 139, 199

な

永井駿子　40
中沢美代　35, 158, 159
永島暢子　134, 143, 149, 186, 229
永田秀次郎　153
中西しな子　134, 164
生江孝之　124
成瀬仁蔵　124, 173

に

新妻伊都子　33, 35, 36, 133, 151, 154, 155, 158, 159, 160, 201,
西川（松岡）文子　26, 133, 150, 160, 167, 230
新渡戸稲造　35, 40, 192, 214

は

服部数子　155, 160
羽仁もと子　30, 32, 34, 39, 97, 98, 99, 132, 133, 136, 138, 150, 155, 160, 161, 167, 169, 177, 178, 179, 203, 204, 229, 234
早坂閑子　103, 141
林歌子　153, 160, 230
林かつ子　110, 125
林癸未夫　145
林玉子　97, 99, 133, 136
林ふく　30, 98, 109, 117, 124, 132, 135, 137, 139, 152, 160, 169, 204, 206, 207

ひ

平沢計七　17, 28
平田のぶ　144
平塚らいてう（明）　17, 26, 32, 133, 167, 182, 196, 208, 215, 223
平野義太郎　146
平林広人　30, 97, 235

ふ

福岡安子　32, 103, 133, 140, 141, 143, 191, 198, 199
福島四郎　43
福田徳三　114, 236
藤井悌　145, 146, 149, 186

へ

ヘレン・H・パーカースト　162, 176

ほ

帆足理一郎　162

星島二郎 155
穂積重遠 112, 235, 236
本間久雄 145, 162

ま

前田若尾 40
松岡久子 137
松本君平 156
松山常次郎 155

み

三谷民子 161, 167
碧川かた 160
宮川静枝 98, 132, 150, 151, 153, 154, 155, 157, 158, 159, 160, 230
三宅やす子 18, 26, 133, 150, 151, 152, 154, 155, 160, 167, 196, 199, 207
三輪寿壮 145
三輪田繁子 40

む

向井鹿松 144
村岡花子 34, 160, 208
村上秀子 38, 39, 117, 133, 134, 143, 147, 148, 149, 186, 210

め

メリー・R・ビーアド 27, 31, 100, 116, 135, 137, 179, 206, 209, 220, 221, 222

も

森本厚吉 142

守屋東 30, 31, 34, 35, 36, 37, 39, 98, 103, 117, 132, 133, 135, 138, 139, 150, 155, 157, 160, 161, 162, 167, 181, 191, 193, 194, 195, 196, 198, 205, 209, 212, 213, 231
衆樹安子 157

や

八木秋子 149
八木沢善治 146, 148
八木沢若菜 148, 149
八木橋きい 35, 157
矢島楫子 19, 133, 136, 168, 194, 213, 227
安井英二 146
安井てつ 98, 133, 161, 167, 214
山内輝子 158, 160, 196, 231
山川菊栄 18, 32, 33, 36, 133, 150, 151, 153, 154, 160, 167, 196, 199, 202, 207, 215
山田やす子 34, 133, 134, 143, 144, 145, 147, 148, 149, 157, 188, 211, 216, 217
山田わか 40, 41, 133, 155, 225, 231
山室軍平 154, 237

よ

与謝野晶子 42, 147, 154, 215, 225
吉岡弥生 32, 36, 37, 38, 39, 40, 42, 43, 98, 133, 136, 137, 161, 167, 203, 211, 213, 218, 228
吉永文子 157, 158, 159

わ

和田富子 159
渡辺貴代子 26

女たちが立ち上がった
　関東大震災と東京連合婦人会

2017年3月8日　第1刷発行
定価：本体2800円＋税

著　者　折井美耶子・女性の歴史研究会
発行者　佐久間光恵
発行所　株式会社 ドメス出版
　　　　東京都文京区白山3-2-4
　　　　振替　0180-2-48766
　　　　電話　03-3811-5615
　　　　FAX　03-3811-5635
　　　　http://www.domesu.co.jp

印刷・製本　株式会社 太平印刷社
Ⓒ 折井美耶子・女性の歴史研究会 2017 Printed in Japan
落丁・乱丁の場合はおとりかえいたします
ISBN 978-4-8107-0831-8　C0036

折井美耶子	近現代の女性史を考える ――戦争・家族・売買春	2500 円
折井美耶子・ 女性の歴史研究会 編著	新婦人協会の研究	3500 円
折井美耶子・ 女性の歴史研究会 編著	新婦人協会の人びと	3000 円
折井美耶子・ 新宿女性史研究会 編	新宿 歴史に生きた女性一〇〇人	2200 円
新宿区地域女性史 編纂委員会 編	新宿 女たちの十字路	2300 円
世田谷女性史 編纂委員会 編	せたがや女性史――近世から近代まで	2300 円
北九州市女性史 編纂実行委員会 編著	おんなの軌跡・北九州 ――北九州女性の一〇〇年史	2857 円
児玉勝子	十六年の春秋――婦選獲得同盟の歩み	2000 円
児玉勝子	信濃路の出会い――婦選運動覚え書	1400 円
山髙しげり	わが幸はわが手で	1700 円
古庄ゆき子	評伝 川島つゆ（上） ――己が墳は己が手に築くべきである	2000 円
高良真木・ 高良留美子・ 吉良森子 編	浜田糸衛 生と著作 上巻 ――戦後初期の女性運動と日中友好運動	4200 円

＊表示価格は、すべて本体価格です